三联生活周刊 · 中读 · 文丛

智慧教养

给孩子幸福一生的能力

高益民　陈赛　等著

中信出版集团 | 北京

图书在版编目（CIP）数据

智慧教养：给孩子幸福一生的能力 / 高益民等著
. -- 北京：中信出版社，2020.1
ISBN 978-7-5217-1263-6

Ⅰ. ①智… Ⅱ. ①高… Ⅲ. ①家庭教育 Ⅳ. ① G78

中国版本图书馆 CIP 数据核字（2019）第 265675 号

智慧教养——给孩子幸福一生的能力

著 者：高益民 陈 赛 等
出版发行：中信出版集团股份有限公司
（北京市朝阳区惠新东街甲 4 号富盛大厦 2 座 邮编 100029）
承 印 者：中国电影出版社印刷厂

开 本：880mm × 1230mm 1/32 印 张：11.75 字 数：240 千字
版 次：2020 年 1 月第 1 版 印 次：2020 年 1 月第 1 次印刷
广告经营许可证：京朝工商广字第 8087 号
书 号：ISBN 978-7-5217-1263-6
定 价：62.00 元

目　录

第二讲 财 经 素 养

教孩子懂得选择与规划，懂得财富的真正价值

苏凇 北京师范大学财经素养教育研究中心主任，教授、博士生导师

第三讲 游 戏 力

排除成瘾隐患，健康正确玩游戏

叶壮 北京交通大学特聘讲师，中国心理学会、美国心理科学协会成员

第四讲 自 控 力

做好情绪教养，培养孩子健康快乐的心

张昕 北京大学心理与认知科学学院副教授、博士生导师

第五讲 思 辨 力

善待好奇心，启迪孩子未来“大智慧”

姜宇辉 华东师范大学哲学系教授、博士生导师

第六讲 阅读力

通过绘本共读，让孩子闪光

陈赛 《三联生活周刊》资深主笔，童书书评人

第七讲 创造力

用绘画打开孩子的多种可能性

孙聪 中央美术学院设计学院基础部主任、副教授

第八讲 运 动 力

通过行走，感悟生命的坚韧与超越

钱俊伟 北京大学体育部主任、副教授，2018 年带队登顶珠穆朗玛峰

第九讲 观 察 力

带孩子学习自然这本书的打开方式

奚志农 著名野生动物摄影师，野性中国工作室创始人

文丛总序

杂志的极限何在？

李鸿谷
《三联生活周刊》主编

这不是有标准答案的问题，而是杂志需要不断拓展的边界。

中国媒体快速发展20余年之后，网络尤其智能手机的出现与普及，使得媒体有了新旧之别，也有了转型与融合。这个时候，传统媒体《三联生活周刊》需要检视自己的核心竞争力，同时还要研究如何持续。

这本杂志的极限，其实也是“他”的日常，是记者完成了90%以上的内容生产。这有多不易，我们的同行，现在与未来，都可各自掂量。

这些日益成熟的创造力，下一个有待突破的边界在哪里？

新的方向，在两个方面展开：

其一，作为杂志，能够对自己所处的时代提出什么样的真问题。

有文化属性与思想含量的杂志，重要的价值，是“他”的时代感与问题意识。在此导向之下，记者将他们各自寻找到的答案，创造出一篇一篇文章，刊发于杂志。

其二，设立什么样的标准，来选择记者创造的内容。

杂志刊发，是一个结果，是这个过程的指向，《三联生活周刊》期待那些生产出来的内容，能够被称为知识。以此而论，杂志的发表不是终点，这些文章，能否发展成一本一本的书籍，才是检验。新的极限在此！挑战在此！

书籍才是杂志记者内容生产的归属，源自《三联生活周刊》一次自我发现。2005 年，周刊的抗战胜利系列封面报道获得广泛关注，我们发现，《三联生活周刊》所擅不是速度，而是深度。这本杂志的基因是学术与出版，而非传媒。速度与深度，是两条不同的赛道，深度追求，最终必将导向知识的生产。当然，这不是一个自发的结果，而是意识与使命的自我建构，以及需要持之以恒的努力。

生产知识，对于一本有着学术基因，同时内容主要由自己记者创造的杂志来说，似乎很自然。我们需要的，是建立一套有效率的杂志内容选择、编辑的出版转换系统。但是，新媒体来临，杂志正在发生的蜕变与升级，能够持续并匹配这个新时代吗？

我们的“中读”App，选择在内容升级的轨道上，研发出第一款音频产品——“我们为什么爱宋朝”。这是一条由杂志封面故事、图书、音频节目再结集成书、视频的系列产品链，也是一条艰难的创新道路，所幸，我们走通了。此后，我们的音频课，基本遵循音频－图书联合产品的生产之道。很显然，所谓新媒体，不会也不应当拒绝升级的内容。由此，杂志自身的发展与演化，自然而协调地延伸至新媒体产品生产。这一过程，结出的果实，便是我们的“三联生活周刊”与“中读”文丛。

杂志还有中读的内容，变成了一本一本图书，它们是否就等同创造了知识？

这需要时间，以及更多的人来验证，答案在未来……

序　言

如何陪伴
一个有趣的小灵魂？

李　菁
《三联生活周刊》副主编

作为中读的出品人，很高兴看到我们一档全新的精品课内容公开出版，能够跟更多的读者分享如何陪伴和教育孩子。每到寒暑假，或许不少家长和我一样，刚放假就开始期盼着开学。因为平日在学校里，孩子们有规律地上下学，有着老师的监督，处在一个相对有规则的环境里。而一到了假期，面对无拘无束的孩子们，家长当然不能“放任自流”，往往用各种补习班和兴趣班将孩子的时间填满。其中固然有家长工作忙碌的因素，但也体现了他们在陪伴孩子过程中的无奈。作为一位家长，我自己也深有感触。

希望带孩子去野外探索自然，他却不愿放下平板电脑上正打得火热的游戏；与孩子去逛科技馆，却被他一连串的“十万个为什么”问到词穷；给孩子买好了一堆绘画工具，没画出像样的作品，他却把衣服染成一件“艺术品”……与孩子大段时间的相处，常常让父母们感到挫败，这种挫败感与希望孩子成才的焦虑感彼此助推，于是，把他们“送出去”便成了一个“皆大欢喜”的选择。

专业的教育机构固然可以帮助孩子系统地掌握一门知识、一项特长，然而，家庭教育却能为孩子的健康成长、和谐的亲子关系打下不可替代的基础。尤其是在孩子们从学龄前到小学这个阶段，父母高质量的陪伴将对孩子的一生产生深远影响。

在18世纪那场改变人类历史的启蒙运动中，法国哲学家、教育学家卢梭根据自己的亲身经历写下了《爱弥儿》一书。卢梭尤其强调家庭教育的重要性。他认为，父母应当通过生存教育让孩子掌握生存的技能，拥有强健的体魄和坚定的意志；通过生活教育教会孩子如何有意义地去生活，培养良好的品格和发现美的眼睛；同时通过生命教育让孩子学会关爱他人，尊重生命的价值。

针对不同年龄阶段的儿童，卢梭提出了不同的教育内容和方法，从锻炼身体、道德教育到语言学习，从视觉和绘画、科学研究到职业的选择，在顺应孩子天性的同时，加强对孩子兴趣的引导和培养，一种新的儿童教育观由此产生。两百多年后的今天，“核心素养”成了教育领域最热的一个词。2013年，联合国教科文组织和美国著名智库布鲁金斯学会联合发布了一项研究报告，提出了基础教育阶段应该达成的七大学习目标：身体健康、社会情绪、文化艺术、文字沟通、学习方法与认知、数字与数学、科学与技术。

这些理论和目标看起来很美，实践起来可谓难上加难。普通的父母能在其中一项获得“及格分”已经实属不易，又如何有能力了解这么多领域的知识，关注并挖掘孩子各个方面的潜能呢？本书汇集了中读精品课——“智慧父母‘慢教养’手册”的内容，就是希望为各位父母，提供一份可以付诸实践的陪伴指南。

在每个家长的心目中，自己的孩子都是独一无二的。然而，如今社会环境带来的巨大压力，让我们面对孩子这个有趣的小灵魂时，往往只专注于结果，忽略了悉心陪伴的过程。陪伴是最好的教养，而教养如育苗，不能急于求成，需要家长用智慧和耐心浇灌。放慢脚步，用科学的陪伴方式静待孩子成长，便是本书希望传达的“慢教养”和“智慧教养”的含义。

书中有 10 位在各自领域颇有建树的父母，他们将自己的专业知识与孩子的教育紧密结合，各有一套值得借鉴、能够学习的育儿方法。他们将从自己的亲身实践出发，将自己的学识与陪伴孩子的经验总结、凝练成书中的精华内容，涵盖孩子成长的多个重要方面——自然、游戏、财经素养、情绪、哲学思考、科学思维、户外运动、阅读、艺术。

早在 1959 年，美国动物心理学家哈洛（Harlow）夫妇就通过对恒河猴的研究发现，母亲的身体接触对孩子安全感的建立至关重要。此后，许多社会学和心理学的研究证明，家庭教育对孩子有着直接而巨大的影响。因此，积极地了解教育的知识和方法，是每一个做父母的基本责任。在本书的开篇部分，北京师范大学国际与比较教育研究院教授、博士生导师高益民将为我们深入浅出地解读家庭教育的功能，家庭教育与学校教育如何优势互补。作为长期研究国际教育的专家，他也会将日本等国的教育情况与中国对比，为我们打开教育孩子的国际视野。

教育应该让每个孩子的天性和与生俱来的能力健康生长，从这个意义上来说，了解自然是一切教育的开端。在自然中，孩子的天性得到最大程度的释放，感受力和观察力都被充分地发展，而这一点在当下尤为缺失。书中，著名野生动物摄影师奚志农将为我们讲述如何唤醒孩子本真的观察力。他用自己带孩子行走自然的经历和多年野生动物拍摄的经验，教我们带孩子观察自然的方法，推荐适合亲子的自然博物线路，以及那些我们身边就有的自然宝藏。

如果说自然是城市孩子最为缺失的一部分，那么屏幕可能就是他们最熟悉的“朋友”。电子产品在今天孩子的日常生活中地位颇为尴尬，谈起电子游戏，父母们更是如临大敌。北京交通大学的叶壮老师是一位心理学者，对电子游戏有多年的研究，他也是两个孩子的爸爸。在他看来，游戏并不可怕，通过恰当的引导，孩子完全可以与父母一起在游戏中成长。书中，他将带我们重新认识电子游戏，为我们明确陪孩子玩游戏的原则，以及帮助孩子挑选好游戏的诀窍。

从 2012 年起，权威的国际学生评估项目（PISA）增加了一项财经素养测试，这引起了许多关注。PISA 测试关注的是 15 岁学生面向未来社会的工作和生活能力，为什么财经素养也被认为必不可少呢？对此，北京师范大学的苏凇老师将为我们做出解读。苏老师也是北师大财经素养教育研究中心的负责人，在本书中他将结合自身育儿的经验，为我们破除关于财经素养的误区，讲述如何在生活中培养孩子的资源管理思维，养成良好的行为习惯。

在这个全民焦虑的时代，孩子的心理健康也受到家长们的极大关注。如何帮助孩子了解自己的情绪，疏导、调整自己的不良情绪呢？对此，北京大学心理与认知科学学院副教授、博士生导师张昕老师将为我们解读：怎样在陪伴中维护孩子的心灵健康。

我们的大脑一方面负责产生情绪，另一方面在不停地转动思考。孩子的小脑瓜总是时刻不停地转着，他们是天生的哲学家，对于世界和自身的好奇简单而朴素，涉及了许多本初的哲学思考。华东师范大学哲学系教授姜宇辉将为我们打开儿童哲学的大门。孩子不仅需要思考哲学，而且有能力听懂哲学；思考的媒介可以是文字，还可以是动漫。陪伴孩子思索世界、认识自己的过程，也是一个父母不断成长的过程。

如果思维的生长是一棵大树，那么哲学和科学就是最粗壮的两个枝干。拥有科学思维，能让孩子主动了解这个世界，让他们相信自己有权利，并且有能力去探索世界的来龙去脉。这种勇于探索和独立思考的精神，对于他们适应变幻莫测的未来世界尤为重要。“雨果奖”得主、毕业于清华大学天体物理专业的郝景芳将带我们走近科学思维，为我们讲述自己带孩子观察自然现象、锻炼逻辑推理和动手做实验的方法。

了解了大脑的运动，让我们转向身体的运动。户外运动不仅锻炼孩子的身体机能，更是对毅力、应变能力和多项综合能力的考验。北京大学体育部主任钱俊伟老师，2018 年曾带队登顶世界之巅珠穆朗玛峰，在生活中，他也有过多次带儿子徒步旅行的经历。结合这些经历，他会为我们逐一击破亲子户外的难点，让户外运动长远、有效、健康地影响孩子。

亲子阅读是一个老生常谈的话题。实际上，读书不仅仅限于书中的知识，更在于亲子之间深刻的精神交流。多年关注童书领域的《三联生活周刊》资深主笔陈赛，将带我们深入了解 6 部绘本。通过阅读这些绘本，孩子的想象力、洞察力能够被更好地激发出来，父母与孩子之间的心灵沟通也会被提升到一个更高的层次。

绘画是最能激发孩子创造力的方式之一,一支画笔可以打开孩子的多种可能性。毕加索曾说，他“14 岁就能画得像拉斐尔一样，却要用一辈子时间向孩子学习如何画画”。艺术家们苦苦追寻的自由表达，在孩子们身上却是自然而然的存在。中央美术学院设计学院基础部主任孙聪老师，用绘画陪伴着两个孩子的成长，她将为我们讲述父母怎样引导孩子的绘画创作，怎样通过观察孩子的画作，更好地与他们进行交流。

应该有很多朋友带孩子看过动画电影《哪吒之魔童降世》。电影把哪吒闹海的故事做了颠覆性的改编，其中亲子关系是改写的重点，这很有时代性。在传统的故事情节中，哪吒与父亲李靖的关系剑拔弩张，最终决裂；而到了今天，李靖并没有做出牺牲孩子的选择，在哪吒被冤枉的时候仍然选择相信他。

可见，在这个时代，家长们不再高高在上，与孩子像朋友一样玩耍成为每个父母最享受的时刻。好的陪伴方式能点亮孩子身上更多的闪光点，而高质量的陪伴也让亲子之间的纽带更为紧密。书中几位家长的经验和智慧，为我们提供了不同的路径参考。希望家长在育儿过程中少一分忧虑，多一分信心，在陪伴一个有趣的小灵魂过程中，也成为更好的自己。

开　篇

如何正确理解家庭教育中父母的重要责任？

高益民

北师大国际与比较教育研究院副院长

家庭教育、学校教育、社会教育可以说是孩子教育的三驾马车，其中家庭教育显然无论从教育时间、教育主体来看对孩子都是最重要的。因此家庭教育也越来越成为家长需要上的一课。北京师范大学教授高益民从事比较教育学三十多年，具有丰富的教育理论知识；同时，他也是一名初中生的父亲，具有成熟的实践经验。在开篇部分，他将与我们分享关于家庭教育的理论研究成果和个人的实践思考。

说到家庭教育的重要性，每个人应该都有很深的感受。举一个最简单的例子，一家企业在招录员工的时候，很少先关注应聘人员的家庭情况，而是先了解他的毕业院校、学历、学位、专业、专长等等，因为一家企业对员工的考察就是要了解他的专业能力。

但是结婚就不一样。当找结婚对象的时候，人们就非常注重了解对方的家庭状况。特别是如果想很好地了解结婚对象的品性、生活习惯、行为方式，除了与对方直接相处，最好还要了解一下对方的父母，看看父母的修养，看看他们为人处事的方式。

如果对方的父母克勤克俭，有秩序感，为人谦和，通情达理，心胸开阔，遇事冷静，那么子女往往也有相似的品格和行为模式，反之，则子女有相反的品格和行为模式。但一般谈恋爱的年轻人不可能先见父母再谈恋爱，都是先谈恋爱，双方确定了关系之后才会互相见对方的父母。而这个时候见父母，无非就是为了取得长辈的同意，并不是为了了解对方，所以这里存在一个结构性的矛盾。虽然在理论上，了解对方父母非常重要，但是往往在婚前又无法了解，所以这也成为很多家庭婚后矛盾的重要根源。

我们都说父母是孩子的第一任老师，而且往往也是在孩子一生中影响最深刻、最深远的老师。

孩子一出生就在父母的呵护和关爱下，在父母的喂养、训练和教育下长大。在父母那里，孩子的生理需要不仅得到了满足，获得了安全感，同时，父母的表情、动作、言语、饮食习惯、审美偏好以及整个认识世界的方式、解决问题的方式都会时时刻刻地影响着孩子。孩子上学以后，虽然与老师和同学相处的时间大大增加，与父母在一起的时间大大缩短，但因为亲子间有着根本的利益关系和深厚的情感纽带，因此家庭对孩子依然会长期保持着强大的影响力。

中国历来有重视家庭教育的传统，《颜氏家训》就是一本著名的家教经典，这本书是南北朝时期著名文学家颜之推写的，大约在六世纪末的隋朝成书。这本书在 1400 年里一直被作为中国人的家教范本，广为流传，经久不衰。

宋末元初成书的蒙学作品《三字经》里提到的“养不教，父之过”，更是大家耳熟能详的名句。民间也有很多俗语和谚语来讲这个道理，比如“养子不教，不如不要”“子孙不如我，留钱做什么？子孙若如我，留钱做什么？”“家无好子休争气，国无良将莫兴兵”之类，不胜枚举。

为什么家庭教育对一个人的成长如此重要？

家庭背景或者家庭的社会经济地位、家庭环境、家庭教育对孩子成长的影响，既是初始性和基础性的，又是长远性和终身性的，这个道理通俗易懂，大家都容易明白。今天我想跟大家分享一点专业研究，也许能更好地帮助我们理解家庭和家庭教育的重要性。

/ 科学研究中的“安全感”与“探索欲” /

我先来介绍的是美国动物心理学家哈洛夫妇对猴子进行的一项研究。1959 年，也就是在整整 60 年前，哈洛夫妇报告了他们对恒河猴的研究结果。

小猴子一出生，研究人员就把它们与母亲分开，但会给它们找代理母亲。不过，代理母亲并不是真正的猴子，而是人工道具。道具分两种，一种是用铁丝缠成的圆柱体，可以叫它铁丝母亲；另一个是用毛巾裹住的圆木，可以叫它棉布母亲。小猴子在出生后的 165 天里或者会跟这两个代理母亲待在一起，或者会跟其中一个代理母亲在一起。根据实验的需要，有的代理母亲胸前会挂上奶瓶给小猴子喂奶，而有的没装奶瓶。

先来看有两个代理母亲的小猴子出现了什么情况。

观察发现，如果是两个代理母亲胸前都挂着奶瓶，也就是说都可以喂奶，那么所有的小猴子都只选择棉布母亲作为自己绝大多数时间

哈洛与猴子的现场照片

接触的对象。即使在只有铁丝母亲能喂奶而棉布母亲不能喂奶的情况下，小猴子也只是在吃奶的时候去找铁丝母亲，而把其他的大部分光阴用来与棉布母亲相处。

能不能吃得上奶，这是涉及生存的根本利益问题。按理说小猴子出于吃奶的本能也应当更亲近铁丝母亲，但实际情况却是，不到不得已的时候，小猴子都不去亲近铁丝母亲。当然可以这样解释——毛巾的触感比铁丝好，会让身体感觉舒服，所以小猴子才会天天倚靠在棉布母亲身上。

但问题是，触觉上的舒适感会不会发展成为别的更为综合的感受呢？比如“安全感”？

为了回答这个问题，哈洛夫妇又引入了恐怖玩具，比如可以敲鼓的玩具熊。当恐怖玩具出现的时候，同时有两个代理母亲的小猴子中的大约 80% 都跑向棉布母亲而不跑向铁丝母亲。而且，小猴子们与棉布母亲进行了接触之后，那种恐惧感很快就消失了。差不多一两分钟，它们就开始用眼睛观察那些恐怖玩具，胆子大的还会离开棉布母亲去走近它们。这说明，棉布母亲除了能够提供皮肤触觉上的舒适感，还能提供安全感。

哈洛夫妇还做了这样的实验：他们让小猴子只有一种代理母亲，要么是不能喂奶的棉布母亲，要么是可以喂奶的铁丝母亲。研究人员会在 8 周内每周两次把小猴子带到完全陌生的房间，这两次当中，有一次会把它们的代理母亲也放进陌生房间里去。

结果发现，凡是棉布母亲“抚养”的小猴子，会马上冲向代理母亲，紧紧地抓住它。过了一段时间以后，它们就会以代理母亲为安全基地，并离开代理母亲去探索玩具，在探索别的玩具之前，它们一般会先回到代理母亲身边，然后再去探索其他的新玩具。相反，铁丝母亲喂养的小猴子们与代理母亲之间完全找不到那种亲近感。它们有的也会坐在铁丝母亲的怀里，却是紧紧地用胳膊抱着自己的头和身体，浑身抽搐或发抖。也就是说，在铁丝母亲那里，小猴子们无法获得安全感。

对猴子来说，这是一个残忍的实验，一些动物保护主义者甚至认为这是一个邪恶的实验。但这个实验在 20 世纪儿童心理学的发展中占有重要的地位，虽然这个实验是关于猴子的，但它的结果却被认为同样适用于人类。

这个实验发现了一连串具有内在联系的事实。那就是令人舒适的身体接触会帮助孩子形成亲密的情感联结，而如果没有这种情感联结，即使有“奶”，也很难发展出归属感和安全感。那这种归属感和安全感又有什么意义呢？就像研究人员观察到的那样，有了安全感之后，孩子才会更大胆地去探索未知世界。

在育儿方面，民间积累了很多的经验，但不是所有的经验都正确，而正确的经验也需要条件。比如，一些民间的育儿经主张不能随便抱孩子，否则会惯出老让大人抱的坏毛病，老让大人抱，孩子就不能独立。这种说法的确符合行为主义的原理。但从哈洛实验的结论来看，拥抱孩子、亲吻孩子对发展母子之爱至关重要，不仅如此，对于孩子未来大胆地闯世界也至关重要。

/ 社会学研究视角下的家庭教育迷思 /

下面我再介绍一项宏观的社会学研究。

20 世纪 60 年代，如何通过教育来解决社会不公是美国政府非常关心的问题，同时美国政府也很希望了解对学校教育的投入到底效果如何。1964 年，约翰斯·霍布金斯大学的詹姆斯·科尔曼教授带领研究团队收集了 4000 所学校 64 万名学生的数据，并对数据进行了分析。1966 年，科尔曼向国会递交了题为《关于教育机会均等的报告》，一般称《科尔曼报告》。

《科尔曼报告》中的有些结论是众所周知的，例如，《科尔曼报告》确认美国学校教育中存在着严重的种族隔离现象。但还有一些结论则与常识不符，例如，《科尔曼报告》承认图书馆资源、教师素质、实验室数量、课程设置等校内因素的重要作用，但又发现它们的作用没有人们想象的那么大。

《科尔曼报告》认为，越是社会经济地位高的家庭，孩子的学业成就中学校起的作用越小。例如，白人学生学业成就中只有10%可归因于学校，而南部黑人学生这一比例达到20%。因为《科尔曼报告》认为中等阶层的孩子在家里学得多一些，从同学和老师那里所学的东西要少一些。这个比较好理解，我们的经验也是这样，有能力给孩子报各种课外班的家庭，有能力带孩子多去美术馆、科技馆、博物馆或周游世界的家庭，就会有更好的文化资本，这对于孩子取得学业成就是有利的。

《科尔曼报告》还认为，在学校因素中，与学校的设施设备、课程等因素相比，弱势群体学生能不能与白人学生打成一片这种软性学校文化氛围的影响更加明显。《科尔曼报告》发现：如果家庭社会经济地位高的学生与家庭社会经济地位低的学生融合在一起学习，那对家庭社会经济地位低的学生会很有帮助，而对家庭社会经济地位高的学生也不会产生影响，也就是说不会使他们的成绩因融合而下降等。

《科尔曼报告》本来是一项关于学校教育的研究，但是它却提出了一些关于家庭背景的重要结论。

《科尔曼报告》认为，家庭背景对孩子的学业成就有至关重要的影响。虽然家庭背景与家庭教育并不完全是一回事，但《科尔曼报告》谈到了一个非常重要的问题，那就是在社会经济地位较低的家庭，父母对孩子的期望也偏低，这种比较低的期望也就影响到孩子的自我评估，影响到了孩子的自信心。也就是说，家庭社会经济地位的低下导致了自信的缺乏，而自信的缺乏又影响到对学习的精神投入，从而影响了学业成就。

在这样的家庭里，父母和孩子骨子里都不相信可以通过个人努力提高学业成绩，也不相信可以通过提高学业成绩来改变个人命运。在这种情况下，孩子学习的内在动力就不足。而且，当孩子稍有一点小进步的时候家长就会感到相当满足，觉得“以我们的家境来看，孩子这样已经很不错了”，所以并不会继而产生更高的期望。在这种情况下，孩子的学习斗志也不够。如果用我们中国人经常说的一句话，是“人穷志短”惹的祸。直接地说，是“志短”导致了学业成就低下，当然《科尔曼报告》认为“人穷”与“志短”之间有密切的联系。

/“期望效应”：越被期待的孩子越优秀？/

这又让我想到了另一项有名的心理学研究，那就是著名的皮格马利翁效应，也叫“期望效应”或“罗森塔尔效应”。1968 年，美国心理学家罗森塔尔和雅各布森去了加州一所小学，说要进行 7 项实验。他们从一至六年级各选了 3 个班，对这 18 个班的学生进行了“未来发展趋势测验”。

测验之后，罗森塔尔把一个名单交给了校长和相关的老师，并用赞许的口吻说名单上的学生都非常有前途，他还告诉他们一定要保密，以免影响实验的正确性。其实，罗森塔尔撒了谎，因为名单上的学生只不过是随便挑选出来的。8 个月后，心理学家对那 18 个班级的学生进行复试，结果奇迹出现了：凡是上了名单的学生，个个成绩有了较大的进步，而且性格活泼开朗，自信心强，求知欲旺盛，更乐于和别人打交道。

这个实验说明教师受到了暗示，因而对名单上的学生抱有更高期望，而且有意无意地通过态度、表情以及更多的提问、辅导、赞许等行为方式去引导学生。而学生受到了教师的暗示，也会努力学习，信心倍增，这就又给了教师以积极的反馈，使教师产生了更大的教育热情，对这些学生更加抱有期望，如此形成了一个教育上的良性循环。后来也有很多研究证明，家长的积极期望与孩子的学业成绩的确有正相关的关系。

谈到这里，大家可以理解，这些研究对我们理解家庭教育的重要性都有非常积极的启发。但是，有一些家长会讲，有好多并不了解教育知识的家长，甚至是没有明确教育意识的家长养育的孩子也不错。孩子在完全自然的环境下长大，并不比在那些特别关注孩子教育的家庭成长得差。我们如何理解这个问题呢？

其实不仅仅是家庭教育，任何领域都有在懵懵懂懂的状态下做对的情况，人们凭着某种直觉、依照一些朴素的经验去做事，有时也会暗合了一些规律或原理，从而把事情做好。

但是，人类活动与动物活动有根本的区别，人类的活动都是有意识的、有目的的。秉承了自然主义理念的父母通过自然主义的方法来教育孩子，与在懵懵懂懂的状态下甚至在一种无意识的状态下让孩子自然地成长相比，即便是前者的效果没有后者好，那么也可以说，这两种活动有着本质的区别。前者可以称作教育，后者可以称作影响。更何况，在其他条件相同的情况下，“教育却不如不教育”的情况不会是一个大概率事件。

所以，积极地了解教育的知识和方法，是每一个做父母的必要条件，也是每一位父母不可推卸的责任。

如何配合学校教育，进行更多的优势互补？

前面通过几个实验讲了家庭教育的重要性，比如，亲子之间的身体接触对于发展儿童的情感是多么重要，家长对孩子的期望对孩子的学业成长是多么重要。下面我们来谈谈家庭教育与学校教育的关系。

说到家庭教育，就不能不说说学校教育。有的国家从小学开始叫学校教育，有的国家则从幼儿园开始就算作学校教育。如果从上幼儿园开始算，那只有在孩子出生的头三年内存在单一的家庭教育，此后就进入家庭教育与学校教育并存的时期。当然，在家庭教育和学校教育之外，还有社会教育。特别是孩子在毕业之后在工作单位和社会上接受的各种教育，我们把它叫作社会教育，那是后来的事，在这里暂时不多加讨论。

如何发展确立学校教育体系？

现代学校体系的形成特别晚，在数千年的人类文明史中，我们现在这样的学校系统也才形成一百多年。

19 世纪晚期以前，欧洲绝大多数家庭都不会把小孩子送到学校读书。贵族子弟一般都是在家里接受教育，当孩子长到一定年龄并有了一定的知识基础之后，家长再把孩子送到大学去。那时候没有小学，但是有大学，所以在中世纪大学接收的学生通常在15岁以上。与贵族子弟一样的是，绝大多数普通家庭的孩子也在家里受教育，但不一样的是，普通家庭的教育通常只是跟着父母劳动，在劳动中主要学习生产和生活技能而不是书本知识，当然也会有少量的孩子去教会办的慈善学校那里学一点读写算的知识。另外普通家庭的孩子长大后一般不会被送到大学学习。

18世纪80年代产业革命以后，英国出现了“主日学校”（Sunday School），它被看作现代小学的发端。主日学校是英、美诸国在星期日为在工厂做工的青少年进行宗教教育和识字教育兴办的免费学校，兴起于18世纪末，盛行于19世纪上半期，1780年由英国出版业者、慈善家雷克斯在英格兰的格鲁斯特首创。但它的发展也非常有限，因为大多数的孩子们都在当童工，根本没时间上学。

到1802年，英国有了第一部《工厂法》（全称为《保护棉纺织厂和其他工厂的学徒及其他工人的健康与道德法》，或简称《学徒健康与道德法》，是英国工厂立法史上第一部工厂法），规定童工每天劳动时间不得超过12个小时。其实现在我们成人工作每天也只有8个小时，但当时规定童工每天工作时间不能超过12个小时，已经是历史的巨大进步了。而且规定儿童每月必须去一次“主日学校”。

1833年，英国又要求雇主必须保证儿童每天至少到校学习两个小时。随着童工劳动时间的减少，少年儿童才有了上学的条件。到了19世纪70年代，英国才开始规定所有儿童必须接受小学教育。然而在今天，孩子上学已经变成天经地义的事情了。

在各国学校教育当中，义务教育是所有人都必须接受的，义务教育通常在初中阶段结束。接着是高中，再接着是高等教育，高等教育从大专一直到博士研究生层次，包括很多层级和不同的类型。义务教育之后的教育，学生就可上可不上了。但是高中的普及、高等教育的大众化和普及化是教育发展的大趋势。

/ 学校教育的特点：制度化、规范化、专业化、系统化 /

学校教育的特点跟家庭非常不一样，学校教育的第一个特点是制度化，因为它是一个国家教育制度的组成部分。学校教育制度又叫学制，它是一个国家或地区各级各类学校的机构与组织系统及其运行的规则，它规定了各级各类学校的性质、任务、入学条件、修业年限以及它们之间的相互关系。

比如，我国绝大多数地区是小学六年、初中三年、高中三年，我们叫它“六三三制”。也还有少数地区的义务教育实行“五四制”，即小学五年、初中四年。

“六三三制”是 1922 年的时候美国人推荐给我们的，后来就被我们采纳了。“二战”后美国又推荐给日本和韩国，他们也采用了。我国后来虽然有多次反复和变化，但现在总体上还是又回到了这个学制。

这个制度总体上是好的，但也不是没有问题，比如六年小学就有些偏长。但既然是制度，就有刚性约束，不能可有可无，所以制度化还意味着规范性。

学校教育的内容通过课程加以贯彻，教育内容的编排、教育课程的设置以及教学和其他教育活动的展开都是由专业人员来负责的，所以有专业化的特点。

另外，学校教育根据学生身心发展的规律把教育内容进行系统化，从简到繁，由浅入深，循序渐进，是系统化的。

/ 学校教育 vs 家庭教育 /

学校是一个专门从事教育的专业机构，所以它所提供的丰富教育资源和良好的教育环境是其他机构很难与之媲美的，学校教育的规范化、系统化、专业化也是家庭教育无法比拟的。

比如说，家庭里进不进行教育、如何进行教育很难有制度上的规定，即使有了也很难执行。比如教育部规定小学生的睡眠时间要达到每天 10 个小时，初中生要达到 9 个小时，其用意是通过这个要求来控制学校的作业量。但孩子们实际上睡了多少，这个国家控制不了，因为家庭是私人领域，现代国家不能进入家庭里进行检查和监督。

家庭教育也很难做到专业化和系统化，任何的父母都是生手，有的经过一点学习和培训，但与培养孩子的艰巨性和复杂性相比，生孩子之前学的那点东西根本不够用。所以父母是生手，当然也是笨手，就好比没去过驾校就直接上路了。

正因为单靠家庭负不起教育孩子的全部责任，所以每个家庭都必须把孩子送到学校去，这是现代国家对公民的要求，也是每个公民的义务，同样是父母对孩子的责任。当然，保障公民平等的受教育权也是国家的义务和责任。

学校教育还有其他一些优势，其中非常重要的一点就是有利于建立同伴关系，学习社会技能。在家庭当中，即使有兄弟姐妹，孩子同伴资源的丰富性也无法与学校相比。学校里不仅会有各种各样的老师，也有各种各样的同学，孩子们可以在这里交到好朋友，也可以从与同学的矛盾中，甚至动手打架中学到很多东西。同伴关系还有减压的作用，因为孩子会有各种压力，比如有些共同的爱好，或被老师或家长冤枉，他们在一起议论议论老师和班里的事，议论议论各自父母的事，也就是吐吐槽，都会起到减压的作用。

无论如何，学校是一个组织，是具有制度理性的机构。著名教育家顾明远先生说过“没有爱就没有教育”，但教师对学生的爱与父母对子女的爱有很大的不同。教师的爱主要是基于责任的理性的爱；而父母的爱则更多的是基于天性的感性的爱。很多有才艺、有手艺的家长教不了自己的孩子，必须把孩子送给别人教，就是因为别人能够做到基于责任和理性，该怎么要求就怎么要求，下得了狠手，但父母却常常做不到，反而是在惯孩子方面有优势。

所以，尽管家长与学校之间会在很多事情上有观念上的差异，但是总体上家长还是应当认同学校教育所具有的优势，尽量做好配合学校教育的工作。例如，在学习习惯、道德品行、社会交往等各个方面，如果学校的要求与家庭的要求不一致，效果就会大打折扣。

家庭教育的优势有哪些？

但是，劣势与优势都是相对的。家庭教育也有学校教育所没有的优势。

首先，就像前面说到的那样，正因为父母与孩子之间有着根本的利益关系和深厚的情感纽带，正因为父母的爱是天然的、感性的，所以会对孩子有最大程度的包容和接纳，因此家庭才能够成为孩子天然的避风港，才能成为孩子出去闯世界的安全基地，才是孩子进一步建立良好人际关系和融入社会的重要基础。

建立亲密而美好的亲子关系不仅是家庭教育的起点，也是每个人成长和幸福的关键，是每一个孩子生命力的重要源泉。这也是学校教育很难给予的。

一个人纵然被整个社会唾弃，但如果不被父母抛弃，他就会有生活下去的勇气和力量。我们生活中有一些反例，例如有些当教师的父母，分不清作为教师的爱和作为父母的爱，回家以后也拿出在学校管理学生的办法管理自己的孩子，完全制度化、规范化。此外，教师教的学生多，总会有特别出色的，所以也很容易拿最优秀的学生与自己的孩子比，看自己的孩子左右不顺眼，所以有的教师子女会问，你究竟是我妈妈还是我老师，老师在学校里已经有了，在家里我需要的是妈妈。

在家庭中，父母与孩子难免会有各种冲突，但底线应当是不对亲子关系造成根本性伤害。良好的亲子关系本身就是最重要的教育力，如果是为了工作和事业疏远了亲子关系，或者为了学业或练琴而伤害了亲子关系，其实是整个家庭的巨大损失，对亲子双方而言都得不偿失。也是基于这个原因，有的家庭对于学习乐器持审慎的态度，就是生怕一旦学上乐器，孩子不容易坚持，家长又要逼迫，弄得家里鸡飞狗跳，剑拔弩张。

家庭教育在呵护儿童天性、尊重儿童的个性方面也有学校教育无法比拟的优势。学校虽然是专业的教育机构，但它实际上还存在着很大的局限性。现代学校模仿了现代工业，它学习了现代工厂的流水线、规格化、标准化，它采用班级授课制进行集体授课。当一名教师面对一群孩子进行教学时，要做到真正尊重儿童个性、尊重个体差异，实施对每个儿童都适宜的、有针对性的教学，这在制度安排上来讲就是很困难的。

这里顺便提一下关于班额的问题。班额是教育现代化的重要指标，不断地缩小班额是世界各国教育发展的共同趋势。

现在欧美、日本都在不断地小班化。欧美小学一般一个班二十几人，日本法律规定小学一二年级每班不能超过 35 人，三年级及以上每班不能超过 40 人。在这方面我们还有差距，我国小学标准班额为小学 45 人，初中 50 人。但由于资源不足等原因，班额偏大。56 人以上的班叫作大班额，66 人以上叫超大班额。

目前，在一些人口大省和内陆省份，还有八九十人甚至上百人一个班的。在这种情况下，教师能维持好基本的教学秩序已经非常不容易了，哪里还有本事去有针对性地对每个孩子进行教学呢？想一想如果你的孩子在这里学习，要在课堂上获得充分的学习机会和保障会有多么难，这对教师的要求会有多么高。但是家庭就不同了，中国现在的核心家庭只有一个或两个孩子，只要家长能用心、细心地观察和研究孩子，就比学校更容易有针对性地进行教育。

另外，家庭虽然缺少规范性，但是它有灵活性。家庭是生活的场域，既有为了生存的奋斗，也有对生活的享受，其中有各种人际交往，而且这些活动无时无刻不在发生，随时随地都在出现，不能预设，也无法准备。家庭生活中到处都是学习道德品行、生活能力、劳动习惯的材料和场景，比如本书中有谈言语沟通的，有谈游戏和户外活动的，有谈财经素养的，等等，从家庭生活中对孩子进行相关的教育，会比学校更自然，也更综合，也更有助于问题的解决。

可见，家庭在进行道德教育、生活教育、劳动教育方面都具有独特的优势。

/ 孩子需要通过家庭培养的素养有哪些？ /

现在世界各国都很关注跨学科能力，或者叫核心素养的培养。

而现在知识爆炸，教育内容越来越多，学校教育难以承受，孩子也受不了。明确什么是核心的能力和素养，就成为一个问题。

对此，不同的国家或国际组织提出了不同的看法，例如，1996年，联合国教科文组织国际 21 世纪教育委员会提出要让孩子做到四个方面，也就是学会认知、学会做事、学会与他人共处、学会做好自己或者学会生存。

2002 年，美国成立了 21 世纪学习技能联盟 , 这一联盟确定了 21 世纪学生最重要的四项学习能力，也就是我们常说的 4C：沟通能力、协作性、批判性思维和创造性。

2012 年，经济合作与发展组织（OECD）提出学生必须掌握以下四方面的技能：（1）思维方式，即创造性、批判性思维、问题解决能力、决策能力和学习能力；（2）工作方式，即沟通和合作能力；（3）工作工具，即信息技术和信息处理能力；（4）生活技能，即作为公民而从事社会生活和某种职业的能力以及个人和社会责任。

2013 年，联合国教科文组织和美国著名智库布鲁金斯学会联合发布了一个题为《向普及学习迈进——每个孩子应该学什么》的研究报告，提出了身体健康、社会性情绪、文化艺术、文字沟通、学习方法与认知、数字与数学、科学与技术等七个维度的要求。

很显然，这些核心素养的提出是针对学校教育的，是给学校教育提出的新方向。但实际上学校做起来非常不容易，因为这些素养都是跨学科的，而学校里学习的内容都是分科的。各科教师培养学科的素养比较容易，但培养跨学科的核心素养就受到了制度上的局限，所以理念很好，但很多教师不知道怎么做。

我这里补充一下，可能有的家长不了解什么叫作跨学科的核心素养。我经常举一个例子，有很多数学老师说必须要学好数学，因为数学是培养逻辑思维能力最好的学科。但是我们发现一个问题，有些同学只有解数学题的时候，逻辑思维能力才很强。很多数学老师也是这样：在解数学题的时候很讲逻辑，但是写文章的时候就不讲逻辑了。这说明逻辑能力并没有从数学学科迁移到其他学科。而我们现在要培养的就是跨学科的核心素养。

但是与学校相比，家庭教育却是综合的，遇到什么问题就学习什么内容，然后就解决什么问题。

无论是野外观察还是财经素养，遇到的都不仅仅是数学、语文或外语的问题，而是涉及阅读、计算、工具使用、人际交流与合作等各种问题。虽然因为其他条件的限制，我们也不能说家庭比学校更能培养孩子的核心素养，但这种综合性、实践性也是良好家庭教育的重要特点。

总的来说，父母需要有一种意识，有一种判断，就是努力配合学校教育中那些积极的方面，尽量主动与学校沟通，理解好学校的工作，同时也需要注意对学校教育的局限有意识地加以补充或校正，不能轻易被学校教育的很多怪现象裹挟和绑架，这样孩子才会更好地成长。

本书主要就是围绕家庭教育中该如何培养孩子的综合能力而设计的。

前面聊了家庭教育和学校教育之间如何进行互补的问题。下面我们再来谈一谈教育孩子和教育自己的关系。首先为大家推荐一首非常著名的诗《孩子们》（*On Children*）。

> 你的孩子，不是你的孩子，
> 他们是生命对自己的渴望而生下的子女。
> 他们经你而来，却不是来自你；
> 他们与你在一起，但不属于你。
> 你可以给他们你的爱，但不是你的思想，
> 因为他们有自己的思想。
> 你可以让他们在你那儿栖身，却不能留宿他们的灵魂，

因为他们的灵魂住在明天——那个你无法造访的明天，即便是在梦里。

你可以尽力变得像他们一样，却别想着让他们像你，

因为生命不会倒退，也不会与昨日留在一起。

你是弓，你的孩子是这里射出的箭。

射手从无尽的前路中望见了标记，他把你拉到不能再弯，好让他的箭飞得又快又远。

在射手的掌中快乐地弯曲吧，

因为他爱那飞着的箭，也爱那沉稳的弓。

这首诗的作者是黎巴嫩著名作家、诗人和画家纪伯伦。纪伯伦有很多脍炙人口的名句，例如“一个人有两个我，一个在黑暗中醒着，一个在光明中睡着”“你背朝着太阳，就只能看到自己的影子”等，深受世界读者的喜爱。

这首诗是纪伯伦的诗集《先知》中的一首，在诗里智者回答了人们提出的爱、婚姻、饮食、工作、友谊、善恶等 26 个方面的问题。其中，一个怀抱孩子的妇人说：请给我们谈谈孩子。智者就说了上面的那些话。这首诗曾由我国著名作家冰心翻译过。这次我重新翻译，是为了借用这首诗谈谈我们的儿童观。

这首诗里有三种主体，第一就是诗的标题——孩子们。在诗的末尾，智者把孩子们比作射出的箭。

第二就是“你的孩子，不是你的孩子”中的这个“你”，也就是父母，父母是把箭射出去的弓。

第三个主体是射手，是他把我们这些弓拉到不能再弯，并把箭射了出去，而且射得又快又远。

一次我在读这首诗的时候，孩子问我，这个射手是谁？这是一个非常好的问题。纪伯伦出生于马龙派天主教家庭，所以如果说他是把上帝比喻为射手，那也是很自然的，因为按照他所信仰的宗教教义，任何人来到这个世界上都是上帝的旨意。

但是实际上无神论者可以做别样的理解。这个射手可以理解为大自然，因为所有的人都是大自然的造化。每个人都是父母生的，但是父母并不能决定生下的这个人就是你。有的孩子会对父母说："谁让你生我的？生我的时候你跟我商量过吗？"我开玩笑说："父母没法儿跟你商量，因为他也不知道生下的就是你，如果他早知是你，也许他还不生了呢？"这当然是开玩笑的话，但可以肯定的是，这事没的商量。要商量只能跟自然之力商量，但自然之力又不与我们商量。这个世界上的所有生命都是这样地繁衍着。

这首诗蕴含了非常重要的思想。我们的父母、我们自己和我们的孩子都是自然之子，都是生命对自己的渴望生下的孩子。这里最关键的是射手，是自然之力，父母只不过是弓，只需配合自然之力尽到弓的责任就好，你左右不了箭去哪里，箭去的永远是弓所达不到的地方，那是你无法造访的明天，甚至是无法想象的明天。

这首诗看上去在歌颂射手的伟大，但实际上却在强调尊重每一个生命，尊重每一个生命体自己成长的规律。每个人，只要是人，都有自己的独立人格和自由意志，在这一点上人与人是平等的，父母和孩子是平等的，所有的人都是平等的。

作为一个弓，责任就是在射手的掌中快乐地弯曲——也就是快乐地遵循自然的规律，而不要越俎代庖，不要去做违背自然规律的事情，不要把孩子作为自己的私有物品去主宰、控制、包办代替……这首诗提醒我们，父母固然应当尽到自己的责任，但同时对于我们自身的局限性始终要有清醒的认识——当我们要主宰、决定、左右孩子命运的时候，我们自身有没有那样的品质、那样的能力以及那样的资格。

/ 父母的局限与心态 /

认识到父母的局限性，我觉得有两个基本的好处。

第一个好处就是放松。当我们对自己角色和能力的界限有了深刻的体悟，当我们真正认识到无法对孩子的命运负完全责任的时候，我们可能会有一些遗憾，但当接纳了这种遗憾，我们反而会放松下来。放松是一种非常可贵的品质，它会让我们的情绪稳定、身体健康、心智明朗、处变不惊，反而更有定力，这就是诗里说的，成为“沉稳的弓”。

在教育的过程中，因为影响因素太多，变化也太多，而我们做父母的谁也没有经验，又缺乏训练，所以正像有的人指出的那样，父母教育孩子的时候往往不是出于爱，而是出于害怕和担心，有时担心孩子会像自己，有时会担心不像自己，有时会担心不如别人，有时会担心与别人不一样，却忘了孩子怎样才能更像他自己。为什么父母常常会忘记了观察和研究孩子本身呢，一个重要的原因就是害怕，不能放松。

现在有好多的事情绑架着我们，裹挟着我们。本来大家都知道孩子并不一定朝着一个方向跑，但是所有的人都害怕会输在人生的起跑线上。所以纪伯伦也有一句非常重要的名言，那就是“不要因为走得太远，就忘记了我们为什么出发”。我们教育孩子，是为更好地发挥出他自己内在的潜能，让他有更好的内心体验，真正享受快乐而幸福的人生。

当我们放松的时候，我们才容易“快乐地弯曲”，也乐于为了孩子的成长而有所牺牲。而当父母把教育当作一件快乐的事情时，孩子才能从中得到更大的快乐和收益。

我们常说好的家庭教育应当是权威而不专制，温和而又坚定。但是如果在心态上、情绪上不能放松，就不可能做到这些。实际上我们看看周边的家庭，就会看到完全反面的家长，一权威就要专制，一坚定非要发怒。

认识到自身局限性的另一个好处，是能够帮助我们不要死盯着孩子，而是更好地反思和提升自己。父母无法对孩子的所有方面负责，这是肯定的，但孩子的许多问题的确与父母有关。比如孩子喜欢玩手机，与没事儿就摆弄手机的父母是有关系的；孩子不爱读书，是与不爱读书的父母有关系的。我们幼时的很多毛病，长大后仍然是毛病，只是没有人再管我们了，才不那么明显而已。

有人说长大了以后才知道大人为什么不挑食了，因为大人在买菜的时候就不买自己不喜欢吃的菜，是早就把不喜欢的东西过滤掉了。大人不让孩子挑食的时候，如果孩子不吃的东西刚好是父母自己喜欢吃的，父母常常就会讲很多大道理，或者强迫孩子吃。但如果孩子不吃的东西，正好是父母自己也不喜欢吃的东西，那么父母就没有那么生气了。

有了反思的意识，教育孩子的心态就会发生变化，就会常常反问："我发这么大的火气，究竟是因为我自己情绪不好，还是因为孩子做得不对？""我要求孩子做的事如果放在我自己身上，能做到多少分？""如果这句话用到我身上，我会不会受到伤害？"有了反思的意识，就会把教育的对象转向自身，把教育和自我教育结合起来。有不少父母通过孩子这面镜子发现了自己很多不足，于是就会把更多的精力放在阅读提升，发展业余爱好上，放在发现自身的亮点上，越活越充实，越活越丰富，越活越有味。

其实这是家庭教育需要的一个好状态、好条件。

/ 父母陪伴的真正意义 /

本书中几位专家也同时是父母，无论是做摄影的、教学的，还是做旅游的、野外观察的，有的是父母自己早有这方面的爱好，而有的是通过后来的学习喜欢上了这些活动。而只有父母喜欢这些活动，当他们陪伴孩子的时候才不觉得辛苦，反而会觉得是一种乐趣。我的朋友当中有人喜欢爬山，有人喜欢种地，有人喜欢打球，他们带着孩子参加这些活动无不是一大乐趣。

以前我在日本的时候，还采访过一些中小学的男老师，我问他们为什么喜欢当老师，不少老师说他们自己小时候就喜欢各种体育项目，当老师可以天天带着学生打球、游泳，当老师既可以是一份工作，又可以继续发展自己的爱好。

其实父母不仅是父母，只不过在孩子们面前是父母，但是在自己的父母面前又是孩子，在单位里又是员工，因此父母不可能把所有的精力都用在子女身上，因此家庭教育、陪伴了女的精力就不那么充分了。

原则上来说，每个父母都应当尽可能地平衡好家庭与工作的矛盾，给童年的孩子以更好的陪伴。但是这里也有辩证的关系，是不是做全职妈妈，有更长更充足的时间陪伴孩子就更好？其实这里的变量是很多的，一些发达国家之所以会给父母育儿假，就是为了减轻工作与家庭的矛盾，让父母能够更加安心、更加专心地照顾和陪伴婴儿。

但是实际生活中会更复杂，比如全职妈妈其实很难做到全职的陪伴，因为一旦全职，她们就会有很多很多的家务事，以至于陪伴孩子的时间也并不充分。而且一旦全职，丈夫协助妻子的意识就大大下降了，他们容易潜意识里有一种观念——既然你不工作，那家里的事、孩子的事都由你来管，就跟我没什么关系了！

还有一点特别重要，当全职妈妈的活动范围缩小，与社会联系减弱以后，视野会变得狭窄，与自己原来的朋友、同学、同事的差距也会增大，同时因为自己全职付出，也容易对孩子抱有更高的期望，有时也容易对自己的牺牲抱有怨气，于是不仅产生夫妻矛盾，实际上对孩子的陪伴和教育的质量也会产生影响。当然有的全职妈妈活得非常精彩，在家庭里非常注意自我学习，情况就不一样了。

所以，能不能努力学习，提升自己，发现更好的自己，培养更好的自己，是父母陪伴孩子质量的重要影响因素。

如果职场妈妈在陪伴孩子的时间上有缺憾，但如果她能有机会不断地提升自己，处处学习，那么也可能会提高陪伴的质量。生活中我们会发现有些家庭的父母陪伴孩子的时间并不长，但是由于他们在社会上不断地发展了自己的兴趣和才能，不断地拓展了自己的视野，还有很好的社交网络，他们陪伴孩子的质量并不低。而且随着孩子年龄的增长，这种有高度的社会知识含量的陪伴，对孩子的成长越来越重要。以前在传统的社会里，母亲在家里相夫教子，父亲在外面工作，父亲陪伴孩子的时间很少，但是在孩子的成长过程中，孩子的格局，孩子的前途指导往往需要具有丰富社会经验的父亲，也就是这个道理。

讲到父母的陪伴，我们再回过头来想一下前面谈到的哈洛夫妇的猴子实验。猴子实验发现母子之间如果有了亲密的身体接触，就会培养出深厚的情感，也会发展出非常好的安全感。有了安全感以后，小猴子才能更好地去探索世界。但是其实我没有讲完这个实验，因为跟着代理母亲长大的猴子，与那些跟着亲生母亲长大的猴子还是有重大区别的。这些跟着代理母亲长大的猴子往往无法跟其他猴子交往，也没有办法与异性的猴子交配。对偶尔交配成功生下的孩子，它们也不会照料，这就是情感缺失带来的结果。尽管棉布妈妈可以起到一定的作用，但是还不足够。哈洛夫妇就想到为什么仅有身体接触还不够，还需要什么？后来他们又通过一些其他的实验证明了“运动”、“玩耍”与“接触”一起，构成爱的三大变量。所以也有人认为，父亲对孩子的陪伴有一些特殊的优势，因为有些父亲在陪伴孩子的过程当中，会非常自然地回到孩童时期，他会像孩子一样投入玩耍当中，从而建立很好的亲子关系。

谁都不是天生会做父母，都需要后天不断学习，只有我们不断地学习，不断地研究自己的孩子，不断地反思自己，不断地追求一个更好的自己，才会给孩子一个更好的家庭环境和成长空间。

第一讲

逻辑力：

引导探索精神，
教会孩子逻辑思考

郝景芳

“雨果奖”得主，清华大学物理学硕士、经济学博士

对于孩子来说，生活在一个技术爆炸的时代，不论是当下的学习还是未来的成长，科学思维都至关重要。曾获得世界科幻大奖“雨果奖”的郝景芳将与读者分享，如何帮助孩子将与生俱来的好奇与探索精神转化为逐步深入的思维方法；如何让孩子学会用科学的逻辑思考与科学的验证方法，成长为敢于思考、有能力独立思考的大人。她既是清华大学物理学硕士、经济学博士，是两个孩子的妈妈，也创立了自己的儿童教育品牌。

父母没有科学背景也能培养孩子的科学思维吗？

科学思维并不是只有科学家才需要的思维方法，它能让一个人更理性、更睿智地面对生活，因此我们每个人都需要具备一定的科学思维。科学思维对孩子的学业和未来发展都有积极影响，家长要学会从小给孩子培养科学思维。没有科学背景的家长也不用担忧，因为你也能培养孩子的科学思维。

/ 认识科学思维 /

很多人认为科学教育的门槛很高，但实际上并不是这样，家长和孩子在家里就能完成，而且可以享受其中。家庭中的科学教育为何重要？为什么说没有科学背景的家长也能培养孩子的科学思维？我们先通过两组亲子对话作为导入案例，帮助家长建立对科学思维的感性认识。

第一组对话：雨下到地上，到哪里去了？

（1）

孩子：妈妈，雨下到地上，到哪里去了呀？

妈妈：被太阳晒干了呀！走快点，我们快要迟到啦。

孩子自然会说：哦，好吧……

（2）

孩子：妈妈，雨下到地上，到哪里去了呀？

妈妈：你猜猜？

孩子：可能是，又融化了吧？

妈妈：为什么说又？你想到雪融化吗？

孩子：对！雨也融化了！

你感受到这两组对话有什么不同了吗？

第二组对话：天为什么是蓝色的？

（1）

孩子：妈妈，天空为什么是蓝色的呢？

妈妈：嗯……这个问题很复杂，你现在还理解不了，等你长大以后就会明白的啦。

孩子：哦……

（2）

孩子：妈妈，天空为什么是蓝色的呢？

妈妈：嗯，你觉得是为什么呢？

孩子：嗯，我想是因为地球外面罩了一个蓝色的气球！

妈妈：如果真像你所说的，地球外面罩了一个蓝色的气球让天变蓝，你有没有办法来证明这个想法是对的，或者是不对的呢？

孩子：嗯，如果真有气球，我做一个火箭或者飞机一直往上飞，最终肯定会碰到这个气球，把它戳破。戳破这个气球再往外飞，回头能看到我们居住的家，被罩在这个蓝蓝的大气球里面。

从刚刚听到的这两组对话里面，你发现了什么，又想到了什么呢？

从孩子层面来看，如果两个孩子分别按照这两种沟通方式成长的话，哪一个更有可能成长为对世界充满好奇和求知欲的人？

科学思维能让孩子主动了解和探索这个世界，而不是被动适应。当孩子问为什么的时候，他们内心深处可能有这样一个信念：世界上的事物之所以是现在这个样子，一定是有原因的。而且，他们相信自己有权利也有能力去探索这个原因，把世界的来龙去脉搞清楚。他们会相信自己和自己所处的客观世界，从根本上是可以被认识、被理解和被改变的。这就意味着他们不会被动地接受事物本来就是如此，不会只满足于蜻蜓点水式地看世界，而是像科学家一样深入地、主动地探究世界。这种探索精神对于他们的学习和成长以及适应变化越来越迅速猛烈的未来世界，尤为重要。

从家长层面来看，第一，在日常对话中就可以渗透科学思维的引导，家长并不需要过多的知识储备。比如说，天空为什么是蓝色的这个主题，本来要解释这个问题至少需要大学物理的水平，因为它涉及瑞利散射，而且，瑞利散射也许也不是最终答案，因为很多人在质疑瑞利散射到底能不能解释这个问题。但是，在刚才的对话中，我们并不需要知道瑞利散射这些科学知识，而是通过对话这种形式的讨论让孩子意识到，万事万物的背后确实藏着科学道理，你有权利对此感到好奇。第二，我们可以随心所欲提出想法，但是这些想法也需要用某一个方法来检验，哪怕仅仅是开脑洞来检验。这是个一步步深入理解世界的过程，并不需要过多的知识和技巧，轻装上阵即可。科学思维不是科学家或者说理工科家长的专利，它渗透于生活中的每一个角落。每一个孩子感兴趣的问题，都可以用来给孩子进行科学启蒙。当孩子有了科学思维，长大后思考所有的问题都会比其他人更理性、更深刻一点。

科学思维的引导不等于科学知识的介绍。日常对话中的科学思维引导，目的不是为了让孩子掌握多少知识点，而是鼓励孩子学会用逻辑推理和观察事实的方法，自己得出一个合理的，或者是可验证的结论。比起记住多少知识点，这套内化的思维方法才是令孩子受益一生的智慧。

/ 拆解科学思维，3 个实用建议 /

通过前面两组对话，大家应该对于科学思维的价值有了初步的认识。下面就来介绍一下如何认识科学思维，如何从科学思维要素出发，通过日常生活的亲子对话，培养孩子的科学思维。

科学思维可定义为：对于可证伪的问题进行观察、提问，形成自己的假设，并且通过逻辑推理或者实验，验证假设是否正确的思考与实践活动。

什么是可证伪的问题？如果一个问题的解释或者结论，可以通过实际观察到的现象或者逻辑推理来否定和推翻，这样的问题就是可证伪的问题。“可证伪”是奥地利科学哲学家卡尔·波普（Karl Popper）在20世纪提出来的重要概念。“可证伪”意味着问题的解释可以不断被修正，形成更有解释能力和预测能力的科学理论。只有通过这种可证伪的问题，人们才能有效地、深入地去研究、去讨论。比如地球是怎样运动的这个问题，就是一个可证伪的科学问题，也由此推进了我们对地球乃至太阳系的认识，从地心说发展到日心说。

那么什么样的问题是不能证伪的呢？不能证伪的问题就是那些没有办法证明是错的问题。比如说，有人告诉你，他养了一只火凤凰，但是这只火凤凰是透明的，我们其他人都看不到，也没办法令它出现。那么，要想证明这只火凤凰是否存在，就是不可证伪的问题。因为我们不可能想出一个办法让它出现，就没有办法证明它存在还是不存在。

从科学思维的定义，我们发现在这种思维活动里，观察、提问、提出猜想、验证猜想是关键要素，根据这些要素，我在此提供以下建议。

第一个建议：带着比较的目的去观察不同事物

我们可以在生活中让孩子留意事物的特征，比如颜色、大小、质地等等，孩子在具备了找特征的能力后，就会注意到很多特点和原理。接下来我们可以去对比，对比不同事物的差异，再提出问题去解释这些差异，每一个问题背后会有原因，每一个原因背后都有更深层次的原因。

比如去动物园时可以让孩子观察各种动物的脚有什么不一样，他们可能会说大象的脚是圆圆的，袋鼠的脚是长长的。然后再引导孩子去思考：你觉得它们的脚为什么不一样呢？如果他说我不知道，家长也先不要直接给他答案，而是让他去假设，如果大象长了袋鼠的腿和脚，会怎么样呢？孩子们就会靠自己的思考推理：大象这样巨大的身体，长了袋鼠很细的腿，可能就会被压断。因为这个结论是孩子自己通过想象推断出来的，那么在这个过程中他就发现了动物的脚和它们的体型、生活习性有什么样的关系，逻辑能力也得到了提升。

我们还可以在此基础上做延伸，让孩子玩分类的游戏。在分类游戏中，孩子会观察比较每样事物的特点，从中找出它们的共同特征和差异。每一种共同特征，都可能成为孩子分类的依据。

“分类”本身就意味着我们对事物有了一定程度的观察和分析，分类是我们的大脑认识世界、把世界化繁为简的关键能力。而将事物进行多角度的分类，尤其是当孩子突破对事物的表面认知，找到不容易被发现的潜在共通点，给事物建立新的分类方式时，意味着孩子对事物的认识达到了不一样的深度。

美国弗吉尼亚大学心理学教授威林厄姆在他的著作《为什么学生不喜欢上学》里面，讲到了学生（初学者）跟专家在思考过程中的本质区别。初学者只能看到事物与事物之间表面的联系，也就是书中所说的表层结构。比如，苹果和雪梨都属于水果，电视机和冰箱都是家用电器。这些按照日常生活的认知赋予事物的常规分类，就是表层结构。而专家不一样的地方就在于，他们能够发现事物和事物之间潜在的、深层的联系，尤其是在功能方面的联系，也就是书中所说的深层结构。比如，专家可能会把手机和人的手脚、眼睛、嘴巴划分为一类东西，因为他们认为，从本质上来看，手机就是人类延伸的器官和感官。所以，专家在看待世界的时候，会比其他人看得更透彻；分析问题的时候，也会比其他人想得更深入。由此可见，鼓励孩子给事物建立新的分类方式，有利于提高他们深入思考的能力。

第二个建议：引导孩子观察自然因果现象，并进行问题启发

在生活中存在很多我们习以为常、觉得理所当然的自然因果现象，比如人跳起来会落回地上。探究这些现象背后的原因，一方面可以更好地激发孩子对生活、对世界的好奇心，另一方面也可以帮助孩子从生活中更好地理解基本的科学常识和概念，为以后在科学方面的学习打好基础。

比如当孩子滑滑梯时，我们可以问孩子：你觉得为什么所有东西都会从滑梯上面往下面滑呢？一个东西放在滑梯上为什么不能往上滑？孩子的第一反应是，东西往下滑是天经地义的。这个时候我们可以进一步问："你觉得为什么下楼梯是省力的，上楼梯是费力的呢？"孩子也觉得："是呀，为什么呢？"这时，我们可以让他进一步思考：平时拉东西、推东西时，怎样的情况下会省力，怎样会费力？可以跟孩子一起感受拉东西、推东西的力量，让他们用身体感受力量的不同方向。这个时候，再从力量开始讨论大地对人的拉力，孩子就会开始理解：

地对人是有一个拉力的。进而他会思考引力，乃至更多力量的原理。

像平时生活中吃饭、喝水、拉臭臭这些事情，可以对孩子说，这是新陈代谢。也可以让他对比，你看，树是怎么新陈代谢的？树是从哪儿吸收营养，从哪儿释放出来的？还可以观察其他东西，比如，汽车的能量是从哪儿进来的？怎么变化，怎么出来的？然后孩子会理解，所有这些过程，都是能量循环的过程，那么，孩子以后再接触能量这个概念的时候就丝毫不会觉得困难。

第三个建议：引导孩子提出假设和猜想，验证假设

在科学思维里，很重要的一环就是能够分辨两种不同的猜想，哪一个更为正确。这种理智并不是所有成年人都有的，但在生活和学业里都很重要。有了这种对比不同猜想的能力，在做题的过程中，就可以高效判断，哪一种思路更符合试卷信息。这种理性分辨的逻辑，也能让我们和他人理智对话，不至于发生人身攻击。

比如孩子骑着滑板车时，如果遇到风特别大的天气，孩子可能会发现滑板车不用蹬就可以往前走。家长就可以启发孩子："除了风很大，还有可能是什么原因呢？"孩子可能会想到把滑板车放在下坡路上，也可能不用蹬就往前走。家长可以再进一步启发孩子："你有没有什么方法能够判断，到底是因为风大，还是因为下坡呢？"观察力强的孩子，可能会想到可以看周围的树叶，如果树叶也是往前走的，就说明是风吹的，如果树叶不动就说明没有风，是下坡路。通过观察现象，大胆提出自己的猜想，然后去思考验证自己的猜想，这个过程需要良好的逻辑基础。当孩子这样做的时候，家长要及时鼓励孩子，

并引导孩子想想另一种可能性：改天再来同一条路，到没风的时候再来，如果那时还可以不蹬就往前走，说明这条路是下坡，如果那天走不动了，就说明是风的缘故。这就是改换条件再观察现象。

以上给出三个小建议：让孩子带着比较的目的观察事物，引导孩子从自然因果现象里进行问题启发，引导孩子提出猜想和假设、验证假设。这些思维方法是能够培养孩子科学思维的好方法，简单易行，只需要通过对话，不需要太深刻的知识，就可以让孩子的逻辑能力、思考深度得到提升。

怎样面对孩子的十万个为什么？

陪伴孩子成长的家长都有一个体会，孩子在认识世界的过程中，特别爱问为什么，家长常常把孩子戏称为“十万个为什么”。那么面对孩子的“十万个为什么”，家长应该如何保护孩子的这种好奇心呢？

/ 好奇心的三个成长阶段 /

美国哲学家与教育学家杜威认为，好奇心有三个成长阶段。

第一个阶段，可以说是好奇心的萌芽阶段。在这个阶段，宝宝们表现出想要探索和考察周围事物的欲望和本能，比如他们见到很多东西都想摸一摸、咬一咬，或者对着一样从来没有见过的东西专心地捣鼓很久，通过不同的感官操作和体验来建立对这个世界最原始的感知和认识。这种探索算不上是一种智力活动，但它能够为联想、推理等高级认知能力打好基础。

第二个阶段，好奇心变得更加社会化。在这个阶段，宝宝们开始有了语言和沟通能力，可以跟别人交流了。当他们发现，原来自己的爸爸妈妈知道的东西很多，可以满足自己好奇心的时候，他们的探索就开始从自己独立完成，变成人与人之间的交流，或者说变得更加社会化，开始向爸爸妈妈提出“十万个为什么”。语言，变成一种工具来满足和推动孩子的好奇心。其实，这个时候，他们的提问更多是在练习搜集和处理信息的能力，所以能否得到一个具体的答案、一个科学的解释，并不是最重要的。

第三个阶段，好奇心的广度和深度开始超越第一阶段的本能及第二阶段的社交，转换成一种对问题的兴趣。在这个阶段，孩子提出的问题很多是经过自己的观察，经过与自身经验的对比和推敲之后产生的疑问。比如，孩子观察到，即使到了冬天，也不是每棵树的叶子都会枯黄，都会掉光，有些树还是绿意盎然的。这时候，他可能就会产生疑问，为什么到了冬天有些树光秃秃的，有些树却不会呢？这时候的好奇心，成了一种促进孩子思考与智力发展的动力，也成了孩子与世界建立连接的一种重要力量。

/ 保护孩子的好奇心 /

孩子提问时，怎样的回答和引导才能保护好他的好奇心？

让孩子的好奇心持续下去，关键在于从第二个阶段成功地发展到第三个阶段，把好奇心内化成一种思考的习惯。具体要怎么做呢？

第一步：让孩子回顾和梳理自己是怎么发现这个问题的。

当孩子问了你一个问题的时候，你可以问他：咦？这个问题妈妈觉得很有意思，我以前也没有想过，你是怎么想到这个问题的呢？可以跟我说说吗？

这一步的引导，是为了把看起来孤立的问题重新放回到孩子思考的现场，通过孩子自己的复述，让他把看到的、想到的浮出水面，把问题的来龙去脉更完整地呈现出来。把问题从一个点变成一个面。

你会发现，这一步是为了引导孩子在有意识地经过观察、收集信息、与经验进行对比以后，形成自己的问题。也就是前面说的第三个阶段里面的好奇心，它是问题生成的逻辑。

比如，孩子问：为什么我们人用两条腿走路呢？这时候，你可以反问他：你是怎么想到这个问题的呢？是不是看到了什么东西，让你想到这个问题呢？是不是因为看到了小猫小狗、老虎狮子、大象，都是用四条腿走路的？这时候，你可以帮他进一步梳理问题的完整表述：你是不是觉得大部分生活在陆地上的动物都是用四条腿走路的，好像只有我们人是用两条腿走路，是不是觉得对比起来人很特别，想知道为什么吗？这样帮孩子梳理出完整的问题表述以后，孩子就会慢慢意识到，哦，是呀，原来我是通过把人和其他动物对比起来，才发现这个问题的。久而久之，他可能会开始从无意识的对比，变成有意识的对比，来帮助自己发现更多值得探索的问题。

第二步：以引导孩子思考为前提，有策略地回应孩子提出的问题。

可以分两种情况来讨论。

情况一：不知道答案的时候，怎么做？

遇到这种情况，家长不用着急，可以告诉他："你又问了一个好问题哦，你把我难住了，这个问题我也不知道，你问的问题特别好（给予好奇心鼓励）。接下来咱们俩一起来查一查好不好，我现在就帮你打开手机、翻开书一起找一找。"

有些家长会担心，孩子会不会觉得父母不知道这个问题就鄙视父母呢？其实有充足的证据表明，在健康环境下长大的孩子一般都不会有这种想法。

和父母一起搜索答案时，孩子会充满好奇地等待搜索结果，有了答案之后，父母再跟孩子一起了解，孩子会觉得很开心：自己的问题得到了重视，好奇心得到了鼓励，而且爸爸妈妈愿意陪他一起学习，也是做了很好的榜样，可以鼓励孩子去求证自己心里的问题。

搜索答案的时候，除了在搜索引擎里面输入问题这个办法，还可以尝试在视频网站上进行搜索，因为现在有不少高频的科普类问题，都已经制作成视频或者动画的方式，这种方式对问题的解释会更直观一些，孩子理解起来也会更容易。如果你看到一期还不错的科普视频，你还可以顺藤摸瓜地关注这个视频的官方账号，看看他们还发布过哪些科普视频，自己整理出一个视频目录，下次要搜索答案的时候，可以优先看看目录里面有没有相关内容。

同样的道理，平时给孩子买过的或者别人推荐但是还没买的科普类童书，我们也可以把书本的目录复制下来，整理到一起，作为高效的信息检索库，等到要搜索答案的时候，可以优先搜索这个目录库里面有没有对应的内容。

总而言之，父母们可以记住第一个要点，就是在自己知识储备不足以应对孩子的问题时，可以跟孩子一起寻找答案，不要羞于承认自己不知道。

如果找到的答案，既不是直观的视频解释，也不是有趣的书本内容，而是生硬的百度百科式介绍，该怎么跟孩子解释呢？

对很多知识，我们自己学起来都很生硬，跟孩子讲的话，就觉得孩子肯定听不进去，那么怎么用孩子的方式让他喜欢听呢？我给大家四个关键字——儿童视角。

我们一定要知道，在孩子眼里，这个问题处于一个什么样的认知水平。也就是说，他的眼里是怎么看待这个事情的，从孩子的视角出发去聊这个问题，通过对话让孩子讲出他的想法。然后，我们再尽可能从他的视角出发，去理解万物，聊自然、聊科学、聊宇宙这些离他生活很远、很难理解的事物。

给大家举一个很典型的例子吧。我女儿曾经问过我："妈妈，有一个问题我一直不明白，为什么说地球是一个球？大地是平的呀！"

多么好的一个问题啊，各位家长想一想，实际上在我们生活中，我们看到的大地就是平的呀！我们任何一个人用肉眼都看不出来大地是一个球，但是如果我们直接告诉孩子说地球是一个大球，世界就是这样的，就好像我们真的能够自己看出来地球是一个球似的，孩子听到这样的答案，他就会对此感到特别奇怪：地球哪里是一个球啊？看起来不就是平面吗？爸爸妈妈这个回答还是没有解答我要问的问题呀！

我们仔细想一想，就拿上边的例子来说，从孩子的视角出发，你会发现一件细思极恐的事情——很多的古代科学并没有那么荒谬，就比如天圆地方这样的学说，古代人相信天圆地方，我们今天说它荒谬，但其实古人产生这个想法并不荒谬。古人在没有望远镜和卫星的情况下看到的世界不就是“天圆地方”的吗？从哪儿看出地球是一个球呢？

我们应该尊重孩子的视角，在开口给出答案——世界就是这样之前，先停下来想一想：为什么孩子会有这样的视角？我们能不能以他的视角作为起点，带着他去一步一步接近真相？

如果从尊重孩子的视角来实际操作这个问题，我们应该怎么去引导呢？

就拿上面的例子来说，我们可以先认可孩子的问题很有洞见，很有趣，然后带着他一起搜索古人是怎么发现这件事的。通过这样的故事，孩子可以知道古人的探究也是非常不容易的。之后可以带孩子做个小实验，把很小的一粒米放在一个大气球上，让他试着从米粒的视角去看气球，他就会一下子恍然大悟：“哦！原来地球的大小和我们看上去的平面有很大的关系！”

这就是所谓的儿童化讲解科学，其实儿童化讲解这件事情挺难的，不了解的人觉得不就是用孩子喜欢的方式去讲吗，你讲的像个故事一点儿他不就喜欢了吗？其实真的没有那么简单，我们不是说给太阳打扮成太阳公公，地球打扮成地球小弟弟，这就叫儿童化讲解了，儿童化讲解是用儿童能理解的语言，从儿童的视角出发，用他们的思路把这个科学问题给讲清楚。

情况二：一些问题我们可能是知道答案，知道结论的，要直接说出答案吗？

在多数情况下，最好不要直接给出答案。直接告诉孩子事实，而不是从他的问题视角出发，会让孩子很困惑：要么觉得答非所问；要么就停在思考自己的问题上，没有跟上你讲解的节奏；要么干脆听不懂你在讲什么。

那么怎么办才最好呢？关键是要用对话来引导孩子找出答案。

有一些问题我们可能是知道答案和结论的，但是我们可以控制自己别让答案直接蹦出来，而是跟他对话，跟他一起观察，从孩子的视角出发，引出他心里的问题，带着他一起一步一步去发现问题的真相。

在这个过程中，他可以进行观察、对比、假设、思考，可以和家长进行有逻辑的讨论和分析，这些都是对锻炼孩子思维特别有好处的！如果这个结论最终是孩子自己得出来的，他会对此印象非常深刻。

在此要特别强调一下，这个讨论的过程其实就是在培养孩子的思维能力，而不仅仅是记住了知识。

再来举个例子，当孩子问“为什么有四季？”时，我们可以先问问孩子：你觉得为什么地球上是四季而不是五季呢？孩子就会想：“对啊，为什么呢？”他也很好奇这个有趣的问题。接下来可以跟孩子讲，之所以有四季呀，是因为气温有两个极端，一个最热，一个最冷，最热过渡到最冷中间有一个时候不冷也不热，最冷过渡到最热中间也有一个时候不热也不冷，这样加起来正好是四个季节：热、不冷不热、冷、不热不冷。

那么为什么地球上会有极端冷和极端热的时候呢？我们又可以跟

孩子讨论，问问他："你觉得我们地球上的热和冷是哪来的呀？"小朋友肯定会马上联想到是太阳带来的热，如果没有太阳光，地球就冷冰冰。

这时候我们可以和孩子探讨：如果最热的季节是太阳光直射我们的时候，你觉得最冷的季节是怎么样的呢？小朋友根据反面推理很容易就会得出结论，那就是太阳光不直射我们了呗！

孩子通过自己的推论得出了冬天、夏天产生的原因，那么春天和秋天的原因也就显而易见了。

/ 生活中怎样让孩子的好奇心不老？ /

父母是孩子成长环境中最重要的组成部分。那么，怎样的环境会让孩子更有好奇心，怎样的环境会让孩子失去好奇心呢？

麻省理工学院认知心理学教授克莱尔·库克（Claire Cook）的实验研究给出了生动的答案。在实验里面，她先让一些 5 岁大的孩子玩一个音乐盒。一部分孩子的音乐盒可以用 4 颗珠子启动，另一部分孩子的音乐盒有时需要 4 颗珠子启动，有时只需要 2 颗启动。

接着，库克给所有孩子一个新的音乐盒和一些粘在一起的珠子，她想看看，第一个音乐盒的操作经验，对孩子探索新的音乐盒有没有什么影响。

结果，那些一直在玩 4 颗珠子启动音乐盒的孩子，在探索新的音乐盒时，想不到还可以把珠子拆开来用。而那些玩过 4 颗珠子或者 2 颗珠子随机启动的音乐盒的孩子，大部分都开始研究怎么组合珠子能让音乐盒发出声音。

从这个研究可以看到，如果学习环境总是固定不变的、一眼看到尽头的话，孩子很容易失去探索的兴趣和好奇心，思维会被固化。反过来，如果周围的世界存在不确定性，就有可能激发孩子积极主动地去探索，努力想弄明白事物背后的运作规则的好奇心。而这种对规律的主动探索，本质上跟科学家的研究是一样的，都会经过观察、假设、验证的过程。

同样，麻省理工学院的心理学家劳拉·舒尔茨（Laura Schulz）也从教学方式上做过类似研究。

她用不同的方式给 4 岁的孩子呈现一套玩具。在一组孩子面前，她就像一个冒险家一样，“意外”地启动了玩具，并用惊讶的语气对孩子们说：“你们看见了吗？是不是很神奇？让我再试一试！”

在另外一组孩子面前，她用传统的教师姿态给孩子展示玩具：“今天我们要学习一种新玩具。”然后给孩子展示玩具的功能。

然后，她给两组孩子留下玩具让他们自己去探索。不出所料，第一组孩子玩得很开心，还发现了玩具的很多隐藏功能。而第二组孩子很快就厌倦了，也没有发现别的玩法。

这项研究给了我们一个启发，如果我们能够让学习变成一场探索活动，孩子就会有兴趣，孩子会非常愿意去探索一个未知的领域，一个有趣的领域，而如果在这个过程中他经过自己的努力，能不断发现新东西，发现一些有趣的东西，那么孩子就会觉得学习过程饶有兴趣，就会乐此不疲。

如果我们想把学习变成一场探索活动，可以怎么做呢？

一句话概括就是，保持世界的神秘感和不确定感，把发现的乐趣留给孩子。

举一个例子：在玩水的时候，试着把不同的东西放进水里，放之前，请孩子预测一下它会沉下去还是浮起来，这种物体浮沉的不确定感，会激发孩子想要探索与浮力相关的原理。

再举个例子，读绘本的时候，读完一页，故意留下一个悬念，让孩子先猜猜下一页会发生什么事情，再亲手翻开，这个过程其实跟科学研究当中的观察、猜想和验证具有异曲同工之妙。

简而言之，让孩子保持好奇心的好方法就是，要和孩子一起探究问题，通过对话来引导孩子，站在孩子的视角思考问题，也可以通过保持这个环境的神秘性和不确定感，让孩子进行自我探索。

从直观感受到抽象思维需要几步？

人类的任何知识，都是从直观感受开始的，而孩子的感官是最为敏锐的。在生活中，怎样一步步帮助他们从感受、观察自然现象开始，建立常识，进而探究背后的道理，理解抽象的概念呢？

怎样理解抽象思维？

学习能力作为一个整体概念，其中很重要的一部分就是抽象思维能力。孩子在生活中看到的所有事物肯定都是具象的，一把剪刀、一个桌子、一个玩具等，但是他们在学校里面接触的往往是一些抽象的概念，比如说分数、修辞方法等。孩子往往因为抽象概念的难以理解，才觉得学校的学习很困难。

那怎样培养孩子的抽象思维能力呢？

在回答这个问题之前，我们不妨先回到本质，从大脑的工作原理出发，理解思考到底是怎么发生的，再进一步理解抽象思维的内核。在《为什么学生不喜欢上学》这本认知心理学的著作里，作者给"思考"提出了一个定义：思考，是在你将周边环境和长期记忆中的信息用新的方法在工作记忆中组合时发生的。这个定义提到长期记忆和工作记忆两个概念，那么我们就先来了解一下这两个概念。

长期记忆是大脑里的一个记忆系统，你可以把它理解为大脑的仓库，可以存储关于世界的事实性知识，比如太阳从东边升起西边落下，以及程序性知识，比如做饭的步骤、开车的技能等等。平时，长期记忆的所有信息都处于沉睡状态，等到我们开始思考，需要调用这些信息的时候，它们才会被激活，进入工作记忆的区域里。打个比方，长期记忆有点像大脑里面信息的"家"，工作记忆更像它们"上班的地方"。

而工作记忆负责对来自长期记忆和环境的信息进行处理，它是一个容量有限的记忆系统，有点像电脑的内存。一旦信息量过大，就很容易"宕机"，这也是我们很难一心二用，同时处理多线程的任务，也很难学会梳理新的概念的原因。

结合上面关于"思考"的定义，可以推测出，所谓的抽象思维，就是当我们有了直观的感受，也就是接收到来自环境中的外界信息和刺激以后，在大脑的长期记忆仓库里面，可以调取相关的抽象概念来对环境中具体的信息进行加工，从而完成抽象思维的过程。

也就是说，抽象思维的过程，关键在于建立和强化具体信息和抽象概念之间的联结。简单来说，就是看到具体例子，想到抽象概念；反过来，看到抽象概念，也能想到具体例子。比如说老师讲 1/3 和 1/2 哪个大呀，孩子会觉得很难理解，但是如果他想象到一张比萨饼，1/3 是分三块拿一块，1/2 是分两块拿一块，如果他能把抽象的东西，和具象的事物想象到一起去，那就会容易多了。这种从学校老师讲的抽象概念，联想到生活具象例子的能力，对于孩子每一科的学习都很重要。

/ 具体例子和抽象概念的联结 /

那怎样打通具体例子和抽象概念之间的联结呢？

在这里，给大家分享以下三种方法。

1. 通过动手操作，强化具体事物与抽象概念之间的对应与匹配关系

以数学启蒙里的数感培养为例，心理学家研究儿童数感的建立，发现学会数数和理解数量概念完全是两码事。很多口头数数很溜的孩子，真正数实物就会胡乱数一气。这是为什么呢？原因就在于，将 1、2、3 这样的数字和实际的数量对应起来，在孩子头脑中本来就是一个漫长的过程。

有时候父母不理解为何孩子连很简单的“比大小”题目都不会做，或者连极为简单的等式都看不懂，其实是因为他们还不能把抽象的符号和数量联系起来。

让孩子花很长一段时间，在头脑中建立数量的概念，是为未来的一切计算打下坚实基础。耐心等孩子一两年，当他终于把数数清楚了，他就能实现一个巨大飞跃。

在孩子清楚数数之后，下一步可以在孩子头脑中建立数量操作的概念。在地上有一些珠子，我们可以让他自己去感受，先有三个珠子，我们又拿来两个珠子，总共是几个珠子？是五个，这就是三个加两个等于五个。那原来有五个，拿走两个，还剩几个呀？这就是加法和减法的概念。让孩子动手操作一定是未来他做计算的基础，而且是不能省略不能忽略的一步。

其实加减乘除都是数量操作。我们不需要把加法、减法、乘法、除法当作好几件事来教，它们的本质是一致的。理解数量操作之后，这几件事都不难理解。

家长可以带领孩子在玩耍中学习。比如吃面包时，可以把面包先分成几份，每份再切成小块，如果一份有三块，让孩子想想两份有几块？如果总共是 10 块，平均分成两份，每份是几个？这里面其实已经有了乘法和除法的萌芽了，但不要跟孩子说这是乘法和除法。而是让他自己去数，亲眼去看。经过这样具象的感知之后，她将来自然会加减乘除，剩下的只是数量的问题，但绝对不会不理解。

在生活中让孩子感受加减乘除的时候，宁可他们数指头数很久来计算加法减法，也不要直接去背口算，包括乘法口诀，最好都不要让他们在很小的时候背。

乘法的本质，是一组东西变成很多组。尽量先让他们在头脑中建立一个概念。宁可先让他们用特别笨的办法，两个两个地数，建立乘法的概念，等简单乘法完全理解之后，再背口诀。在做游戏的过程当中，让他去感受数量的操作过程，其实小孩子完全可以理解倍数和平分。

跟孩子在家里玩各种各样的游戏时都可以做这样的练习，比如串珠子、搭乐高等等。在这个过程中，不用刻意给他准备练习题，而是玩着玩着，像做游戏一样进行一些数量操作，内容也可以是随机的，孩子也会觉得很有意义。这个其实就是上面所说的在玩耍中学习。

数量操作是基本概念，加减乘除四则运算都是衍生概念。

2. 在生活的具体情境中，向孩子介绍抽象知识

把知识放回到孩子知道的、实际经历过的或者是正在经历的生活情境中，进行讲解。怎么做呢？可以让孩子把情境中具象的事物和抽象的概念对应起来。未来，当孩子真正接触到这些抽象概念时，就会非常容易想到具体实物、具体情境，头脑中就会有画面感、有物体。这个时候，他就容易建立起抽象思维了。

又比如，在孩子玩蹦床、跳跃的时候，可以跟他说：你看无论多用力、跳多高，最终都会掉下来，是因为地球的力气很大很大，可以把我们都紧紧地抓住，所以，我们都会落到地球的表面。地球的这种抓住全世界所有东西的力量，就叫作万有引力。接着，再引导他发现其他引力作用的例子，比如水往下流，苹果、树叶都会往下掉，手上

的东西没拿好也会掉下来而不会飞到天上去。这些现象都能帮助孩子把引力这个看不见摸不着的抽象概念，植入自己生活的所见所闻里，理解起来就非常容易。

3. 如果在生活中没有跟抽象概念、知识对应的情境或者具体例子，只能直观感受的话，我们可以尝试用比喻或者类比的方式，借用生活中类似的事物来解释知识和原理

比如，胃的消化功能孩子没办法看见，可能不太好理解。如果家里刚好有搅拌机或者榨汁机，你可以尝试用它们来类比：我们身体里的胃在消化食物的时候，就好像这个搅拌机一样，把一块一块的食物，搅拌成泥。只不过，我们的胃不像搅拌机噪声那么大，工作起来很安静，因为它是以蠕动的方式，加上胃酸的帮助消化食物的。它工作的时候，就好像你用手捏着一个装满水的暖水袋一样。通过这种形象的展示，孩子就会对身体的消化系统有非常明确的认知。

有时候，除了嘴上借用生活中的事物来类比和比喻，还需要动动手，做一个小小的动态演示，来帮助孩子更直观地理解。比如，如果孩子理解不了昼夜更替这个抽象概念，以及为什么会产生昼夜更替现象，不妨用地球仪和手电筒来给孩子演示一遍。把手电筒当作太阳，在地球仪的右上方斜斜地照着地球仪，同时慢慢转动地球仪，让孩子观察被手电筒照亮的地方和没有被手电筒照亮的地方是怎样变化的。这样的演示就可以给予孩子关于昼夜更替的直观感受了。

/ 抽象概念的纵深拓展 /

想要培养孩子的抽象思维，还可以对孩子掌握的抽象概念进行纵深拓展。

四五岁以上的孩子，对于基础的平面几何图形应该不会陌生。但是，如果我们把圆形、正方形这些孩子已经掌握的抽象概念，当作抽象思维的练习工具来用的话，也可以帮孩子提升抽象思维能力。具体要怎么做呢？下面给出两个联想游戏的示范。

游戏 1：

给孩子准备一个方格本子，假装方格本里面的一页，就是你们家住的楼房，在页面的边上写上楼层和门牌号。请孩子邀请自己的好朋友、喜欢的故事人物住进来，在方格里写上被邀请人的名字。这个游戏是一个示范，给孩子展示从方格本这个具体事物，到方形的排列组合这个抽象概念，再到楼房这个具体事物的迁移。如果孩子理解了这种排列组合，就能够很好地将一个号码和具体的人名对应起来，将来他就会容易地学习数学。

接下来，你还可以翻开下一页，请孩子来想象一下他希望的新事物，比如，一列一列的火车车厢、一排一排的储物箱等等，再将这些火车车厢和储物箱进行编码、排列组合，通过这样的联想游戏，孩子在不知不觉中就完成了一次又一次从抽象到具象再到抽象的闭环练习。

游戏 2：

可以跟孩子讨论，当提到圆形的时候，他想到了什么东西。接下来，可以引导他联想生活中与圆有关的事物。接着，再引申讨论，圆还代表了哪些意思。这时候，就可以引入孩子学过的唐诗宋词，比如《静夜思》《水调歌头·明月几时有》这些与月亮的意象有关的诗句，给孩子讲解原来月亮的圆还代表了团圆的意思。除了团圆以外，还有什么抽象的概念可以用圆来表达呢？比如，墙上挂的时钟，也是圆形的，就是用圆来代表时间的循环和周而复始。除了时分秒在循环，还有什么在循环呢？可以引申讲四季的循环、食物链的循环、水循环等等。这样，从圆这个抽象概念，不仅关联到具体的事例，还连通了其他相关的抽象概念。

上面讲了如何在生活中帮助孩子从具象事物联想到抽象概念，再从抽象概念想到生活具体实例。孩子有过这样的思维体验后，当老师在课堂上引入一个新概念时，就不会感到茫然无措，而是会积极地去想这个抽象概念和生活中遇到的什么具体事物有关。一旦建立了这样的关联，有很多问题就会迎刃而解。

逻辑思维的锻炼很难吗？

逻辑思维很重要，尤其是对理科的学习。归纳和演绎这两种最基本的逻辑思维是人类重大科学发现与发明的基础思维。下面就介绍一下如何培养孩子的逻辑思维能力。

/ 重新认识逻辑思维能力 /

首先，澄清一个误区，有人认为孩子数学学得好就代表他的逻辑思维能力好。这个问题需要辩证地去看：一方面逻辑思维能力好的孩子，的确往往在数学上表现比较突出；但是另一方面，数学好并不一定代表逻辑思维能力好，因为数学思维和逻辑思维并不等同。逻辑思维并不只存在于数学之中，它的范畴更广。为什么这么说呢？

先来看看逻辑思维这个概念是怎样定义的。逻辑思维是指正确、合理思考的能力，它包括对事物进行观察、比较、分析、综合、抽象、概括、判断、推理的能力，以及采用科学的逻辑方法准确而有条理地表达自己思维过程的能力。在《形式逻辑学》这部逻辑学的经典著作中，逻辑思维被分为三大模块：概念（定义）、命题（判断）、推论（推理）。其中，跟数学关系最密切的数理逻辑，其实只是逻辑思维的一个分支。

数理逻辑就是运用已知条件和公式，去推理和解决问题。而对于概念、命题的教育则变成了更简单的死记硬背。这也是很多理科学生尽管很会解题，但是在处理实际问题的时候就容易混乱，或者处理问题的方式很死板不会变通的原因。

你可以从逻辑思维的定义出发，反思一个常见的误区，那就是，我们通常认为逻辑思维能力会直接影响数学成绩或者理科成绩，但是帮不了文科成绩。实际上，在语文、历史、地理等文科类的科目中，文字表达的流畅、地理经纬的变化、历史纪元的转换和逻辑原因、哲学思考的严密……这一切都需要逻辑思维的支撑。有些孩子可能数学成绩很好，但是在语文写作的逻辑表达上可能会陷入混乱，这就是没有真正掌握逻辑思维的能力。在这种情况下，他到了历史课堂上，可能也会对历史事件的分析、多元的因果分析感到一头雾水。这就是在数学上的数理能力并没有很好地迁移到其他学科上去。

2018年牛津大学入学考试出了一道这样的考题：“你愿意当吸血鬼还是僵尸？”

这看似无厘头的考题，究竟在考什么呢？与其说在考察学生的知识储备、社会见闻、角色解读，不如说是在考察学生的综合能力及运用综合信息的逻辑思维能力。

能够对问题进行全面和辩证的分析解读，对脑海中存储的信息进行筛选甄别，能够合理有逻辑地在脑海中整理出答案，并且组织好语言，归纳总结到纸面上或者清晰地表达出来，这些都需要逻辑思维能力的支撑。这么奇怪的题目出现在全球知名学府的考题中，从这个现象来看，未来考题可能朝着形式上更加出其不意、更加开放的方向发展。当下次命题条件发生变化，比如变成“你选择做美国总统还是英国首相”时，你若也能够融会贯通、举一反三，才是真正拥有了逻辑思维能力。

更重要的是，当孩子走出校园，走向工作岗位时，逻辑思维能力也是高频使用的硬核能力。因为职场上的挑战不像试卷上的题目那样有标准答案可循，可以去背去记。大量的工作情境都是复杂的、没有明确答案的，都在考察孩子能否对事物、对问题进行观察、比较、分析、综合、抽象、概括、判断，并且有条理地表达自己的观点，做出合理的决策。

但是，这么重要的能力，目前在学校里还缺少专门的训练。注重知识记忆的传统课堂氛围，不能帮孩子搭建好逻辑思维能力的框架。那我们应该怎样培养孩子的逻辑思维能力呢？

/ 怎样培养逻辑思维能力？ /

在回答这个问题之前，我们先看看逻辑思维的发展趋势。按照发展心理学的研究，孩子的逻辑思维是由动作思维发展到形象思维，再依次发展到抽象逻辑思维的。接下来，依据阶段的不同，我们来看看，我们应该怎样做，才能给孩子的逻辑思维能力打好基础。

0~3 岁——动作思维阶段：

不到 3 岁的孩子以动作思维为主，这时候思维主要体现在孩子探索世界的动作中。孩子的动作从一开始的杂乱无章、漫无目的，慢慢开始在动手操作的过程中了解动作与结果之间的关系。在这个阶段，我们可以做些什么呢？在这里，给大家两个建议：第一，允许并且拓展孩子的探索。第二，用有逻辑的语言来描述孩子的探索过程。

3~6 岁——具体形象思维阶段：

3~6 岁的孩子具体形象思维占优势，能够通过具体事物的形象，开始对事物有认知能力，但是还不具备抽象思维能力。在这一阶段，孩子逻辑思维的培养主要是依赖感官接触到的具体事物，总结普遍特点。这时候，我们可以借助生活中的具体物品，通过各种玩游戏的方式，帮助孩子从具体形象思维过渡到抽象思维。下面提供两个游戏建议。

第一，超市游戏。跟孩子一起在桌上建一个模拟超市。筹建超市的时候，自然会涉及卖什么东西，以及这些东西怎样摆放的问题，也就意味着孩子在这个过程中，需要给商品进行多层级分类。比如，食品是超市商品里面的一级分类，在食品下面还可以细分出水果、肉类、蔬菜、零食、饮料等的二级分类，在水果这个二级分类里面，还可以划分出苹果、西瓜、葡萄等不同品种。在规划经营商品分类的时候，孩子就开始在脑海里建立起一个越来越完整的事物分类架构。

第二，排序游戏。从统计学的角度来看，我们每个人每天从客观世界中获取的信息，大致可以分为定类信息、定序信息、定距信息、定比信息四类。其中，定类信息就是给东西分类，比如苹果和西瓜都是水果。定序信息指在分类的基础上，按照某个标准来排序或者分等级，比如，按照甜度标准，给几种水果进行排序。定距信息和定比信息，就比定序信息更进一步，不仅排序，而且给每一样东西量化打分，来呈现它们之间的差异。比如，我们可以定义一个 5 分的甜度标准，给苹果打 2 分，给西瓜打 3 分。随着孩子的认知发展，他们会逐渐发展到理解和使用定比信息的认知水平，也就是掌握更高阶的定量思维，避免非黑即白的思维定式。而在 3~6 岁这个阶段，我们可以先引导孩子熟悉定序信息，也就是鼓励孩子对事物进行排序。

继续刚才的超市游戏话题。我们可以让孩子选出自己感兴趣的某类别商品，然后跟他一起讨论可以按哪些标准来排序，常见的标准一般都是物理属性的，比如大小、软硬、长短。另外，我们还可以引导他想出一些超出物理属性的高阶标准，比如喜欢的程度、使用的频率等。

6 岁左右——抽象思维阶段：

孩子在经历了动作思维和形象思维的积累和铺垫之后，到了 6 岁左右就会进入抽象思维阶段。

6 岁左右正是要上小学的年龄，要开始接触书面语言、数字、符号，这些对孩子来说都是无形的、抽象的。很多孩子不适应小学的学习也是因为思维仍然处在形象思维阶段，没有很好地过渡到以符号化语言为主的抽象思维。以下两种方法可以帮助孩子形成抽象思维。

第一，帮助孩子在生活中把具象的东西和抽象的符号连接起来。

比如，出门的时候，我会给女儿解释各种指示牌的意义，指示左拐右拐的牌子，指示禁止通行的牌子，分别代表什么意义，拉近抽象的符号和实际生活的关系。还可以探讨这些符号代表的指令能在怎样的生活场景中运用。除了给孩子讲解现有的指示牌，还可以跟孩子一起设计平时家里用得着的指示牌。比如，围绕我们希望孩子养成的生活习惯，像早睡、收拾玩具这些习惯，我们都可以跟孩子一起想想，应该用哪些元素来表示，把这些元素画在纸上代表一个指示牌，贴在家里显眼的位置。这样做可以训练孩子调用抽象符号来代表具体事物的能力。

第二，在日常对话和绘本共读的时候，多引导孩子进行推理。

推理可以有很多的方向，比如关于原因的推理。举个例子，在读《三只小猪》的时候，我们可以问问孩子：咦，你有没有想过，为什么只有第三只小猪没有被狼吃掉呢？在读动物科普类的图书时，问孩子：为什么那么多的动物里，只有长颈鹿的脖子长得那么长呢？孩子说出的答案未必是标准答案，但是只要孩子说得有理有据，有推理的合理性，就应该鼓励孩子推理。

还有结果的推理，就是针对一件事情推导出可能出现的结果。比如，在读《小红帽》的时候，先卖个关子，问问孩子：小红帽来到外婆家，看到眼前的外婆长得很不一样，她会怎么做呢？在讲了故事的结局之后，还可以问问孩子，如果小红帽换了另外一种做法，你觉得会发生什么结果呢？或者引导孩子进行反事实推理，如果小红帽没有告诉大灰狼外婆家的地址，请孩子猜猜接下来会发生什么事情？在科普的时候也可以引导孩子思考，如果北极的冰川很多都融化了，你觉得接下来会发生什么事情呢？所有这些推理对孩子的思维锻炼都有着非常好的效果。

还可以引导孩子推理一个现象的出现所需要的重要条件。我们可以参考思维导图里面的气泡图。中间画一个大一点的圆圈，在圆圈里面写上现象的名字。像八大行星绕着太阳转一样，在圆圈中依次画几个小圆圈，用线条连上大圆圈。每个小圆圈都代表找到的条件。比如，我们在跟孩子读关于地球这个主题的科普书时，可以用气泡图来理清地球上出现生命的几个最重要条件。此外我们还可以让孩子思考生活中的问题，比如：你如果要挣到钱需要哪些条件呢，经过这样的思考孩子不仅可以在数学、物理考试中获得好成绩，也可以在生活中游刃有余。

孩子在小的时候抽象推理能力可能不强，但是我们依然可以给孩子进行很多逻辑思维能力方面的训练，随时引导孩子观察分析事物，引导孩子分类、标签，进行概念抽象，引导孩子思考前因后果、推导条件和结论，这些锻炼都可以让孩子的思考能力变强，让他们的逻辑能力变强，让他未来能够更好地应对自己未来的学业和生活。

怎样通过动手培养孩子的科学探索力？

所有孩子小时候都喜欢动手的活动，一旦课堂上有动手的环节孩子都会非常兴奋，比起看书本学习，大多数孩子都更喜欢动手玩耍，那么我们该如何把孩子从动手中获得的快乐转到书本学习中呢？我们又该怎样通过动手锻炼孩子的科学思维，从而更好地帮助孩子未来的学习呢？

动手能力与思考能力同样重要。孩子通过自主尝试，验证自己的猜想，寻找解决问题的办法是非常有价值的。那么，陪孩子做小实验、做手工的正确方式是怎样的？怎样完成一份可以晒朋友圈的实验报告？

/ 重新认识实验对孩子的意义 /

实验的意义有三点。

第一，实验可以把抽象概念可视化，帮助孩子理解知识。

前文讲过，培养孩子的抽象思维能力，关键是建立具体事例与抽象概念之间的联结。实验恰恰就是帮助孩子贯通具体生活现象与抽象知识之间的重要桥梁。

比如说，在物理中，“密度”是一个很难给孩子直接解释的概念，因为它不像重量和体积，能够直观地被看到。那我们如何才能让孩子感知到“密度”的存在，理解密度的意义呢？这时候，实验就能帮我们。找一个玻璃杯，把糖浆、水、油倒进去。过一会儿，这三种液体就会分成三层，油的密度最小在最上面，水的密度大一些在中间，糖浆的密度最大，所以在最下面。这样一来，“密度”这个本来看不见的抽象概念，通过一个小小的实验，就会变成玻璃杯里面的三层液体啦。

其实类似的实验还有很多。大家在网上可以用“生活小实验”这个关键词来搜索实验的视频，带着孩子一起做。用实验把这些看不见的概念演示出来，变成生动的画面和声音，这样孩子理解起来就更容易了。

更重要的是，这种生动的知识探索过程，也更容易激发孩子的求知欲，学到的知识也会记得更深刻。

第二，实验可以锻炼孩子的观察能力。

孩子平时可能也会主动观察很多生活中不起眼的细节，比如成群的蚂蚁或者新长出来的花朵。但是通过实验，孩子天然的观察本能会得到进一步的发展和提升。因为每个实验都有自己的研究目的，要探究某个假设和猜想是否成立，所以，孩子做实验的时候，会主动地带着自己的问题和猜想，进行有目的的观察，收集有用的信息和数据。这时候孩子的观察就像一束激光一样，非常聚焦，同时，也非常系统。

第三，实验可以锻炼孩子的理性思考能力。

做实验除了能够帮助孩子学到科学知识，更好地理解科学知识，更重要的是培养孩子的思考习惯。就是当他们想知道一个问题的答案时，首先会想到，我是不是可以做实验来找出答案呢，久而久之，他们会更愿意通过实证的方式探索这个世界，而不是轻易盲从或者听信专家的言论观点，能够培养出像科学家一样大胆假设、小心求证的理性，以及不随波逐流的主见。

怎样培养孩子的实验思维？

培养孩子的实验思维和动手探究能力可以通过五个步骤实现。

第一步，从生活现象中生成感兴趣的研究问题

前面讲逻辑思维能力培养的时候，我曾提到，0~3 岁的孩子希望用动作来探索世界的规律和因果关系。在这个阶段，孩子会发现很多有趣的现象，比如，可以滚来滚去的东西，自己一推就能滚到很远的地方；比如，东西会在水里面浮起来或者沉下去，有的东西压到了水底但是还是会浮起来；再比如，身上没有涂胶水，却可以把很多东西黏住的神奇磁铁等。等孩子 4~5 岁的时候，就可以引导他们从这些有趣的发现中，找出感兴趣的、想要进一步探索的问题了。

这时候，我们不妨把想要探索的问题变得更加游戏化，来激发孩子的兴趣。比如，探究的问题可能是：什么东西在斜坡上可以自己滚下来，什么东西滚得更快？那么，我们就可以把这个问题再加工一

下，变成一场滑坡短跑比赛。通过这场比赛，来研究哪些因素会影响物体在斜坡上的滚动速度。比如，感兴趣的问题可能是：磁铁可以吸住哪些东西？那么，我们可以把它变成一个磁铁找朋友的游戏，成为朋友的时候，磁铁会跟另一样东西拥抱。我们把所有这些东西都找到后，再去观察它的特点，然后去探究磁铁内部的奥秘。

第二步，基于问题设计实验框架，梳理实验材料

经过前面的游戏化加工，实验就变成一场有趣的游戏或者比赛。接下来，作为游戏或者比赛主办方的你们，就要开始设计这场游戏和比赛了，包括步骤、规则及需要用到的道具。换句话说，这个实验的流程是怎样的，需要用到哪些实验材料，以及你们预期看到的实验结果是什么，也就是实验的假设。

举个例子，滑坡短跑比赛就需要准备比赛场地，也就是滑坡赛道，可以用硬卡纸来做成赛道，再用一些盒子把赛道的一边撑起来，变成滑坡，或者直接拿几本书斜着放，搭出赛道。当然，赛道的终点我们也可以设计一下，比如拿个盘子接住从赛道滑下来的选手们作为终点。在设计好赛道以后，另一部分就是选定比赛选手，也就是确定实验材料。一开始孩子可能想到什么东西就拿过来当实验材料，没有章法可言。这时候，我们可以引导孩子从物体的形状、光滑度、重量这几个要素去选取多样化的实验材料。这样也能够为后面提出实验假设、分析实验结果提供必要的线索和框架，从而锻炼孩子的实验思维。比如，按照形状来分，可以选择球形的乒乓球、正方体的色子、纺锤形的栗子。按照光滑度来分，可以选很光滑的铁珠子，有点粗糙

的橡皮擦，还有坑坑洼洼的核桃。按照重量来分，可以选比较重的圆形积木，还可以选比较轻的小纸团。

选定实验材料以后，就可以设计实验的流程了。对滑坡短跑比赛这个实验来说，流程就比较简单了，让短跑选手们排好队，逐个滑下来，同时计算它们到达终点的时间就可以了。

最后，引导孩子自己猜想实验结果，预测哪些选手可以滑到终点，哪些不可以，还有哪些选手会赢得冠军。猜想的时候，可以提醒孩子结合形状、光滑度和重量这三个维度来提出猜想。比如，是不是球形的、比较光滑的又比较轻的乒乓球会赢呢？是不是粗糙的橡皮擦到不了终点呢？

第三步，基于假设，明确关键步骤与观察重点

明确了实验材料、流程和假设以后，就可以开始动手实验了。实验的时候，注意提醒孩子不要把东西用力推进赛道里，而是在坡顶直接放下去，并且问问他，为什么要这样呢？看看他能不能理解，这么做是为了排除用力推这个因素对每样东西滚动速度的干扰，以免这个无关因素造成最后实验结果的偏差。这种控制实验环境，排除无关因素干扰的做法，是科学实验里面非常关键的操作。

在实验的过程中，你可以引导孩子从对比的视角来观察，收集更多信息，比如，看看同一种形状，但是不同重量，或者不同光滑度的东西，哪个快一些，哪个慢一些。也就是说，把三个维度里面的两个因素固定下来，只对比剩下的因素对滚动的速度有什么影响。这种因素分析的方法也是实验思维里面非常重要的一部分，可以为孩子在最

后推演实验结论的时候，提供更多的信息。

第四步，记录并分析实验结果

最后，我们可以准备好一张白纸，在上面画一个表格，第一列写上物体的名字，以及物体在形状、光滑度、重量三个维度的信息。第二列记录物体到达终点所用的时间，如果没有到终点就打个叉。接下来，我们可以跟孩子一起对照假设，看看实验结果是否跟假设一致。如果发现不一致的话，就可能意味着，孩子对物体滚动速度影响因素的认知里面，存在可以修正的地方。比如说，孩子一开始觉得应该是乒乓球滚得最快，结果发现乒乓球和铁珠子滚得一样快。这时候，我们可以跟他一起对比分析乒乓球和铁珠子在重量上差别很大，但是为什么滚动得一样快呢？这样可以引导孩子对于未来学习重力加速度的概念有一个很好的铺垫。

另外，还可以跟孩子一起分析滚得快、滚得慢以及没有达到终点的物体，各自在三个维度上都有哪些相似的地方，把不同因素对于物体滚动速度的影响梳理得更完整一些。最后可以形成相对系统的实验结论，比如，物体的形状越圆，滚得越远；表面越光滑，滚得越快。

第五步，加入新的因素，继续拓展研究

如果孩子对这个探究主题很感兴趣，可以引导他去发散思考，还有没有其他因素会影响物体滚动的速度呢？有没有可能除了物体自身的因素以外，还有环境的因素呢？从这个方向来激发孩子观察整个实验，找出可以操作的因素，或者用科学实验的术语说，找出可以控制

的变量。比如说，赛道的坡度，赛道的光滑程度等。找到新的实验变量以后，就可以像滚雪球一样，开展新一轮的实验了。

通过动手和游戏的方式可以让孩子像科学家一样熟悉实验的过程。熟悉实验，将让孩子受益终生。我们在创业中会遇到新产品开发的过程，两个产品方案哪一个是对的呢？这种时候，迷信权威、迷信专家、迷信领导可能都会导致失败，反而是最会设计实验的人，能够在可控范围里用小的实验，测测哪一个方案更好，反而能够导向更好的结局。想要我们的孩子在人生中不经历巨大的迷信盲从和失败，就要从小培养他的实验精神，让他成为人生的主动探索者。

怎样培养孩子的通识素养？

思维的锻炼并非只局限于数理化，而应该将自然科学和人文艺术的思考贯通起来，这样孩子才会有综合素养，才能在未来受益良多。那么我们该如何从小培养孩子的通识视野，获得未来时代的核心素养呢？

/ 比科学思维更重要的通识素养 /

我自己觉得比科学素养、科学思维更重要的是孩子的通识思维。我是一名科幻作家，也是一名宏观经济研究者，还是一名儿童教育从业者，所以我习惯从多角度、多维度思考整个世界的格局变迁和发展趋势，包括孩子的成长问题。我也喜欢把它放在世界的大格局中加以思考：未来孩子们会生活在什么样的世界呢？在这样一个世界里，他们需要怎样的核心素养呢？

孩子们会在10~20年长大成人，而家长们今天隐约感受到的风险，在未来10~20年间，一定会加剧实现。孩子未来面临的机遇与挑战，与今天也不可同日而语。从世界大格局的视角来观察和分析，他们未来面临两种可能性。

第一种：中国继续保持10~20年的和平稳定和繁荣。在这种情况下，中国一定会成为世界第一大经济体，在国际经济体系中的地位更加举足轻重，在全球具有领导地位，国际化程度大大提升。这就要求中国能够深度融入世界体系，引领世界话语潮流。

第二种：中国和西方经历10~20年的深度冲突。如果是这种情况，那么中国会历经磨难，在困境中变革、寻找出路，甚至会遭遇社会的不稳定和动荡，国内的意见分裂也会加剧。这样的前景要求孩子具备更强大的远见卓识，能带领中国在国际体系中寻找重生的道路。

无论是哪一种未来，孩子们都必须有更综合的领导力。面对中国深度介入国际体系的现实，中国不可能再以相对独立的姿态埋头发展，期望全世界都不要理睬我们，让我们自成体系。中国只有两种方式与世界对话：和平的或者冲突的，但是都是深度对话，没有“不与世界对话”的可能性。国际社会的焦点已然落到中国。在这种情况下，我们的孩子需要有国际化的视野，才可能在未来的中国舞台上大放异彩。

我们的孩子需要有和世界对话的能力，而这种能力，超越了科学思维本身，要求孩子有更综合性的通识思维。需要孩子打破学科的壁垒，理解人类整体的文明，从历史整体的角度，了解人类文明何以发展至今。同时，掌握这种与世界对话的能力，需要孩子具备自由的心灵，以全然自由的态度，探索真理与生命的意义。总的来说，就是需要孩子成为一个内心充盈、行动积极的世界公民。在孩子长大的下一个时代，如果没有全球视野和高度的话，就很难找到自己面对世界的态度，只能被动地被风波席卷。

而要获得这种与世界对话的能力，孩子需要的是通识教育，是哈佛大学倡导的通识精神。

通识教育让学生在多个门类获得提升，跨越科学、人文、艺术壁垒，展开跨学科对话，也展开跨文化对话，对比不同历史文化的发展路径，从中寻找更高层次的真理轨迹。真理，不在任何狭义派别的手掌心，而只对自由和客观的心灵显示些微踪影。也就是说，通识教育以扩大心灵的广度与自由度为目标，它让一个人站在世界和历史时空的高度，看待自身与世界的关系。通识教育，是今天这个时代，我们的孩子最需要的教育方式。

/ 怎样培养孩子的通识素养？ /

不知道你有没有想过这样一个问题：从小学到高中，学过的哪些知识在今天的生活中还用得上？这是哈佛大学教育心理学家戴维·珀金斯在《为未知而教，为未来而学》这本书里提到的一个令人深思的问题。我们从小习惯在死记硬背和刷题的机械式学习当中与知识打交道，结果就是我们学到的很多知识，要么变成惰性知识，也就是存在脑海里发挥不了任何作用的知识；要么就变成模式化的知识，也就是只知道知识表面的事实，或者解决问题的步骤，但是不理解背后的原理，珀金斯把它称为“脆弱知识综合征”。可以想象，这种脆弱的学习状态，无法支撑起孩子们所需要的与世界对话的能力。

所以，摆在我们面前的问题就是，怎样让孩子学过的知识不会变成脑海里无用的摆设，而是具有绵延一生的价值；怎样让孩子的学习能够举一反三，一通百通；怎样让孩子具备未来所需要的通识素养呢。

我们为孩子探索出这样一套通识素养启蒙的方法。

第一步，提出与孩子相关的大问题。所谓的大问题就是在人类文明的发展过程中经常出现，跟人类的生活息息相关，并且有很多领域的先贤都曾经思考过、探索过的重要问题。

第二步，引导孩子调用已有的知识来对这个大问题进行初步的思考。

第三步，在引导孩子不断深入思考的过程中，把大问题背后相关的核心概念提炼出来，介绍给孩子，引导孩子用核心概念重新理解和思考大问题。

第四步，将核心概念从大问题的探索里面迁移到孩子日常生活的情境里。

具体可以这样做：

首先，给孩子提出一个问题，那就是“如何建立自己的王国”。这个问题对孩子们来说应该挺有趣，但又超越现实生活。

孩子们在以往学到知识的基础上，大概知道要建造一个王国，需要有农业、军队这些前提条件，这些就是孩子调用的旧知识。

其次，再引导他们打开知识的缺口，问他们：可是，光有这些，够用吗？四面八方的人们，为什么要接受你做国王呢？你要做些什么才能让他们认可你呢？通过这样的问题，把他们的认知边界带到“人心”这个他们之前忽略的因素上。通过对这个问题的思考，孩子们慢慢意识到，光有军队会打仗还是不行的。比如，历史上各部落都有不少骁勇善战的领袖，但很多地方数千年也没建立起广阔的王国。因为一个王国，它不仅仅是一个城市或一个部落，而是把相隔遥远的很多城市和很多部落统一起来，一定需要某些重要的连接。这个连接是什么呢？这时候，可以引入几个神秘的地下宫殿，带着孩子从这些古迹里面寻找答案。

接下来，通过探索这几个宫殿，引入一个核心概念：价值信仰。给孩子解释，这个世界上最早建立王国的地方，是像苏美尔和埃及这种神话信仰最成熟的地方。对于一个王国，信仰的力量，不亚于兵器的力量。用中国古代的一句话来概括，那就是“国之大事，在祀与戎”。这些例子能够帮助孩子理解价值信仰在建造王国中发挥的作用。

最后，让孩子理解当代虽然很多国家不会再以宗教为核心纽带来建国，但是一个国家还要有价值信仰。大多数国家历史上都有过国王，但是，现在呢，世界上只有一少部分国家保留着国王这个位置。那么，没有国王的国家的领袖，靠的是什么来获得拥护？他们是靠信仰获得拥护，捍卫一个国家共同尊重的价值，例如自由、平等、博爱等等。对这些价值的共同信仰，是我们今天的国家领袖得到拥护的基础。

讲到这里，可以进一步把价值信仰迁移到孩子身上，如果真想成为一个小国王，成为国家的领袖，那么，一定要记得，只有兵器是远远不够的，一定要有代表所有居民共同相信的那些美好价值才可以。通过对于怎样建造一个王国这个大问题的探究，以及对于价值信仰的理解，我们还可以趁热打铁，帮助孩子把价值信仰的力量运用到生活当中。比如，跟孩子一起回顾以前读过的故事里、动画片里，有哪些人物通过自己的努力，让身边的人相信这些美好价值的存在和意义，从而让身边的人都愿意帮助他，追随他。又比如，跟孩子一起想象一下，如果他以后成了班长或者一个团队的队长，他觉得哪些价值信仰是重要的，需要自己努力去保护，让大家相信的。

/ 生活中通识素养的培养 /

那么，在生活中，我们如何培养孩子的通识素养呢？

可以先观察一下孩子对什么事物感兴趣。再想想，孩子对这个东西感兴趣，可以跟哪些重要的主题关联起来。比如，女孩子可能对裙子、对公主特别迷恋，那就可以从这些具体的事物里，提炼出美这个主题，并且可以进一步梳理出人类怎样感受美，怎样创造美这样的大问题。

男孩子可能对汽车、机械比较感兴趣。我们可以关联到能量、系统这些主题词上，梳理出“人类怎样获取更大的能量”“那些有效运转的系统是怎样形成的”等大问题。可以关联的常见主题词有国家、家庭、群体、系统、能量、效率、资源、功能、自由、信任、美、平等、权力（power），还有权利（right）、爱、关系等。

从孩子感兴趣的事物当中梳理出主题词和大问题以后，我们就可以围绕主题词进行发散联想，从科学、人文历史及艺术这些知识领域当中，给大问题的探索寻找合适的学习内容了。比如，围绕美这个主题词，大问题是“人类怎样感受美”。这时候，可以尝试从科学、人文、艺术这几个维度来拆解大问题。

对于科学维度，我们可以拆解出人类是通过什么感官和生理机制，来感受美这种体验的。从这个拆解的子问题来看，我们可以链接到视觉、听觉方面的知识，借用相关的科普童书给孩子讲解眼睛、耳朵的结构，还有工作原理。再进一步，我们还可以拓展到照相机的工作原理、乐器发声的原理等。

如果我们从科学和人文交叉的维度来看，还可以拆解出人类通常是根据什么标准来判断一样东西美不美。这里既可以延伸到对称、黄金分割等与数学有关的知识，也可以探索人类历史上，不同的文明，以及同一个文明不同的时代，美的标准分别是什么，经历了哪些转变。如果再往哲学的层面深挖下去，就可以去探讨有哪些从古到今一直没有变的美德，这些美德在历史上都有过哪些鲜活的故事。

而艺术的维度，跟美这个主题的关系就更密切了。比如说，艺术家是怎样运用光影、色彩、层次等等的元素来唤醒人们心目中美的感受的。

这样多角度多学科的延展开来，孩子对美的认识，就从一开始比较窄的裙子、公主这些表面的视觉之美，慢慢扩宽并且深入人类文明当中与美息息相关的人、知识、概念、故事里面，为以后获得与世界对话的能力打下良好的基础。当然，这样的大问题探究不是两三天就可以完成的，而是一个伴随着孩子的成长、逐步展开、纵深的终身学习过程。但是我们相信，这样一段与生活、与人类文明交织在一起的通识探索之旅，一定会让孩子重新认识学习，爱上学习。

总之，通过从生活中的问题引到与人类文明息息相关的大问题，再通过对大问题的拆解，联系到各个学科、各个领域的知识，让孩子多思考这些跨学科的综合性问题，孩子的通识思考能力就会得到提升。在未来的人生当中、在世界的舞台格局当中，具备通识思考能力的孩子都能发挥更大的作用，成为未来的领袖和领导者。

第 二 讲

财经素养：

教孩子懂得选择与规划，懂得财富的真正价值

苏凇

北京师范大学财经素养教育研究中心主任，教授、博士生导师

当今社会，人们对经济生活的参与度越来越高，财经素养因此也被列为当前和未来人们必不可少的基本素养。那么什么是财经素养，为什么财经素养如此重要？我们该如何培养孩子的经济管理思维和良好的行为习惯呢？

财经素养为何是未来必不可少的素养？

财经素养引起人们关注始于经济合作与发展组织开展的国际学生评估项目。该项目关注的是15岁学生面向未来社会的工作和生活能力，之前它关注的三项核心素养是阅读素养、数学素养和科学素养，在国际教育界影响很大。这个评估项目从2012年起增加了一个新的测试选项，就叫财经素养测试，人们开始好奇为什么财经素养如此重要。

/ 财经社会的必备素养 /

财经素养的重要性是由当前的社会特征和未来发展决定的。随着人们对经济活动的参与度与日俱增，现代社会从本质上可以说是一个财经社会，具有非常明显的财经特征。我们每天接触的财经信息越来越多，每天需要做的财经决策也越来越多。小到日常开支，大到买车、买房、教育投入等等，我们每个人每天生活与工作的大部分活动都与财经活动相关。对于个人和家庭来说，有些财经活动虽然看起来小，但是可能会导致我们财务状况发生较大幅度的变化，对个人和家庭的经济状态产生极大影响。

那么如何做好越来越复杂的财经决策呢？这就需要用到前面所说的财经素养。已有研究证明，具有良好财经素养的人更能提前规划，例如做储蓄，做预算，做出负责任的财经行为。高财经素养者能够更大程度地抵御收入和支出的冲击，减少债务违约，也能用更适合的方式去应对市场变化，管理可能出现的风险。从研究数据来看，宏观层面的经济冲击对高财经素养者影响比较小，因此，高财经素养群体也能促进社会经济和金融的稳定。总体而言，很多研究表明，高财经素养者具有更高的社会生存能力，生活相对更幸福也更稳定。反之，低财经素养者则面临更大的社会生存压力。

财经素养对个人、家庭以及社会具有重要的意义，因此以美国为代表的很多发达国家非常重视财经素养。例如，美国在 20 多年前就已经非常重视财经素养教育了。1994 年，美国联邦中小学教育法案的修正案正式将个人的财经知识教育纳入中小学课程安排中。2002 年，当时的美国总统小布什签署了一个《不让一个孩子掉队》的教育法案，要求将理财教育整合到学校的课程中，为此还发布了白皮书。2003 年，美国国会通过了《财经素养和教育促进法案》，建立了一个由 20 多个相关部委组成的财经教育委员会（Financial Literacy Education Commission，简称 FLEC），并将每年 4 月定为“财经素养月”。所以我们现在可以看到，美国每年 4 月有各种各样的财经素养教育活动。2010 年，当时的美国总统奥巴马签署了行政决议，专门成立财经素养总统顾问委员会。2011 年，美国的财经教育委员会发布了一份重要的报告《促进美国经济的成功：财经素养国家战略》，这就意味着，美国已经将财经素养教育上升到国家战略的层面。

/ 从 3 岁开始实现的幸福人生计划 /

从政府和行业层面来看，在政府的推动和影响下，美国很多学术组织也出台了具有代表性的财经素养教育国家标准，明确规定了各个年龄段学生应该具有的财经素养水平。比如，一些标准明确规定：3 岁孩子应该能辨认硬币纸币，4 岁孩子应该知道每一枚硬币代表的含义，能认识到我们无法购买全部的产品，认识到稀缺性……这些标准制定得非常详细，一直规定到高中毕业的财经素养。比如，有的标准明确要求，高中毕业生能够比较储蓄和投资方式的风险回报，能够尝试进行股票债券等投资活动，以及通过打工赚钱。

从家庭层面来看，美国很多家庭对财经素养教育的重要性有充分认识，他们把财经素养称为“从 3 岁开始实现的幸福人生计划”。财经素养被视为一种核心生活能力。在孩子很小的时候，家长就开始鼓励他们参加劳动，鼓励他们打工赚取零花钱或者生活费，促使孩子学会自立。在实际生活中，家长会指导孩子们进行合理消费，比如，带孩子购物时，学习比较商品价格，寻找物美价廉的商品；让孩子比较早地认识金融产品，掌握投资技能；让孩子更多地参与到家庭的财务决策中，培养孩子的财经意识和责任感。

除美国以外，英国、日本等国家和地区也非常重视财经素养教育。根据联合国的报告，美国、英国、澳大利亚、日本等20多个国家和地区已经把财经素养教育作为国家战略，纳入国家的基础教育体系中。加拿大、韩国等25个国家和地区酝酿将财经素养教育纳入国家战略。

因此从目前国际发展的经验来看，人们对财经素养重要性的认识是非常高的。这些国家推行财经素养教育也有一些共同的特征，比如，起始年龄都特别小，时间跨度很长。在许多国家，财经素养教育被称为终身教育，认为从很小的时候一直到退休甚至更大的年纪，都需要进行财经素养教育。另外，这些国家在推行财经素养教育时也会制定一些系统、科学的标准，以便充分地发挥学校、社会、家庭三位一体的作用。

/ 简单的引导可影响孩子行为 /

我国财经素养教育起步较晚，目前除了一些地区的少数学校，财经素养教育并没有在中小学中普及，所以当前阶段家庭教育就显得尤为关键。我们常说家庭是孩子的第一所学校，父母是孩子的第一任老师。对财经素养教育来说，父母有意识的引导和言传身教能起到非常关键的作用。

有个男孩子特别喜欢恐龙玩具，所以就买了很多，弄得家里处处都是“恐龙”。有一天家长认真数了一下，家里的恐龙玩具实在太多了，甚至很多样式还是一样的，然后就意识到孩子完全没有选择意识，也根本没想过买玩具是需要花钱的。这位家长认为这样下去不行，就决定通过限制玩具消费额度来改变他这种非理性的玩具购买行为。于是就开始每个月对孩子买玩具设定限额，每个月限额 100 元，超过这个限额就不能再买了。虽然开始孩子不同意，但是后来还是接受了。实际上这个男孩最初并没意识到这意味着什么，但很快他就意识到他不能像以前那样随便买玩具了，他不得不学会做出选择。于是当在商场看到几种喜欢的玩具时，他就不得不去看价格，然后计算一下是否超限额，这就需要他去比较、去做选择，甚至还要征求家长意见。慢慢地男孩不再像以前一样看到什么想买什么了，家长也不用再像以前一样苦口婆心地去说服他不买那么多东西。男孩也慢慢地知道，消费时首先要明确为什么买它，如何去选择，不同选择之间有哪些相同点和不同点，哪些是真正对他重要的、有用的。

从这个案例中可以看出，其实在家庭教育中，简单的方式往往就可以改变孩子们的意识和行为。

家庭教育需要避免哪些误区？

财经素养非常重要，家庭教育对财经素养的养成具有重要意义。那么到底什么是财经素养呢？

财经素养对很多人来讲可能是一个新词，因为大家平时听得比较多的是财商、财经知识等等，所以可能很多人会问，是不是懂得赚钱就是有财经素养？还有一些人会觉得财经素养是不是应该是富人的事儿，是不是有钱人才需要财经素养？是不是有财经知识的人就有了财经素养？这些观点都是不对的，都是常见的关于财经素养的认识误区。

/ 财经素养认识误区 /

借鉴国内外的研究和实践，我们可以这样定义财经素养：财经素养是财经相关知识应用能力和价值观的综合体，它会使得个体能够对面临的财经问题进行合理的分析、判断和决策，以提升个体和家庭的福祉。

从这个概念来看，我们可以从两个层面去理解财经素养的内涵。第一个层面是它的构成核心，包括财经价值观、应用能力和知识技能三个方面。第二个层面是它的目的，也就是说财经素养的目的是通过改变行为去实现个人和家庭的财经福祉，或者称之为财经幸福。

这是目前国内外研究者普遍认同的一个概念内涵。从这个概念出发，我们就可以来分析为什么前面那些认识是不对的。

首先来看第一种认识，懂得赚钱就是有财经素养。赚钱并不是财经素养的目的，而通过合理地赚钱、用钱来提升个人和家庭的幸福感才是目的。所以并不是说懂得怎么赚钱就是有财经素养。正确的理解应该是，懂得用合理的、符合自己价值观的方式去获得财富，并且能合理地运用财富使个人和家庭获得幸福，提升福利，这其实才是财经素养的目的。

那么有财经知识是不是就有财经素养呢？从财经素养的概念来看，知识只是财经素养的一个构成，它并不是全部，财经素养中还包括财经价值观、财经应用能力等，所以有财经知识并不代表有财经素养。其实在生活中我们常常可以看到，有很多人比如说学金融的，他个人的财务管理却是一团糟。

很多人都有一种认识误区，认为财经素养只是少数家庭、少数有钱人需要的小众精英教育，其实这是有很大偏差的。实际情况恰恰相反，财经素养教育对于低收入群体的价值更大。正因为钱少，才更需要合理地去规划、使用，以便让有限的金钱发挥最大效用。而从某种角度来讲，对很多富人来说，可能影响并不是太大，对他们来说，财经素养是如何创造更多价值的问题，而不是会影响他生存和发展的问题。因此，财经素养对于低收入群体其实意义是更大的。

其实实践研究更能体现出这一点。在很多案例中，低收入群体都是通过提升财经素养来整体改变他们的生存状况，使他们进入比较好的良性循环之中的。所以需要特别强调的是，财经素养教育并不是有钱人才需要的，实际上对我们广大老百姓来讲是更重要的事情。

产生这些误区的原因其实就是财经素养教育的缺失。因此，我们非常需要加深对财经素养的认识，思考如何通过加强财经素养提高生存能力，提升生活质量，从而避免上述认识误区的产生。

/ 管理好资源，从容面对生活的挑战 /

财经素养到底是什么？前面已经给出了一个定义。实际上，更深入地理解财经素养的本质，需要从理解每个人在社会中要实现的价值开始。其实每个人在整个社会生活中都有一些目标和任务，比如，学生时期的主要目标是学习，要完成必需的学习任务，在工作中的主要目标是完成工作任务，在家庭中的主要目标是维持家庭的生存，过上更好的生活。为完成这些目标和任务，我们需要将所拥有的资源，如时间、金钱、精力、体力等等进行整合，从而形成有效率的产出。

实际情况是，很多时候我们所拥有的资源和需要完成的目标任务是不平衡的。举个最简单的例子，有时我们有很多事情，却没有足够的时间；有时候又可能很闲，手头没什么事情做。这其实说明很多时候资源和目标是不匹配的。那么，我们如何才能更从容地去应对生活中的各种目标和挑战呢？这就需要我们掌握一项管理资源的能力，来实现资源和目标的匹配。从这个角度来看，财经素养的本质其实就是资源管理，它是通过金钱这样一个载体去帮助我们掌握资源管理的能力的。

拿最简单的储蓄来说，很多人对储蓄作用的认识无外乎两个，一是认为它会产生利息收入，另外一个是可以应对大额支出，但却常常忽略它另外的一个重要价值，即培养资源的跨期管理能力。我们曾经做过一个研究，把参与研究的一批小学生随机分成两组，其中一组发一个存钱罐，告诉他们把日常的零用钱存到存钱罐里，另外一组是没有存钱罐的。经过三个月的观察，我们发现有存钱罐的这组学生在时间管理和做计划方面有明显提升。

做储蓄和做时间计划，道理其实是相通的。财经素养本质就是资源管理，通过有效地管理资源，可以提高资源产出效率，能够帮助我们去完成各种目标和任务，完成各种生活和工作中的挑战。本部分内容特别要强调的就是财经素养的本质。

如何让孩子正确理解财富的意义?

财经素养的核心是财经价值观。那么财经价值观包括哪些方面呢?

价值观是个体行为的动力机制，财经价值观实际上是财经素养的基石，是财经行为的驱动力。财经价值观要回答的问题是“为什么要从事财经活动”“从事财经活动的价值是什么”。它其实是人们进行财经活动的一种导向性因素。如果把财经知识和财经能力称为手段式因素，价值观就是一个导向性的因素，它会影响到每个人从事财经活动的发展方向。

我们认为财经价值观包括三个方面：第一是理财的价值，第二是财富的意义，第三是获取和利用财富的方式。实际上财经价值观的研究比财经素养的研究要早很多。过去的相关研究，如对物质主义的研究、金钱态度的研究、商业伦理的研究其实都涉及财经价值观。这些研究其实也在给我们界定财经价值观，为我们如何培养财经素养价值观奠定了很好的学术基础。

/ 认识理财的价值 /

如何让孩子认识理财的价值?这其实就是如何看待理财的问题，它涉及资源增值和产出效率的概念。通过一些案例我们可以认识理财的价值，加强对理财这件事情的了解。

现在很多孩子都会有压岁钱，孩子拿到了压岁钱，应该怎么管？是孩子自己去管，还是由家长来管？我们经常听到很多家长说：你的压岁钱我来帮你管。这其实就涉及“我们怎么让孩子认识理财的价值”这个问题。很多家长觉得孩子不具备这一方面的能力，所以就由他们去帮助孩子把钱存起来，但实际上，却错过了一次帮助孩子认识理财价值的机会。

通常比较推荐的一种做法是让孩子去管理压岁钱。可以让孩子去建立一个储蓄账户，然后把每年的压岁钱存在这个账户中，并做好记录。

孩子可以利用这个账户选择自己的理财方法。最初这个账户就是帮他储蓄，但随着他年龄的增大，家长可以鼓励他去做一些理财，比如存一些定期存款，也可以接触一些银行理财产品。当然银行理财就会涉及风险问题，家长可以引导孩子逐步认识哪些银行理财产品的风险低又能获得稳定收益，是可以去投资的，等孩子再大一些的时候，可以为孩子介绍一些基金、股票去投资。当然最终决定权在孩子手里。家长也要引导他如何分配自己的压岁钱，虽然钱不多，但实际上他可以在这个过程中学会“资产管理”。孩子在这个过程中就会经常关注他的小账本。即使平时没有花太多时间去关注它，但是每过一年，就会去核算，看看这个压岁钱的资产管理有没有实现增值。当发现理财收益很好时，他就会非常高兴，明白理财收益明显高于储蓄收益，会认识到理财是有价值的。

在讨论是不是要把更多的钱投入理财中时，就要考虑风险的问题。可以引导孩子将资金的一部分用于没有风险的储蓄，另一部分用于投资理财。通过这种组合方式可以得到比单纯定期储蓄更高的收益，因此孩子也可以认识到理财的价值，即理财可以帮助我们实现个人资源的增值、财产的增值。

/ 正确理解财富的意义 /

如何让孩子正确理解财富的意义是我们经常需要思考的问题。我们是将财富作为自己身份的象征，还是将其作为贡献社会的一种方式？我们是把个人财富的不断积累作为一种幸福，还是把财富贡献社会作为一种幸福？这其实就涉及财富价值观的不同。

很多国际经验能够给予我们启发，最有代表性的就是犹太人的金钱教育。犹太人在金钱教育中，把财富价值观放在很重要的位置。他们在孩子很小的时候，就会告诉他财富意味着什么，不仅去教会孩子如何积累财富，还要教会孩子把财富作为一种贡献社会的价值观。

如何帮助孩子理解财富的意义是财经素养教育中，很多家长关心的问题。过去在推行财经素养教育的过程中，很多家长会问，讲财经素养会不会让我的孩子变得见钱眼开，只会看到钱？其实如果不重视这种财经价值观的话，的确有可能孩子就会见钱眼开。因此可以说财经价值观实际上是整个财经素养教育的基础。

具体应该如何做呢？我们的建议是，要传递一种回馈社会的价值观。家长本身应该树立这种价值观，同时也应该鼓励孩子在获得金钱，积累财富的同时，去关心和回馈社会。

比如，我们可以让孩子力所能及地参与一些帮助别人的活动，如学校的捐赠图书或玩具的活动，家长可以多鼓励孩子参加。孩子们在参加这种活动的过程中，慢慢就会形成一种财富价值观，养成一种回馈社会、贡献社会的意识。

同时在日常生活中，也需要引导孩子学会感恩、学会回馈，让孩子更多地去理解帮助他人、回馈社会的重要性。这也关系到如何正确理解财富的意义。财富的意义不是仅仅为了满足个人需要，而是更多地需要投入社会层面去。

/ 辨别获得财富的正确方式 /

第三个层面，就是怎么让孩子辨别获取财富的正确方式，有些人把这称为财经伦理观。当我们认识到理财的重要性、财富的获得有特定意义的时候，怎么去获得财富和利用财富呢？是选择积极、健康的方式，还是选择一些不正当、消极、有害的方式呢？这需要让孩子去辨别。实践经验证明，通过一些案例来引导效果比较好。孩子们其实都挺敏感的，会关心我们社会上经常出现的一些现象，比如说非法集资、金融诈骗，家长可以去给孩子讲讲这些案例，然后让孩子去辨别，哪种方式才是可取的。

此外，对孩子触动更大的是让他们去参与一些劳动，通过劳动去获得金钱的奖励。可以使用代币的方式鼓励孩子参加一些劳动，最简单的比如可以帮助家长完成扫地、洗碗等简单家务，还可以让孩子参与制订旅行计划。如果任务完成得好，可以给孩子一定的激励。最初可以用代币的方式，当他长大、慢慢对金钱有更清晰认识的时候，还可以直接使用金钱奖励的方式。

通过这样一些简单的实践，他可以明白劳动和财富之间的关系，懂得财富需要通过我们的劳动和付出去获得。通过这样一些活动，一方面让孩子增强了财经意识，另一方面也认识到获取财富的正确方式。

理财价值观、财富价值观、财富获取方式都是需要在财经价值观的培养过程中给予重视的。那么应该从什么时候开始培养呢？我们的观点是：越早越好。在很多发达国家，财经价值观是最早需要去培养的，比我们后面讲的财经应用能力及财经知识都要早。因为很多价值观其实在很小的时候就会慢慢形成，如果等孩子比较大的时候再去培养的话，效果有可能就会不是很好，并且比较难以去改变。

怎样引导孩子做一个理性的财经决策？

财经应用能力主要是讲如何把相关的财经知识和技能融合到生活实践中去，要学会判断、分析和选择。财经应用能力实际上体现了财经素养的一个特别属性，也就是和生活实践的连接。

/ 有财经知识不代表会应用 /

有财经知识并不代表着会应用。举一个典型的例子，在一项研究中，研究者问受调查者这么一个问题：假设有两个人，都在为自己 40

年以后退休做准备。甲每个月在他的退休账户里面存 100 元钱，乙决定等 20 年以后才开始存钱，但是他每个月存 300 元钱。如果每年利息收益是 10% 的话，那么哪一个人在 40 年以后，也就是在他退休的时候存的钱更多？这个研究发现，大部分人会认为乙存的钱更多。但实际上如果经过数学计算的话，就会发现甲也就是从现在开始每个月存 100 元钱的人，40 年以后存的钱会是乙的两倍，这个差异是非常大的。

那么为什么这么多人会回答错呢？如果把它换成一个数学问题的话，很多人都可能解得出来，这里涉及一个复利计算的问题。但是在具体的财经实践、生活实践中，很多人就不会去算这个问题，很多人考虑这个问题时会用一种线性思维，简单地去计算收益，从这里可以看到知识和实际的应用是两码事。

再来看另外一个例子。一个投资者在整个经济形势不好的时候，资产减少了 33%，假设他现在的资产又增长了 33%，他能够弥补之前的损失吗？这个问题我们做过很多调查，在国外也有学者做过这方面的研究，结果是大部分被调查的人都认为能够弥补损失。但实际上正确答案是不能，只有资产增长到 50% 才可以弥补损失。

这些研究的调查对象都是大学生，甚至很多还是名牌大学大学生。但如果我们把这个问题提炼成一个数学问题的话，其实是一个小学高年级难度的数学问题，大学生应该不会答错。那为什么这些大学生会答错？这就是因为懂得知识是一回事，但会不会应用是另外一回事。

通过以上这些例子我们可以看到，很多人在进行财经决策的时候，通常会依赖直觉判断的启发式加工系统，却没有激活数字计算的分析式的加工系统。还有一项研究发现，很多人在面对财经决策问题时，更多的是采取一种回避的态度，因为很多人不喜欢财经决策，觉得财经决策是一种冷冰冰的需要去理性思考的决策，特别是很多感性的人，更不太愿意去做财经决策。所以尽管很多人掌握了很多财经知识，但是在管理自己财务的时候却一团糟，所以有财经知识并不代表着能够应用和会应用。

/ 形成经济管理思维 /

财经应用能力要求每个人具备三方面的关键特质：第一个是经济管理思维；第二个是良好的行为习惯；第三个是需要一些必备的人格特质，如责任感、自我控制、计划力、延迟满足及数字敏感等等。

首先来看经济管理思维。所谓经济管理思维其实说的是我们在处理财经问题的时候，要有管理思维。举个例子，某位家长遇到了一件很烦恼的事情：他的孩子对科学的热情非常高，也很愿意去钻研，这本来让他很高兴。后来这个孩子去参加了一个机器人的培训班，特别想自己设计一个机器人。作为家长肯定认为这是个好事情，于是就鼓励孩子去做，孩子的热情也很高，但是后面发生的事情就让这位家长很苦恼了。孩子提出了很多的设想，列了一个完成这个机器人设计所需要的物品清单，估算后，完成这个机器人设计大概要花 10 万元，对这个家庭来讲这个数字非常大。他问孩子为什么需要这么多钱的时候，孩子说，我要设计一个最好的机器人，要买很好的零件，所以要花得多，老师也要求我们这个机器人功能可靠。这个家人想不到合适的理由来反驳孩子，但又不想花这么多钱让孩子做这个机器人，就非常苦恼。实际上这就涉及决策时需要经济管理思维的问题。

目前在科学素养培养中这种思维也是孩子欠缺的。比如在设计机器人的时候，如果有经济管理思维，就会考虑设计机器人是想满足一个什么样的需求？需要什么功能？仅仅是满足一个扫地的需求，还是说它要去与人对话，还是说它要帮人类洗碗等，不同的需求，就意味着成本不一样。

另外关于成本问题，如何才能以比较好的性价比来实现这个功能，就需要有经济思维。怎么去做这个事情？从哪里去采购零部件？选择什么样的零部件是可以达到设计要求而不用花费太高的？在这个过程中，有没有分工意识？比如说一个人负责购买，一个人负责组装，一个人负责设计、编程。通过界定机器人所满足的需求，通过去核算它需要的成本，然后再结合设计预算，就能够比较经济实用地完成机器人的设计了。从这个案例中可以看到，经济管理思维是提升财经应用能力的重要方面。

/ 养成良好习惯和人格特质 /

财经素养是一个实践导向的素养，懂得再多，在实践中做不到，并不能代表一个人的财经素养高。因此，养成良好的行为习惯非常必要。

那么行为习惯如何养成？举个很简单的例子，很多人都知道，记账是能帮助我们去理性消费，帮助我们减少冲动性购买的。但是现实中，很少有人坚持下去，很多人会说“我坚持了一个月、坚持了两个月，后来实在坚持不下去了”。这个事情难吗？其实并不难，就是我们每天花费几分钟的时间去做就可以了。但是为什么很多人坚持不下来？其实就是说明我们没有在早期形成一个良好的行为习惯。形成良好行为习惯后，记账这么一个小技能就可以真正帮助我们改变行为。

财经素养还包括一些必备的人格特质，像自我控制、计划力等等。自我控制是财经素养里一个很重要的人格特质，因为我们在社会上都会面临很多选择，或者说面临很多诱惑，如果没有一定的自控力，就很容易进行非理性消费，比如会把未来需要投入教育的钱，把需要帮助别人的钱，需要给家里的钱，现在就花掉。如果没有自控力的话，就会养成一些坏的消费习惯。

那么怎么提升自控力？研究表明，自控力培养的最佳时期是 7~9 岁。这里顺便介绍一个很多人对财经素养教育的误区。很多人觉得孩子小，现在接触不到钱，也不需要做什么财经决策，所以不需要财经素养的培养，等他们大了，需要自己管钱了再来培养也不迟。这种观点是不对的，比如说财经应用能力里面讲到的人格特质中的自控力，最佳培养年龄是 7~9 岁，过了这个年龄再去培养，难度就会比较大，前面讲的一些行为习惯也是一样。因此并不是说孩子现在不需要做财经决策，就不需要培养。很多财经应用能力需要在孩子年龄比较小的时候就去培养。

讲到自控力，还要说一下延迟满足能力。很多研究已经证明，延迟满足能力对孩子的成长非常有帮助，那我们如何去培养孩子的延迟满足能力呢？储蓄就是一个很好的培养孩子延迟满足能力的方式。前面介绍过，储蓄的价值绝不仅仅是增加一些利息收入，或者是为未来大额支出做准备，它还会培养一些应用能力。家长可以通过鼓励孩子储蓄，让孩子慢慢有一些延迟满足的意识，这对他今后更好地去管理自己，抵制诱惑是非常有帮助的，能让他更好地成长。

如何让孩子在生活中获得财经知识（上）

/ 关于财经知识的争议 /

关于财经知识在财经素养中的地位，一直有很多争议。在财经素养这个概念刚提出来的时候，很多人是把财经素养等同于财经知识的。因为在财经素养的三个构成内容中，财经知识是最显性的，所以一开始很多人是把财经素养教育作为知识教育的，在测量中也是通过去测量财经知识来评判一个人的财经素养。

但是随着研究的深入和发展，大家就慢慢发现，财经知识并不能代表财经素养，仅仅有财经知识并不能帮助我们做好财经决策。但是财经知识，仍是整个财经素养中必不可少的一部分，只是说它必须与财经应用能力、财经价值观一起发挥作用。所以财经知识在财经素养中也是一个必不可少的构成。

关于到底需要哪些财经知识，一直有两个视角：一个视角是比较容易理解的，叫规范视角。也就是说，在很多财经素养教育里面，我们会规定不同年龄的孩子、不同年龄的学生甚至成人需要掌握哪些财经知识。另外一种视角叫结果视角，比如说在一些贫困地区的人，他们可能不需要掌握股票和金融投资的知识，但可能更多需要去掌握怎么使农作物产生价值，怎么使农作物更好地生长，怎么获得更好的收成等方面的知识，这其实也是财经素养相关的知识。

这里面其实就涉及一个问题，就是财经知识如何发挥作用，它必须要和目标群体所处的环境关联起来。这也是我们经常讲的，财经素养教育要跟现实生活的情境结合起来，不是机械地给孩子去灌输一些也许他根本不会用到的财经知识。

在这一点上国内外存在很大差异，比如，国外财经知识里面，信用卡的使用占挺大比重。但在中国，很多年轻人没有信用卡，他们大多使用移动支付，当然我们的移动支付中也有信用支付，比如“花呗”等。这说明在中国需要掌握的更多是关于移动支付方面的知识。我们比较认同的观点是，财经知识需要跟人所处的生长和生活环境紧密地联系起来，这样财经知识才能更好地发挥作用。

更严格地讲，财经知识可以分为两类，一类是客观的财经知识，另一类是主观的财经知识。主观的财经知识，实际上更多是指我们每个人对自己知识掌握程度的信心，客观财经知识就是具体的一些内容。很多研究发现，主观财经知识也很重要，也就是说我们对知识掌握的信心有利于我们去做好决策，帮助我们去理性地处理财经问题。

所以在学习财经知识的时候，特别是我们家长在帮助孩子学习财经知识的时候，也需要多鼓励，增强孩子在这方面的信心，让他信心满满地去学习这些财经知识，信心满满地去独立处理财经方面的问题。

/ 财经知识的构成 /

从客观的角度来讲，财经知识的构成可以分成几个方面。

第一，财经知识需要掌握的是经济金融方面的一些基础知识，如稀缺性、分工等等，要知道像国内生产总值（GDP）、收入、分配等等这些基础知识，要了解需求和价格之间的关系、供需关系等最基础的经济学原理。

第二，需要掌握一些决策心理学的基础知识。了解一些认知误区，将有助于我们更好地决策。比如，需要了解做决策时，“参考点”[①]所起的作用，在决策中的“沉没成本效应”[②]、“心理账户”[③]等等。我们对这些方面如果有一定的认识，可以减少非理性决策。

第三，收入和职业。收入和职业讲的是我们怎么通过工作、职业去获得自己的收入。具体来说，收入和职业，有点像在小学阶段，孩子们应该逐步认识自己的长处，知道自己的长项，知道怎样去利用自己的长处完成任务。另外他还可以去做一些不同类型的工作清单，去认识各种职业，能够描述出不同工作的基本特征，清楚各项工作需要的技能。这对他今后认识职业、确定自己的职业方向是很有帮助的。

---

① 行为经济学认为，人们每次决策的得失评价都是根据一定的参照点进行的，人们可以现状为参照点，可以过去的经验为参照点，也可以头脑中某个期望值为参照点。参照点的变化影响人们对同一个结果的行为选择。——编者注

② 指人们决策时会受到沉没成本影响而产生的非理性决策现象。如果人们已为某种商品或劳务支付成本，那么便会增加该商品或劳务的使用频率。——编者注

③ 指人们解读、分类和评价经济选项财务结果的方式。——编者注

老师在讲课过程中，应该多鼓励学生去了解：医生需要掌握哪些技能？警察工作有哪些特点，需要掌握什么工作技能和能力？服装设计师或者 IT（信息技术）工程师需要掌握什么样的技能？鼓励学生列出一些清单，把这些不同工作的特征及需要掌握的技能列出来。然后也需要让这个阶段的孩子明白专业化和分工通常会提高生产效率。同时也应该让孩子明白什么叫薪酬，比如为什么工作会获得薪酬，薪酬和工作贡献之间有什么关系。并且让孩子逐步明白税收的概念，明白企业是怎么运作的，为什么企业会产生利润。通过这些方面可以让学生逐步认识收入和职业，了解自己适合做什么，喜欢什么样的职业，以后怎么通过这些工作去获取收入。

第四，支出和预算。家长可以在孩子六七岁时鼓励他列一个清单，这个清单分为“需要”和“想要”。分列“需要”和“想要”其实也是我们在做家庭财经素养教育时最开始的一项任务。“需要”属于必需品，如水、食品等，而“想要”不是必需的，但是孩子还想要，如玩具等。通过鼓励孩子列出自己“需要”和“想要”的清单，让他明白为什么这是需要的，为什么这是想要的。通过这种列清单的方式，孩子其实就会有一个优先级的概念，就会学会去思考和管理哪些是优先的事项，那么在花钱的时候也会明白哪些是必须要买的，想要品是在必需品购买以后才能去买的。在这个过程中孩子能够慢慢去理解怎样做家庭的消费决策。

在孩子六七岁的时候，还可以鼓励孩子做一些简单预算。如，一周要花的钱，然后一个月要花的钱，还可以估算一些比较大的支出。这个预算其实挺简单的，但是它难在什么地方？难在养成一个做预算的习惯。有学校做过一个小实验，在一个课堂上，在学期开始的时候鼓励大家去做一个预算。刚开始很多人觉得挺好的，并且也很简单，但是一个学期下来，却发现没几个同学坚持做下来。预算也是一个帮助我们控制支出的好方式。所以在财经知识里，支出和预算实际上也是一个很重要的构成，它告诉我们怎么去花钱。

同时在小学阶段，孩子在理解支出预算的时候还要去考虑，什么方式影响了他的消费。比如说他应该去了解、理解物价的上涨或者下跌对消费会有什么影响，还要去理解收入的增加或者减少对消费会有什么影响，预算怎么去调整，怎么去做出更合理的选择，使我们的整个消费和支出更为理性，更能满足我们个人和家庭的需要。

如何让孩子在生活中获得财经知识（下）

除了经济金融基础、决策心理学基础、收入和职业、支出和预算，储蓄和投资、信用和借贷、风险和保险也是财经知识构成的重要方面。

/ 储蓄和投资 /

财经知识的第五个方面是储蓄和投资，上文曾讲过收入和支出与此相关。简单理解就是，当收入大于支出的时候就涉及怎么把多出来的钱进行管理的问题，这就是储蓄和投资。

储蓄是很重要的，前文已经讲过，它的意义不仅仅是获取收入这么简单，它其实可以帮助我们和孩子学会资源管理。从知识层面来讲，孩子不仅要学会储蓄，还应该掌握一些与储蓄相关的知识。比如说孩子要懂得活期和定期及大额存单[①]的一些区别，让孩子知道利息的含义和来源，掌握简单的利息计算，甚至能计算复利。也需要结合一些其他的知识认识储蓄，比如设定储蓄的目标，短期储蓄、长期储蓄的目标是什么？并且我们需要理解经济运行的情况对储蓄有什么影响，比如经常会听到的名词通货膨胀、通货紧缩等会对储蓄有什么影响？它的原因是什么？这些都是与储蓄和投资相关的一些知识。

当孩子稍微大一些的时候，比如说在孩子 10 岁、11 岁以后，家长就可以把更多的知识告诉孩子。如关于复利的知识，让孩子认识一些金融机构的作用，这些金融机构是以怎样的方式运行的。然后让孩子理解投资的含义，比如让孩子明白储蓄和投资的优劣势是什么。有条件的话可以让孩子拿一些压岁钱去做一些投资，让孩子认识不同的投资有什么差异。

说起投资，可能很多家长会觉得，我的孩子没必要去做投资，他不缺钱，或者是说他现在根本不用去考虑钱的事情。其实做投资的意义并不在于获取投资收益本身，投资本身可以促使孩子们更多地关注经济方面的知识、经济方面的现象，更关注宏观经济，关注经济学运行的规律。之前的一些研究发现，参与证券投资的个人，在金融知识的水平上，实际上比没参与过证券投资的人显著要高。

---

① 指由银行业存款类金融机构面向个人、非金融企业、机关团体等发行的一种大额存款凭证。

当收大于支的时候，涉及储蓄和投资，而当支出大于收入的时候，就涉及借贷和信用的问题。

/ 信用和借贷 /

第六个方面就是信用和借贷。可能很多家长会问我们孩子那么小，跟借贷有什么关系？实际上孩子在很小的时候，家长就应该让他明白，“借”会承担什么样的责任，什么情况下我们可以去借，什么情况下不能去借，借还会产生什么样的后果。比如，我们借了别人的钱以后，如果及时地还给别人，结果如何，如果没有按时还会产生什么样的后果。可以通过具体的实践，让孩子慢慢去认识信用的价值、信用的含义。很多人觉得孩子不需要了解，但了解之后，其实就为他们今后处理这方面问题，打下了一个很好的基础。

比如说信用，守信用可以帮助孩子获得更多的资源，在获取别人帮助的时候，信用的价值就会很好地体现出来。但是对于信用的价值，孩子不是一下子就能明白的，需要在整个成长过程中养成这种意识，才会逐步明白信用的价值。

其实在孩子比较大的时候，比如说在小学高年级的时候，从知识的角度，家长既可以让孩子慢慢认识到借款的含义，也要让他明白负债的含义。一些调查也发现，很多成年人在借贷方面有时候没有控制，其实这跟早期的财经教育有很大关系，很多人对借贷的后果并没有很好的认识。另外，很多人对借贷、对违约的后果没有很好的认识，这就造成了他在后面的生活中重视不够，很容易发生过量借贷。

这包括两个方面，一个是向别人借，一个是借给别人。如果不重视的话，不管是借方还是出借方，都会造成一些不好的后果，甚至会影响人际关系，影响个人信用，甚至影响个人的发展。

/ 风险和保险 /

最后一个方面的知识是风险和保险。为什么风险特别重要？其实在任何财务决策里面都涉及风险问题。我们需要掌握的，一个是风险包括哪些方面，包括哪些内容，然后如何去管理和控制这种风险。现在我们可能从各种渠道知道，诈骗事件屡见不鲜，受害者从小孩到老人各个年龄层的都有。比如电话诈骗的受害者有小学生，也有大学生和老年人。因此我们需要帮助孩子认识可能存在的风险，怎么去防范这些风险。比如，在接到诈骗电话时果断挂掉，就是一个很简单的防范措施。假设孩子没有受这方面教育的话，可能就会被电话里讲的一些话蒙蔽，然后就按照电话里面诈骗者的提示把钱给转出去了。

因此，还要提一个风险防范和控制的工具——保险。如今很多人对保险的认识实际上是有偏见的，很多人觉得保险是没有必要的，但实际上保险是一个很好的防范和控制风险的金融工具。在财经知识教育里面，我们需要让孩子认识保险的作用、保险理赔的程序及它保障的范围等。

总体来看，对于财经素养的培养，必备的财经知识包括七个方面的内容：经济金融基础、决策心理学基础、收入和职业、支出和预算、储蓄和投资、信用和借贷，以及风险和保险。

/ 结合生活情境引导孩子理解 /

那么我们在生活中如何让孩子去获取这些知识？我们不建议找一个书本去照本宣科地给孩子讲解，更建议结合实际生活场景，引导孩子理解和认识。

很多家庭都会利用暑假、寒假去旅游，其实旅游就是一个很好的、帮助孩子掌握财经知识的机会。出行前可以做一些成本预算和预测，如，到黄山去旅游路费是多少，可以让孩子帮助一起算一算。另外，除了机票、火车票，可能还有酒店的支出，日常的饮食支出，还有购物支出。旅游过程中除了支出以外，还需要考虑怎么去优化我们的选择，这些旅游路线、旅游景点到底去几个，设定多少天。然后在整个旅游过程中要防范什么风险，比如怎么让我们的财物、人身安全不受损失，应不应该去买保险等。

其实可以结合生活情境让孩子去认识这些知识。前面讲了压岁钱，这种生活情境可以帮助孩子去认识像储蓄和投资方面的知识。比如说信用和借贷，我们可以让孩子去了解一些基本的概念。我们讲了信用卡，那么它为什么被称为信用卡？为什么它里面没有钱，我们也能消费？为什么它会借钱给你消费？通过这些生活中常见的情境，我们就可以帮助孩子认识相关的知识。

这一方面其实对家长也提出了很高要求，家长也需要不断学习。另一方面，这其实对家长也是有好处的，家长在学习的过程中，不仅丰富了自己的财经知识，同时也可以给孩子做一个很好的教育，这是一个一举多得的行为。

为何说财经素养是关于幸福感的教育？

提升财经素养的最终目的是提升个人和家庭的幸福。

/ 财经幸福的构成 /

为什么说财经素养教育是关于幸福感的教育？为什么说财经素养教育是“3 岁开始的幸福人生计划”？首先要来了解一下“财经幸福”这个概念，也可称之为“财经福祉”。财经幸福有两个方面的构成，一是当前财务管理的压力，二是未来财务安全感，一个涉及现在，一个涉及未来。当一个人当前财务管理比较从容，没有太大的压力，其次对未来的财务有比较高的安全感时，我们就说他是财经幸福程度比较高的，或者说财经福祉比较高的。

那么财经幸福和总体幸福有什么样的关系？有一项最新的研究显示，财经幸福对总体幸福的贡献度达到 50% 以上。总体幸福除了财经幸福，还包括对工作的满意，对自己健康程度的满意，以及对社交方面的满意，其中财经幸福就占了一半以上的比重。所以财经素养培养其实可以说是关于幸福感的教育。它不仅可以帮助孩子更好地成长，还可以让孩子在整个成长过程中获得更大的成就感，获得更好的幸福感。

那么怎么去让孩子在财经素养的提升中更多地获得幸福感、成就感呢？这里面我们也有一些经验和大家分享。

首先看一看幸福感的构成。一是归属感，比如说我们会觉得自己对这个社会是有用的，这个社会是认同我的，我有一种很强的归属感。二是从事一些活动时，有清晰的目标，能够精力充沛地完成我们觉得有价值的一些事情。三是对未来感到乐观，多数时候会感觉各方面的进展顺利，对成功有很强的信心。这些都是我们常用的衡量幸福感的具体维度。

如何将财经素养的培养和幸福感很好地结合呢？我们前面讲了，应该鼓励孩子做一些财经决策。在做一些财经决策的时候，其实可以有意识地让孩子获得这方面的信心，通过鼓励、引导让他们更好地树立信心，体会一种成就感。比如通过储蓄可以帮助孩子分析储蓄给他带来的收益，给他带来的目标的认同，这种信心会让他明白财经素养教育的一些目的。

另外，我们也可以加入一些公益的内容，比如做一些捐赠，参与一些社会公益活动。通过这些活动，我们能更好地帮助孩子理解提升财经素养的目的，就是获得个人和家庭的一种幸福感、成就感。

/ 行为干预：让孩子管理好财经行为 /

前面我们讲了很多教育方面的方式，其实我们还可以通过一些其他行为上的干预，帮助孩子获得财经素养提升，获得幸福感的增加。举个例子来讲，现在日常生活中移动支付非常普遍，很多人其实都会有冲动性购买，非理性消费的行为。在孩子中其实也会有。一方面我们可以通过教育这种干预让他更好地管理自己，但同时我们也可以通过一些行为上的干预帮助他实现提升财经素养的目标。比如说在和支付宝、微信关联的银行账号上，我们只存入比较少的钱，就是一个很简单的干预，我们设定一个额度，比如说 1 000 元、2 000 元，也就是说把支付宝及微信消费控制在一定的适度范围，这在很大程度上可以控制非理性消费。

在这种行为干预过程中，我们还可以设计一些其他的干预点，比如说我们可以给孩子设计一个计划提醒的记录本，可以设计一个本子，让孩子每做一次计划在上面记录一次，或者打一个钩，或者是画一个“+”等。这其实是一个很简单的方式，可以帮助孩子养成一些财经行为习惯。这种干预的手段有很多，可以更好地帮助孩子们管理自己的财经行为。

在具体的实践中，我们可以分享一张来源于网络的家庭资产配置图。这个图可能有不少人看过，它被证明是挺有用的。

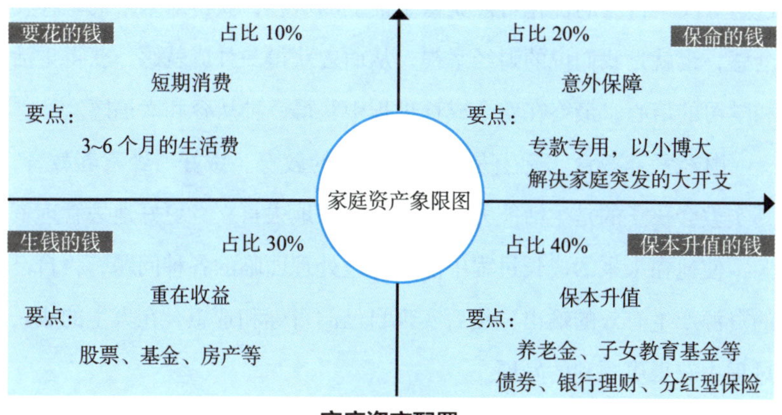

家庭资产配置

这个图建议把家庭资产的10%作为短期消费的钱，作为3~6个月短期的生活费；然后把家庭里面的20%的资产作为“保命”的钱，我们称之为“以小博大”，就是解决家庭突发的大开支。那么怎么才能解决家庭突发的大开支这种需要？保险就是一个很好的手段。也就是说我们可以拿出家庭资产的20%购买一些保险，这样就可以防范一些意外风险，可以作为一个意外保障。再把30%的资产投资到股票、基金、房产等，这部分钱重在产生收益。剩下40%作为保本升值的钱，一要追求稳定的增长，另外又要控制风险。这部分可以用于投资一些低风险的银行理财、分红型保险、债券、养老金等等。当然这只是一个建议，这么一个简单的资产配置，我们可以在家庭中和孩子一起讨论、一起商量，怎么来管理家庭的资产。

这其实是一种很好的方式，能让孩子认识到家庭幸福和财经幸福之间的关系，让孩子从小就养成一种意识，认识到通过财务管理，通过财务决策行为的优化可以获得生活上的从容，获得对未来的一种安全感，也就是我们说的财经幸福，从而去获得一种成就感，获得生活和学习的信心，最终在整个成长过程中获得一种从容和幸福感。

财经素养教育实际上是一种幸福感的教育。做好财经素养教育，其实教会孩子的是生活能力，是如何更好地去自立，更好地去管理资源，使他在未来的成长过程中能更好地处理面临的各种问题，将自己的资源产生有效的输出，然后实现自己的目标和理想，在人生的成长过程中获得更顺利的发展。

第三讲

游戏力：

排除成瘾隐患，健康正确玩游戏

叶壮

北京交通大学特聘讲师，中国心理学会、美国心理科学协会成员

提到游戏，家长们肯定感觉是孩子不能碰的东西，我们身边也有很多因沉迷于游戏而无法自拔的案例，但其实家长也能够做到让孩子在游戏中成长。心理学者叶壮将以自己养育孩子的经历向大家介绍怎样能够让孩子“边游戏，边成长”。叶壮是两个男孩的爸爸，一个 5 岁，一个 7 个月，他自己就是一名游戏玩家，从第一次打开红白机（任天堂发行的第一代游戏机）玩《魂斗罗》到现在已经过去 20 多年了。

为何我们要让孩子“边游戏，边成长”？

/ 用游戏促进成长不是伪命题 /

电子产品在今天儿童的日常生活中，地位一直都很尴尬。

它不可或缺——不管是听故事，还是看动画片，以及最近几年风头很盛的线上小班外教课，都离不开电子产品；它又带来很多烦恼——从“网络成瘾”的临床指标最近得到公认，到四处可见的玩着手游的孩子，再到必须用动画佐餐下饭的两三岁小朋友，都让人对游戏嗤之以鼻。

出生在信息科技大浪潮中的新一代孩子，难免会有着不同于他们父母的成长轨迹。我家大儿子两岁半的时候，在电梯内壁上看到广告框，第一反应是下意识地戳一戳。我看他有这样的行为，当时非常不解，但很快就反应过来：他见到过的所有差不多大小的彩色平面，其实都是触屏的。自然而然，在看到这幅广告时，想当然地，就想试试能不能划一下。

电子产品与童年最大的交集之一，也是令家长最头疼的孩子使用电子产品的场景——电子游戏，就是今天我要探讨的重点。

我们都清楚，屏幕上的游戏，背负骂名已经有很长时间了，类似于“电子海洛因”这样的评价，从二十多年前一直流行到今天。很多家长虽然自己在手机上为了玩游戏花过不少钱，但始终认为，对孩子来说玩电子游戏就是绝对的浪费时间。以至于我今年三十多岁，有时候玩游戏，被我爸看到，他还会说：“你都多大了，还玩游戏呢？”

这种心态凸显了家长对于游戏的矛盾认知：孩子童年时玩游戏，是浪费时间；孩子成年了玩游戏，是不务正业。

那到底该什么时候玩游戏？游戏除了“好玩”之外，难道就一无是处吗？

作为一个学习发展与教育心理学的游戏玩家，我一直很关注游戏和儿童发展之间的相关性，我非常高兴地发现：游戏与成长，并非水火不容。不仅如此，一旦能够合理指导孩子玩游戏，游戏甚至能够带来巨大的成长红利。

甚至这种“合理指导”，对今天的家长而言，都不是一个“要不要做”的问题，而是一个“不得不做”的命题。因为说一千道一万，在信息时代，你不让孩子碰屏幕？这不现实。但你如果不约束孩子用电子产品，那孩子的行为就容易走向失控。

所以很多家长纠结的地方，也是我们当下要多加讨论的重点：到底用什么样的方式、什么样的内容让孩子接触电子产品，才能给孩子带来最大的成长红利呢？

/ 游戏能够给孩子带来四种好处 /

对孩子来说，游戏主要能够带来的成长，集中在四个方面：认知上，玩游戏的确可以起到寓教于乐的效果；情绪上，很多游戏对于缓解压力和改善情绪有良好作用；社交上，游戏给孩子们提供了交友的平台，同时，游戏还可以促进孩子们亲社会性的提升；创新能力上，孩子们的创造力与心流体验，都可以通过游戏得到不错的激活。

以上这些好处，并非我拍脑袋想出来的，而是有确凿的研究论证。

1. 认知上的发展

2018 年，《环球科学》（*Scientific American*）发布年度专刊《大脑之谜》，其中特邀日内瓦大学的认知神经科学家达芙妮·巴韦利埃（Daphne Bavelier）撰文，深度探讨了电子游戏如何作用于大脑中与智能相关的神经机制。在过去的 15 年中，这一领域的研究越来越多，科学界已经基本达成共识：动作类电子游戏的确可以提升某些认知能力。

比如威斯康星大学的心理学家肖恩·格林，在他最近的研究中发现，玩电子游戏可以提升人的多项认知能力。比如经常玩动作游戏的人，眼睛更容易注意到一些细节，这在审题、阅读论文以及看药瓶上的小字时，都十分有用。与此同时，这些玩家的视觉对比敏感度也比常人更高，这有助于让这些玩家在浓雾中更好地驾驶车辆。除此之外，动作游戏玩家的空间想象能力也更强，还可以更轻松地在头脑中旋转三维物体。

除了注意力之外，游戏玩家的多任务处理能力也不错，这可以帮助他们更好地在日常生活中应对那些不得不三心二意的场景，以及在学校与职场中更好地同时兼顾多个不同任务。

究其原因，是玩游戏涉及的脑功能区，与日常生活中很多认知活动涉及的脑功能区高度重叠。

2. 情绪上的发展

除了认知之外，游戏的另外一个红利区，则在于情绪感受与缓解压力。不管是打扑克、下象棋还是打麻将，人们喜欢它们的重要原因之一，就是“好玩”。而好玩这件事其实并不单纯，它不仅仅有放松的成分，同时也必须有一些紧张刺激的要素。好玩的游戏，一定是一个能激活玩家情绪情感的游戏，而优质的游戏，也会通过激发孩子的情绪感受，帮助孩子更好地收获多样化的情绪体验，甚至排解压力。

通过电子游戏来缓解压力，疏解情绪，我们都很好理解。如果你玩过《仙剑奇侠传》或者《博德之门》这样的老游戏，你甚至会发现游戏剧本阐述了一个宏大的世界观，讲了一个很精彩的故事，玩罢之后，你也会像看了场精彩的电影或者看完一本名著一样，有内心悸动的感觉。

牛津大学互联网研究中心于 2017 年在《心理科学》上发表了一篇论文，探讨了青少年接触电子屏幕的时间长短与主观幸福感之间的关联。其中一个重要的研究变量，就是接触电子游戏对幸福感水平的影响。研究最终发现，在周末，接触电子游戏在三个小时之内，都可以有效地提高青少年的主观幸福感水平。在上学期间，这个时间段会下滑到两个小时。与此同时，与其他的接触电子屏幕的方式——比如看动画片、刷手机和上网相比，游戏对情绪功能的改善效果是最好的——从数据来看，上学日玩两个小时的影响效果最大，能让孩子们的主观幸福感提高大概 6%。

但是游戏给情绪带来的影响却不止于此，帮助玩家更好地去锻炼如何抵抗压力，这也是游戏在情感功能上的重要方面。

经常玩游戏甚至还可以让人对于突发压力事件的反应更敏捷。有实验发现，通过玩动作类的电子游戏，受试者的反应时间可以缩短 10% 左右。与此同时，反应时间的缩短并不意味着行为精度的降低，认知神经科学家贝斯·以色列的一项研究发现，如果腹腔镜外科医生每周能玩超过三个小时的电子游戏，在手术中的错误要比那些不玩游戏的同事少上 37%。

一个打游戏认真的孩子，起码具备了“认真对抗压力”的能力，他只是有可能不愿意把这种能力用在学习上罢了。但是我们必须要承认，这种能力是一种很重要的优质技能。与此同时，不少游戏对培养这样的能力，有着显而易见的好处。

其中最典型的，就是一些既需要动脑子又不一定一次性就能成功过关的游戏了，比如《传送门 2》。这是一个要求玩家利用一系列工具找到密室出口的有趣游戏，既有趣味性，又很考验智力水平。有研究发现，《传送门 2》会让玩家在解决问题、空间技巧和意志力方向上有更好表现。你在当年玩《魂斗罗》的时候，有没有死磕某一关的经历？这种死磕的精神，其实也能被游戏培养出来。

现在的很多游戏，其实都具备这种特质，尤其是一些解密类的游戏。这种游戏不涉及暴力，也不涉及复杂的剧情，可能只有几个简短明晰的规则，却有着千变万化的可能。要想通关，甚至高分通关，就要有保持好心态和好状态的能力与水平。

如果一个孩子，能够在《纪念碑谷》中有上佳的表现，那他除了是个聪明的孩子，我相信，也一定是一个耐得住性子、坚韧不拔的孩子。

3. 社交上的发展

当然，你可能是一个开明的家长，你也许觉得孩子可以适度、适量地玩游戏，但也有很多家长认为现在很多线上游戏，最好还是少接触，花钱不说，也容易让孩子交到坏朋友，学到坏习惯。

我必须承认，这个风险是有的。但是今天的每一位家长都必须承认一点——线上多人游戏，已经成为当代儿童青少年的重要社交平台。普尔研究中心 2016 年发布了一份关于儿童青少年电子产品使用与社交的调查报告，根据其中揭示的数据，我们不难得出这样的结论：在当下小朋友的生活中，游戏扮演了一个非常重要的提供“共同语言”的角色。

这份报告表明，有 52% 的孩子会和朋友一起玩游戏，且有 13% 的孩子每天都会这么做。与此同时，男孩社交对游戏更是刚需。84% 的男孩子会玩电子游戏，而且报告中提到：“对男孩子来说，玩游戏已经不是一个可选项了，而成了一个必选项。”这些玩游戏的男孩子中，83% 的有线下一起玩的伙伴，75% 有线上一起玩的网友，与此同时，不管你玩不玩游戏，在所有男孩子中，有38%的人在跟朋友交流的时候，首选的三个话题之一就是游戏。与此同时，78%的孩子表示，跟同伴一起玩电子游戏，是最能让他们增进感情的方式。

要知道，这是2016年的报告，已经过了三年多的今天，游戏对孩子们的社交影响还一直在加大。

然而，对很多家长来说，游戏和社交的结合恰恰是最让人担心的方面，比如暴力游戏会导致孩子学会暴力行为，不是吗？你肯定看过不少论文论证了这一点。没错，但这些研究，基本上都来自二三十年前了。

2019年1月，英国皇家学会发布了一个最新的关于这个话题的研究。来自牛津大学与卡迪夫大学的研究人员的研究发现，青少年的攻击性行为和暴力游戏之间并没有显著关联。研究还进一步论证，以前的研究成果，颇有“带着既有结论去倒推”的嫌疑，这样做研究，很有“自己是个榔头，看谁都是钉子”的感觉，所以最终才有了“暴力游戏导致暴力行为”的论证。

这样的新思潮，在国内也得到了共鸣。西南大学心理健康教育与社会适应实验室的刘衍玲教授在2019年的《心理科学进展》中也发表了一个元分析研究，并提出这样的一种可能性——暴力游戏之所以会让有的孩子有攻击性的行为，主要是激活了玩家本身在行为上的“暴力开关”。因为有很多研究发现，如果玩家本身对暴力并不认同的话，玩暴力游戏并不能让他们产生暴力行为，他们甚至会反感与规避这些暴力游戏，那就更谈不上遭受负面影响了。

不过我另有一个更加保险的想法：不管影响机制如何，既然暴力游戏存在风险，那我们不让孩子玩暴力游戏不就好了？好游戏那么多，何必非要玩打打杀杀的呢？何况一个本身就喜欢暴力的人，你不让他玩游戏，他也可以靠小说、电影、动画去找到打打杀杀的场面，不是吗？

2009年，爱达荷州立大学的道格拉斯·简特尔主持了一个经典的跨文化研究项目，探讨了美国、新加坡、马来西亚、日本、荷兰的孩子，通过玩亲社会属性的电子游戏，能不能更好地培养出利他、助人、共情等亲社会行为的问题。结果很乐观，好游戏对好行为有着显著的促进作用。而2016年，针对杭州两所小学的一个研究发现，在中国，亲社会的电子游戏同样能够显著降低小学生的攻击行为，且男生比女生更容易受影响。

非但如此，国家社会科学基金会也批准了对亲社会游戏影响机制的一系列研究，当下正在紧锣密鼓地进行中。可见学界和国家已经达成了共识，让孩子们接触亲社会游戏真的可以有效帮助孩子更好地投入社交。

在我看来，这块拼图就差家长了。

4. 创新上的发展

游戏中有一个非常重要的类别，叫作“益智游戏”，从当年诺基亚老款手机上自带的《贪食蛇》，到前几年很火的《2048》，都属于这个类别。但是游戏到底能不能“益智”呢？很多玩家口中的玩游戏“越玩越聪明”，到底有没有可能性呢？

从认知功能的角度上来说，我们前面已经讲得很清楚了。但是人聪明的另外一个重要表现，就是“创造性地去解决问题”。

很多人会认为，不同的游戏关卡，会促使玩家想办法解决困难，顺利通关，这对于创造力是一种锻炼。这个道理很浅显，我想不用讲大家也能明白。我想阐述的是，游戏给创造力提供了一种非常好的土壤——心流。

玩游戏是非常容易让玩家产生心流体验的，不管是电子的，还是非电子的。我爸的一个朋友，人送绰号“棋疯子”，就是个下起象棋来没日没夜的人；我的一个表哥，热爱打篮球，不怕晒不怕冷，只要有人喊打球，换了鞋就能走。

这跟能连着玩几个小时的《文明 6》的我一个样，虽然我们选择了不同的游戏形态，但游戏都给我们提供了同一种心理体验：心流。它是一种让人高度投入，甚至忘却时间流逝的心理状态。

著名心理学家米哈里·希斯赞特米哈伊有一本经典著作《创造力：心流与创新心理学》。在书中，他指出，人的创新很大程度上依托于心流的存在。你解数学题，突然想通了，是因为心流；你写作文，下笔如有神助，灵感无限，是因为心流；你玩象棋频出妙招，是因为心流；你玩游戏，精巧腾挪，通关闯将，也是因为心流。

心流是一种高级而稀有的心理体验，而游戏又是诱发心流的极佳环境，这样的组合，很有可能是创造力的重要源泉。

认知、情绪、社交、创造力，游戏给孩子带来的成长，其实并不局限于此。现在有很多组织，也在尝试给游戏这种业态进一步赋能，比如结合电子游戏和实体工程。不仅仅是大疆的机器人套件，还有任天堂为 switch 游戏机量身定做的实体套装，都在尝试着去探索电子游戏和实体内容结合的新道路。

再比如功能化游戏，现在有很多游戏厂商，已经在开发具有功能属性的训练型游戏了，其中有针对消防员、军人和学生的多个类别。让人们通过玩游戏而掌握技能，毋庸置疑也是一条新鲜而有意义的道路。

还比如说，更加强调审美性和艺术性的游戏，也越来越受到青睐。游戏作为第九艺术，本来就很强调其文化属性，《风之旅人》《机械迷城》这些既有艺术感，又有深刻内涵的游戏能够流行，也证明了游戏的艺术化道路得到了大量玩家的认可。

总之，用游戏促进成长，非但不是伪命题，反而是一个实打实的养育现实。很少有什么养育元素能够像电子游戏一般，如此多元而充满趣味性地给孩子的生活带来积极影响。

不过，作为一个已经心痒痒的家长，我们依然要做很多工作，才能避免电子游戏成为孩子童年中的潘多拉魔盒。

在陪伴孩子玩游戏之前，先要做什么准备工作？

下面我们来聊一聊在陪伴孩子玩游戏之前，作为家长要做的准备工作。

在你自己的日常工作中，有没有碰到什么外行指导内行的事呢？每当碰见类似的事件，身为内行的那一方，往往有着非常不爽却又很无力的感觉。

在很多家庭里，家长指导孩子玩游戏的时候，带给孩子的感觉也是同样的。大量的家长本身并不是游戏玩家，就算是，玩的游戏也往往跟孩子所玩的有差距。

这就带来了一个不容小觑的问题：引导孩子玩游戏之前，作为家长，需要先做什么准备工作呢？

很多家长对于自己管理孩子玩游戏这件事很有信心，而信心的来源，主要是家长认为自己能够有效切断孩子玩游戏的硬件来源：不给钱买游戏，把手机锁起来，到游戏该结束的时间了，不管三七二十一，直接拔电脑电源。

当年我爸就是这么对我的，他选择把小霸王游戏机的手柄藏起来，这样我就“巧妇难为无米之炊”了。而我怎么办呢？我去找了个同学，借走了他家两个手柄中的一个，也暗自藏了起来，时不时背着我爸插在家里的游戏机上用。这样就算我偷偷玩了，我爸也不知道。

然而这种管理模式，就像《猫和老鼠》里面的汤姆与杰瑞，带来的只是内耗。用强硬的非常手段约束和管理孩子玩游戏，最终招致的往往不是成长，而是矛盾。

今天，想让游戏起到积极作用，家长需要做好四项准备工作。

1. 家长唯有自己先补好课，才可能对孩子玩游戏施加正确的干预

家长了解孩子玩的究竟是什么，提升自己对于游戏的知情水平，可以有效降低游戏带给家长的压力感受，当然，也就能降低管理游戏给亲子关系带来的风险。我见到很多家长不喜欢孩子玩游戏，但哪怕对孩子要求再严格的家长，也往往认可孩子总是有“放松放松”的需求。不知你发现没有，为广大家长所接纳的“放松”方式，恰恰也是

家长们最能看得透的方式——比如看看课外书、游游泳、打打球。这些休闲方法，在家长看来靠谱的最大原因，是家长们认为自己比较理解它们。家长自己也游过泳，也打过球，也看过课外书，而恰恰因为家长对于课外书有一定程度的认识，所以才会给孩子买回来《三个火枪手》，而不是《金瓶梅》。

如果现在摆在家长面前的是两个听都没听说过的游戏，他们怎么可能会有区分其优劣信息的能力呢？游戏让家长紧张，而紧张的家长容易焦虑，焦虑的家长则容易在与孩子交流的时候失当——问题也就这么产生了。

人类压力研究中心的索尼娅·卢比安（Sonia Lupien）提出了一个叫作“坚果效应”的概念，她认为，缩写为 N.U.T.S. 的四种刺激，会让人感到焦虑：第一是新异性（novelty），指的是你以前没见过的东西；第二是不可预知性（unpredictability），就是你预想不到却发生了的事情；第三是对自我的威胁（threat to the ego），即作为一个人的安全感或能力遭到质疑；第四是控制感（sense of control）的缺失，也就是你感到在驾驭局势上碰见了难处。

家长不了解游戏，不知道游戏的影响是什么，也就会在这件事上因为缺乏认识无法细致管理。你会发现，倘若家长对游戏本身了解不多，那每一脚都容易踩在雷上，压力如此之大的情况下，想不跟孩子发脾气都难。“心里有数”是每个人都追求的感觉，如果游戏在设置上能够让家长觉得心里有数，一定程度上了解了孩子要玩什么，怎么玩，能碰见什么内容，以及可以玩多久，那自然为家长对孩子玩游戏的管理提供了助力。

在管孩子玩游戏之前，先了解一下孩子所玩游戏本身的特征与属性，无疑能让家长对于孩子玩游戏这件事更加心里有数——家长们知道了孩子玩的是什么，面对的是什么。而知情水平的提升，也意味着家长们压力感的下降，自然给心平气和地探讨游戏问题的处理让出了更多空间。

2. 要提升孩子的自管理水平

很多家庭里面的问题，不是“家长不让孩子玩游戏”，而是“孩子本人管不住自己玩游戏”。不同于传统认知上的“强制管理最有效”，让孩子从游戏中得到来自家长的“正反馈”，其实能够更好地帮助孩子管理自己的游戏行为。

在游戏这个主题上，对孩子而言，家长的出现，在绝大多数情况下都不意味着好事。我小时候打游戏，只要听见爸妈的声音，就知道剩下不多时间了。只要父母出现，往往就意味着不管你现在有没有在紧要关头，都得赶快结束了，否则你面对的将是更大的麻烦。曾经有一段时间，我爸会跟我一起玩玩《魂斗罗》，虽然我俩连第三关都过不去，但是我很高兴——因为我身边的他，给了我与游戏相关的积极体验。然而在大多数家庭里的大多数情况下，父母往往都成了负面体验的首要原因。不管是唠叨、批评还是强硬的管理，都会让孩子感到糟糕。

长此以往，在游戏这件事情上，父母也就和“糟糕”的体验绑定在了一起。行为的惯性由此而生：玩游戏的孩子成了“巴普洛夫的狗”，父母成了“特定的声音”，巴普洛夫的狗一听到特定声音就开始流口水，而孩子们一碰到父母就开始产生一系列负面的心理感受。现在不少游戏已经设置了“儿童锁模式”，这种家长的参与意味着“可以开始玩”了，而不像以前，仅仅意味着“必须停止玩”。这少有地给了家长为孩子提供正反馈的机会，也可以在很大程度上中和之前的那些负反馈带来的负面影响。

3. 要给孩子树立使用电子产品的好榜样

在英国的一项研究中，60% 的家长担心他们的孩子会在屏幕上花费太多时间，而 70% 的孩子则认为他们的父母使用了过多的新技术产品——我们不得不承认，在管孩子玩游戏的时候，我们自己好像也做得挺不到位。打铁还需自身硬，家长必须先把自己打造成一个负责任的电子产品使用模范。建议家长不妨跟自己的孩子聊聊。人们在使用手机、电脑、游戏机的时候，其实普遍都面对着矛盾，包括你自己也是一样。还要给你孩子这样的许可：如果他正跟你说话，而你却在看手机，那他完全可以提醒你让你别看了，而且你还要为此道歉。要让孩子看到你自己也在努力去处理跟电子产品的关系。

4. 提前甄选，给孩子提供优质的游戏

因为家长自己不玩游戏，所以给孩子选游戏的标准往往也很模糊：不要钱的免费游戏、最近比较流行的游戏、应用商店里面正在推广的游戏——这些游戏，统统都是别人告诉你“你要玩”的，并不是你甄选过后，觉得“适合孩子玩”的。

我本人和我家的孩子，都不接触《绝地求生》《王者荣耀》《开心

消消乐》以及手机和平板电脑上的绝大多数游戏，即使这些游戏可能很火，可能很流行，甚至可能真的很好玩。

原因在于，这些游戏会触及我所认为的亲子游戏三条红线中的起码一条：游戏中的社交有太多的负面信息、诱导道具付费、缺乏情节或知识。

请允许我解释一下这三条红线：

比如说，俗称“吃鸡”的《绝地求生》这款游戏，默认是开放式语音的，也就是游戏中的其他玩家只要在你旁边，就可以直接跟你对话，他们之间说的话你也能听见。有时，游戏环境会导致玩家互骂，甚至会有玩家在语音里面播放涉及暴力淫秽的负面信息。虽然你可以屏蔽别人的语音，但是这种游戏很大程度上就是依靠合作的，所以语音必不可少。这样看来，倒不如直接不玩算了。

除此之外，虽然大量的网游与手游都是可以“免费玩”的，但它们基本都存在“诱导道具付费”的问题。在游戏圈子中，有一种叫作“氪金玩家”或者“人民币战士”的称呼，指的就是靠在游戏里不断砸钱来提升装备与属性的玩家。这直接导致很多游戏的趣味性大打折扣，免费玩家被付费玩家单方面压迫。这在我看来，就是“花时间找罪受”的典型，也极容易导致玩家因为不平衡感而大量付费——这就违背了通过游戏达到成长的初衷。

第三点就是缺少情节或知识。大量急于圈钱的、粗制滥造的游戏，都缺少足够好的情节与知识量来支撑它们的内涵。像《星际争霸》所代表的宏大宇宙观，“魔兽”系列的丰富情节甚至可以改编成一部恢宏的电影，“帝国时代”系列蕴含的历史知识，都是造就精品的原因，就算是《植物大战僵尸》这样的益智类小品游戏，甚至都有一个还算不错的主线情节。如果一个游戏真的缺乏内涵，那也的确没有必要花时间。你得这么想：做这个游戏的人都不怎么上心，作为一个玩游戏的人，我要那么上心干什么呢？

以上四件事，以及三条红线，就是你准备跟孩子一起玩电子游戏之前，需要注意的事情。

下一节我们将讲一讲为了不让好事变坏事，陪伴孩子玩游戏的原则有哪些。请试着想一下，你们家的孩子有没有什么特别青睐的游戏，不管是具体的游戏名称还是游戏类型？你能说出来吗？这在很大程度上也反映了你对于孩子现在玩游戏的现状，到底有没有深入的了解。

为了不让好事变坏事，陪伴孩子玩游戏的原则是什么？

有将近 90% 的学龄儿童会玩游戏，但是全世界电子游戏玩家的平均年龄是 33 岁。这说明什么问题？

说明你的孩子的确在玩游戏，但与此同时，大量的你我这个年龄的成年人才构成了玩家群体的主流。那反正大家都在玩，为什么不一起玩呢？

我越发觉得，电子游戏已经成为亲子关系的重要催化剂。对游戏的最佳管理方式，就是成为孩子的玩伴。怎样做好亲子共游，就是本部分的重点内容。亲子共游，其实很有必要。首先，家长本人也成为玩家，可以让游戏成为亲子互动的重要平台；其次，孩子年龄偏低的情况下，家长参与进来，可以在孩子力不从心的时候，帮上大忙；最后，参与本身就是管理的契机，因为你是孩子的玩伴，所以你的建议与管理策略也更加容易被采纳。

/ 如何陪孩子玩游戏？ /

在一次演讲中，我讲到了“亲子共游”，一位母亲站起身来问我：“那叶老师，我们家长跟孩子玩游戏完全可以，但我不是个游戏玩家，我怎么才能更好地跟孩子一起玩呢？”

我的回答很直接：“先从定义好什么是优秀的玩伴开始。”

之所以这么说，是因为我发现很多家长在跟孩子玩游戏的时候，其实不太清楚自己的角色是什么。要么就佛系地随便参与参与，要么就憋着劲儿准备让孩子随时收手，这其实都不对。

那么，跟孩子一起玩游戏，家长到底要扮演什么角色？

首先，你不是老师。孩子玩游戏的时候可能需要你的指点，但是他肯定不需要你的指指点点。游戏中感觉最好的部分之一，就是自己去挖掘各种的可能性，或者寻找通关的诀窍法门。作为游戏玩家，我们希望有人能跟我们商量商量，而不是另一个玩家好为人师地给我们各种指导。

其次，你不是教练。我们想象一下，你喜欢玩一款赛车游戏，而另一个玩家，总以教练的身份和状态与你交流：“这个赛道，你怎么比上次慢了三秒！刚才那个弯儿，能那么过吗？你这样不认真，怎么可能得第一呢？一点都不上进！隔壁家小明，人家都打到第十二关了，你连第九关都打不过！我出门都不好意思跟小明他妈打招呼！”拜托，玩游戏的进取心，是自发的，而不是被一个教练员吆五喝六地灌输的。不过话说回来，如果你想让孩子停止玩某个游戏，就给他在这个游戏上当教练吧！往往能够有奇效，因为你毁了所有的游戏体验。

最后，你不是奴仆。很多家长因为自己不太熟悉游戏机制，跟孩子玩的时候，就总表现得非常“抱大腿”，或者带着“陪太子读书”的心态，以一种“只要你高兴就好”的状态和孩子共游。如果你有过认真玩游戏的经验的话，比起和这样的队友一起玩，你甚至更想自己一个人玩游戏。从 25 年前的《松鼠大作战》到现在的《守望先锋》，分工与合作是大量游戏的核心属性，如果家长本人带着无所谓的态度给孩子当奴仆，很容易沦为孩子眼中下一个“猪队友”。

《守望先锋》

所以，请时刻牢记：亲子共游，你是孩子平等的玩伴。

因为平等的玩伴既不会有太功利的诉求，又有着能够互相帮持的关系。而平等共游的最典型体现，我想应该是回归游戏最本真的样子，那就是：孩子玩得开心，你玩得也开心。

拿这个标准去评估吧，一套一个准儿：如果你开心，孩子不开心，那也许是你表现得太强势了；如果孩子开心，你不开心，那也许是没有达到你期待的目标；那如果你们都不开心，那很可能就是因为你想要的跟孩子想玩的根本就不在一个频道。

每周末，我都会跟我家孩子用 switch 玩两盘《马里奥赛车 8》。这是孩子开心、大人高兴的亲子时光。有的时候，我们大可不必太功利地赋予游戏过多的诉求，游戏嘛，玩高兴了，这就已经够本儿了。

就像看一幅名画，你不一定要买回家来，你也不一定要学着画个一模一样的——你看着它，有审美体验，这就够了。

所以我觉得，虽然我们前面已经谈了游戏可能给孩子带来的各种成长机会，可游戏带来的最纯粹的好处依然应该是，孩子和父母共处的美好时光。

我家孩子现在还小，所以《马里奥赛车 8》就满足了需求，与此同时，《胡闹厨房》作为经典的合作游戏，Q 萌的角色造型以及“做饭”的主题，也能让它起到非常好的效果。现在我天天早上送孩子去幼儿园，从停车位到幼儿园门口的那一小段路，都要模仿一下马里奥赛车的情节，来一场小小的“比赛”。

很多家庭里，游戏被当成了奖励或者惩罚的机制：“宝宝真乖，去玩 iPad（苹果的平板电脑）吧！”“你今天这么不听话，晚上不许玩游戏！”

但我以为，游戏一旦跳出之前的这种怪圈，成为生活中亲子共处的一种方式，才能更好地发挥它的各种积极影响。无数的中国家庭，每天晚餐后，爷爷奶奶收拾碗筷，妈妈玩手机，爸爸玩平板，孩子无所事事。

但若能一起玩玩游戏，也是好的呀。我们家有 switch，有搭载了 VR（虚拟现实技术）设备的 PS4（索尼的一款家用游戏机）。特别提醒，VR 设备只适用于超过一定年龄的孩子！还有 PC（个人计算机）。但这些设备上的游戏，都应该服务于三个场景：让我儿子玩得开心，让我玩得开心，让我儿子和我一起的时候都能玩得开心。

最主流的三款游戏主机平台：PS4、Xbox one **和任天堂** switch

这三个场景做到了，就自然会产生两个我最期待的、亲子共游的好处。

第一，亲子之间更多的交集和谈资。在很多中国家庭里，你会发现家长其实并不太了解孩子的一天是怎么度过的——他们天天很早就分开，晚上由爷爷奶奶接回了家，爸妈加班又堵车，到了家没多久，全家人又要就寝了。在这样的情况下，没什么事情是孩子可以跟父母一起做的，亲子之间可供沟通和交流的素材也少之又少。此时，父母往往会因为自己对孩子缺乏了解而产生焦虑，于是自然而然地就爱过问学习或者生活，这一过问，又有可能产生落差，于是少不了数落和埋怨，但又缺少实质性的指导和建议，最终，家长不满意，孩子也不高兴，不欢而散，一地鸡毛。

第二，在很多时候，游戏既能扮演谈资的角色，又能成为亲子交流的突破口。你如果跟孩子没交集，自然也就没的可聊；如果孩子跟你关系不好，你对他的影响力自然也就很低。而如果有一起玩游戏的美好体验，我们则能够把这两个问题好好解决掉：一方面，孩子有了更多跟我们可交流的内容，另一方面，我们跟孩子靠着游戏培养起来的坚实感情，也能让孩子更加信任我们，也能让孩子更愿意接受我们的观点与态度。

好的父母、好的游戏、好的体验，怎么可能没有好的亲子关系？而好的亲子关系，则是培养好孩子的土壤。

当然你可能会说："叶老师你站着说话不腰疼，我们家因为孩子玩游戏的事情，一天到晚不是吵架就是打架，这种情况下应该怎么办呢？"

那么下一节我们就来谈一谈，如果游戏成了矛盾的导火索，我们的游戏管理又该怎么做。你可以想一想，你陪过孩子玩游戏吗？如果陪过的话，感觉和体验怎么样？

如果游戏成了矛盾的导火索，该怎么办？

上一节我们谈了亲子共游的原则以及实践的方法，但是不能“光看贼吃肉，不看贼挨打”，很多时候游戏可能会诱发进一步的矛盾。如果这样的情况发生了，家长又该怎么办？

/ 家长的烦恼 /

我爸最近在带孙子这件事上，有了点新苦恼。我家大儿子四岁半，半年前，我开始让他有周期、有限制地接触一些优质的电子游戏。最近我出国，我让他带着游戏机和平时用来学英语的 iPad，在爷爷家住一周。

我爸当年就爱管我玩游戏，现在也照样要管孙子玩游戏。但是管了后，他感到很挫败，因为他发现，当年他拿来管我打游戏的方法，基本上都不太适用了。

我小时候玩游戏，我爸最常用的一招就是：藏。玩游戏的家伙个儿大，他就挑那个关键而不可或缺的小物件藏。玩红白机的时候，藏手柄；玩台式机的时候，藏主机电源线；玩笔记本电脑的时候，藏变压器。我看着好游戏，就是玩不成，干着急。他有的时候藏得拙劣，居然还能被我找到。可一旦我找到了之后，再用普罗米修斯盗火的心态开始玩游戏，用不了多久还是会被发现，然后就是矛盾和争执了。

这事儿后来发展到，只要我放假在家，我爸就天天揣着笔记本变压器去上班。时过境迁，这招现在不好使了。iPad 拔了电源照样能用上个几小时，我儿子的 switch 游戏机，我爸连开关在哪儿都找不到。当“藏”这招不管用了，争执越发浮出水面，老爷子气鼓鼓，小朋友泪汪汪。然而我突然意识到，游戏，作为孩子跟家长争抢的重要东西，这么多年来，一直扮演着资源的角色，而从来没有为这些争执、抢夺和妥协，做点什么。

家长和孩子像拔河一样，各自往自己的方向死命拽着游戏。而游戏在整个过程中，作为一根拔河绳，一直是个无动于衷的“死物”，没有跳出来主动做些什么，没有什么与自我管理相关的主动修正，唯一有所改变的，也就是靠着新技术，让自己变成一根更结实更好看的拔河绳，这样一来，两边的人拔得也就越发起劲。

家长管着孩子玩游戏，却总是遭遇“道高一尺，魔高一丈”的境况。当年的我翻箱倒柜找电源线，拿着不吃早饭省下的钱去网吧，而今 20 年过去了，我最近拜访过的一家寄宿制中学，因为严格管控“手机进校门”，甚至出现了专门由学生自营的“黑手机租赁”业务。租手机干啥？玩游戏。时过境迁，矛盾的主体和解决方案却没什么本质的改变。

在亲子交互之中，游戏总是导火索，但它本身，也一直很被动地被卷入其中，点了自己，炸了双方。如果一直这样争下去，在这个过程中，将没有谁是赢家。

/ 解决矛盾的三个切入点 /

我觉得，想解决这个问题，重要的切入点有三个：家长、孩子和游戏本身。

处理孩子因游戏而生的各种问题，有一个核心的原则：游戏不应该成为影响其他生活元素的原因。在很多家庭里，游戏超越了游戏本身，它跟奖励挂钩，它跟惩罚也挂钩。

比如奖励：很多家长会说你考个一百分，明天给你买一个游戏机，或者说你天天抓紧时间写作业，就让你多玩十分钟游戏。

比如惩罚：在很多家庭中，孩子一有点不顺家长意的地方，家长想到的第一个可作为惩罚的手段，就是减少玩游戏的时间，根本不管孩子忤逆家长的事，到底跟游戏有没有关联。

比如别的乱七八糟的元素：我们都在飞机上或者高铁上见到过一些家长，在 iPad 上装一个游戏，一碰到年龄不大的孩子哭闹，就拿出这个 iPad 跟孩子说，宝贝你今天给妈妈消停一会，你就玩会游戏吧。

在以上这些场景中，游戏本身已经超越了游戏的属性，成了工具，成了利益，成了钓饵，成了让孩子以行为参与交易的筹码。让游戏超越游戏本身，这是家长管理游戏的最大误区。

/ 家长们可以采用的三个方法 /

在此基础上，建议家长们采用三个方法，更好地参与到对孩子游戏的管理之中，并由此规避因为玩游戏可能带来的家庭矛盾。

第一，了解是管理的前置要素。如果你不太清楚《王者荣耀》这样的游戏是以“局”为单位的，而单纯地以“时间”为单位去管理孩子，到了 20 分钟必须停，但孩子完全可能正打到关键时刻，那自然很容易出现亲子间的矛盾。针对不同的游戏，我们更建议选择不同的管理单位。比如针对线上竞技游戏，约定玩“两局”；针对赛车游戏，可以约定“单场三圈，一共三场”；针对球类游戏，可以约定“两场比赛”；针对平台游戏，可以约定“过两关”；就算针对《我的世界》（*Minecraft*）这样的沙盒建造游戏，也可以约定“造完这个房间”。我今天都还记得，在初中时候玩的一个角色扮演类游戏，必须到特定的地图才能存档，而我爸当时很人性化地采用了“到下一个存档点后存档退出”的管理单位。

除此之外，你还需要了解游戏的分级机制，我们以比较经典的 ESRB 分类体系为例：EC 级别意味着适合 3 岁及以上人群，E 级别意味着适合 6 岁及以上人群，E10plus 级别意味着适合 10 岁及以上人群，T 意味着适合 13 岁及以上的消费者。T 这个级别是可以包含一小部分暴力、性暗示、血腥和模拟赌博内容的。再高级别，则是 M 级别，适合 17 岁及以上的人群，允许包含激烈的暴力、色情和粗话内容，最高级别为 AO 级别，仅适合成年人。在给孩子采购游戏前，请务必确定，游戏分级适合孩子的年龄与需求。

当然，你也可以直接通过设置电脑、游戏机和手机，打开家长管理功能，来限制这些硬件可以运行的游戏级别与展现内容，具体方法，可以在硬件的说明书里找到。

最后，国内的所有正规线上游戏运营公司，都已经纳入了“防沉迷”系统，甚至还有“未成年内容锁”这样的功能，如果需要的话，家长也可以多加利用。

第二，要让孩子提前参与到制定玩游戏的相关规则中来。我相信在很多人从小到大玩游戏的成长过程中，家长在管理他们的时候，其实并没有让孩子自己参与规则的制定。我的儿子每天玩游戏，玩什么游戏，玩多长时间，虽然每天依然需要我的管理，但是之前的规则都是他本人参与制定的。

你想让一个人守法，最好的方法之一就是让那个人成为法条的建立者。如果你的规则不让游戏玩家本身去参与制定，游戏玩家当然不愿意去接受你的管理了。所以，在管理孩子玩游戏这件事上，请终止“一言堂”思维，让孩子成为规则的制定者与参与者，他们自然就会更愿意遵守之前的约定。《驱动型成长》（*The Self-Driven Child*）一书的作者威廉·斯蒂克斯鲁德与奈德·约翰逊也在他们的书中建议：家长有必要提前跟孩子约定玩电子游戏的规矩，其中的关键点之一，是不要在该退出游戏的时候弄得大家不愉快。

最后，家长们需要格外注意，与游戏相关的媒体，同样需要利用和管控。今天很多人属于“云玩家”，他们本身可能不玩游戏，但是通过看直播和录播视频的方式，间接体验游戏内容。这其实在很多家长对游戏管理的盲区之中。由于承担不起游戏费用，或者自己游戏水

沙盒建造类游戏《我的世界》

游戏分级的标识

平不高，不少孩子会选择看游戏主播线上直播，或者去看各种游戏的攻略视频——不要以为他没在玩游戏，这事就跟游戏没关系了。有很多孩子在直播平台和视频网站上花费了大量的时间，这同样需要家长提前介入管理。

总之，如果游戏成了矛盾的导火索，我们要做的并不是一刀切地否认游戏的价值，把它看作我们需要对抗的对象——这太有亡羊补牢的嫌疑了。我们要“工作前置，预先干预，防患于未然”，这样才能更好地让游戏服务于孩子的成长。

上面我们谈到了家长怎样去应对因为游戏而产生的亲子矛盾，下一节我们要谈一下游戏管理的一个重灾区——线上游戏，孩子玩网游家长很担心他学坏，该怎么办？

如何确保孩子玩网游不学坏？

上一节我们探讨了游戏一旦成为矛盾的导火索，作为家长该怎么办这个问题，这一节我们聊一下线上游戏。孩子玩网游，家长们很担心他学坏，这该怎么办呢？

/ 玩线上游戏的原则及益处 /

我从2001年开始玩网络游戏，那时候我还只是一名初中生，在我们那个城市，绝大多数家庭都还没有电脑，就算有，往往也没有接入互联网。

10年后，我读大学期间，开始在北美服务器上玩《英雄联盟》，甚至还拥有美服专门送给公测老玩家的专属角色皮肤。但是这个游戏给我带来的最大乐趣之一，是让我能有机会高频地使用外语和他人交流。

2012年，我在《英雄联盟》里碰到了两个很好的朋友，他俩都是加拿大人，一个是巴西裔的帕尔韦兹（Parvez），还有一个是菲律宾裔的达尔文（Darwin）。考虑到工作安排和时差问题，我们三个人每天有两个半小时可以同时在线。

在这两个半小时里，我们要尽量多赢两把，要想赢，就要戴好耳麦，进语音平台里实时沟通。

实话实说，我从小学四年级就开始学英语，就2012年那一年进步最快，尤其是英语口语。如果不是游戏，我恐怕很难如此低成本地结识愿意跟我打交道的外国友人，更难有机会实打实地跟老外如此高密度地使用英语对话。

如今六七年过去了，我已经许久没有登录美服的账号了，但大家的友谊还在。帕尔韦兹跟我一样，已经有了两个孩子，而达尔文则在去年迎娶了一个来自山东青岛的姑娘。

这件事让我深切地体验到：玩家有国籍，游戏无国界。如果没有互联网和线上游戏，我真的很难想到，还有什么东西会把我和我的这两个朋友串起来。

可能有的家长认为，七八年前，还是线上社交的“香草时代”，大家都单纯得很，现在让孩子去玩网游，键盘侠和喷子那么多，就很担心他学坏，怎么办呢？

这样的担心不无道理，很多游戏里面社交环境的确非常糟糕，但如果给孩子一套在线上参与社交的方案，他们还是有机会在收获朋友的同时，避免伤害的。

第一点，好游戏里才能交到好朋友，相应的，烂游戏里面碰到烂人的概率，也不是一般的高。对线上游戏来说，“玩家素质”也是一个重要的参考指标。有的游戏门槛高，能在里面玩出名堂的人，通常也都不会差到哪里去。比如有一个知名游戏，叫作《EVE》[①]，是一个以浩瀚星空与广袤宇宙作为背景的游戏，上手难度极高，光新手训练的阅读材料，就差不多12万字。这个游戏里面的资深玩家，就很少见到那种“没素质”的，因为这样的人，早早就被游戏机制“劝退”了。当然，这个游戏里也爆发过在整个网络游戏历史中都有名的大矛盾，具体情况堪称传奇，前后因果极为烧脑，这也从另一个角度证明了，这个游戏里还真的都是“聪明人”。如果你不希望孩子被游戏中的社交所影响，就不要让孩子玩那种本身社群氛围就很差的低端游戏。

第二点，即使是在游戏里，也要懂得珍惜羽毛。

很多人玩游戏，怀着一种满不在乎的心态——又没人知道我是谁，我骂人也就骂了，喷人也就喷了，还能怎样？顶不济，我以前的号不要了，重新再开一个号。

如果带着这样的心态投入线上社交，其实是很难收获一个很好的社交圈子的，反而极容易陷入社交孤立的恶性循环。

---

① 即《星战前夜》或《*EVE Online*》，是冰岛CCP公司开发的一款PC端网游，国服目前由网易游戏代理运营，目前版本为《星战前夜：克隆崛起》。游戏以宏大的太空为背景，高度融合硬科幻元素，为玩家展现了一个极其自由的虚拟宇宙沙盒世界。

游戏也能构成社交的网络。你认识了甲，并通过甲认识了乙，然后还可能因为乙认识丙。等下次你上了线，甲却不在，自然而然的，乙和丙就成了你的首选队友。

在日常生活中，我们的社交圈其实非常受约束。比如我家孩子在幼儿园里，肯定没有家里特有钱的同学，也肯定没有家里特贫困的同学——因为前者看不上你这个幼儿园，而后者又往往在上私立幼儿园这件事上，有着捉襟见肘的现实问题。

但游戏不会，你会在游戏里碰到各种各样的人，而且还要跟他们好好打交道——不管这人是你朋友的朋友，还是游戏平台随机分配给你的队友或对手。很多成年人其实都没认识到，他们每天可能会碰见很多人，但实际上这些人彼此却过于相似了。而通过游戏，我们则有可能认识更多的、更酷的、更远离我们自己的生活的人，这能让我们更好地知道，多彩生活的真正模样，究竟可能是什么。

如果没有游戏，我可能永远不会认识韦恩（Wayne），他是我的一个线上战友的战友，一开始偶然在一起，后来自然而然地成了新战友。

游戏里总会有一些无聊的等待，或者平静的休息时光——而在这些时间里，我知道了韦恩是两个孩子的父亲。那个时候，我家老二还没出生，而来自韦恩这位二孩爸爸的经验和安抚，着实帮助了我很多。除此之外，他还是个非常热爱运动的父亲，所以会留出固定时间带着老大踢球，陪着老二游泳，这给长期当宅男的我很大影响——我因此开始安排跟我儿子一起参加体育活动，带孩子到户外去玩——这里很多都是他的主意。

与此同时，他身上还有一点值得我学习：只要在游戏中，不管战局多紧张，情况多危险，只要孩子有需要，他可以立刻抛下我们，去照顾孩子的事情。我深感佩服，也觉得自己在这方面，其实做得还不够好。这就是在线上社群中，积极培养社交圈子的良好影响。

第三点，一定要让孩子认识到，线上游戏中有四种高风险的场景，碰到类似场景，一定要提高警惕。

叶壮现实生活中第一次见到韦恩（中）及另一个队友史蒂夫

首先，是直接或者变相的关系绑架。比如“如果你还跟某某一起玩，我就不跟你一起玩了”或者“是兄弟，你就要跟我怎样怎样”。游戏是游戏，关系是关系，关系好，不一定就是行为绑架的借口。这样的关系绑架，非常容易升格为其他的问题，甚至超越游戏，影响到现实生活。

其次，就是不平等的交流。我们之前已经说过，玩家跟玩家的身份应该是平等的。也许在一些游戏中，存在着职务分配的差异，但是玩家与玩家在个体层面上，依然是平等的，并没有什么高低之分。告诉孩子，如果你碰到有人对你颐指气使，或者逼着你低声下气，就要立刻警惕，我们玩游戏，不是来找气受的。

再次，是线上线下的资源置换。如果有人跟孩子提出来要花钱买他的某个装备，或者反过来，跟你家孩子要钱，才给他某个装备，这就涉及线上与线下的资源置换了。不过这并不是最严重的，在一些极端情况下，有的人会要求线下见面，这就会造成人身安全方面的风险。

最后，是线上霸凌问题。因为有的玩家装备好，或者拉帮结派，其实也存在游戏中霸凌他人的可能性。不管是当年《魔兽世界》中的“守尸体”，还是现在一些线上游戏里付费刷屏中的辱骂内容，其实都是变相的霸凌。没有谁面对这种霸凌有“活该挨着”的义务，但很多时候，孩子的愤怒与复仇心态会被激活，自然就容易有冲动的行为，要么发发脾气，要么偷偷拿出爸爸的信用卡也付费刷屏骂对方。但是在这样的互动中，只有游戏运营方是收了钱真开心的，因此碰到线上霸凌，要及时止损，打不起也躲得起。

总之，玩线上游戏，当然有开心快乐的时候，但依然有必要执行线上社交的“一票否决制”：如果你的孩子有下面的这些感受，可以选择立刻结束当下与对方在游戏中的沟通和交流。

一、孩子只要玩得不开心了，就没有什么玩下去的必要了，毕竟玩游戏，目的是为了高高兴兴，但现在因为跟别人的互动，感到不爽了，那又何必继续呢？

二、如果别人提了某个要求，而孩子感到不愿意，那他其实大可不必有被胁迫的感觉——不愿意就是不愿意，这又没有什么错。既然咱不愿意，那就不必被逼着怎样，对方再有本事，还能顺着网线爬过来？

三、如果别人跟孩子的交流，让他感到不平等，进而有了负面情绪，那也可以早早下线了，既然能让人觉得不被平等对待，那一定是对方表现得不够友善，那跟一个不友善的人，还有什么共处的必要呢？

总之，人是社交的动物，而线上游戏很大程度上依靠游戏和互联网的交融，迎合了人在这方面的刚需，但话说回来，玩游戏是为了高兴，不是为了社交——社交只是让我玩得更高兴的一种形式罢了。只要把握住了这个原则，在玩线上游戏时，偶尔碰见的那些人际关系问题，就不足为虑了。真正珍惜、投入与享受那些让你感觉舒服的关系，才是更重要的。

玩游戏的终极收获，其实不一定是装备，或者全服务器第一的名号，而是要让自己开心起来。如果你玩得不开心，那你何必还要折磨自己呢？对我来说，好装备当然会让我开心，但是来自别人的认可与信任，更能让我开心。玩游戏的时候，友善、快乐地跟别的玩家打交道，这是游戏给我的最大收获。

上面跟大家聊了玩线上游戏的注意事项，下一节我们将更加深入地探讨一个非常重要的事情，到底怎么样才能帮孩子选出最适合他玩的游戏。

如何帮助孩子甄选适合他玩的游戏？

之前谈了这么多，我想你已经有了一种跃跃欲试的冲动，想要回家跟孩子一起玩玩游戏了吧？

但是，从哪个游戏开始呢？这事要从两个角度分析：第一，从玩家爱玩什么的角度；第二，从什么游戏才算高质量的角度。

先说第一个：我从没见过有两个玩家，能在彼此喜欢的游戏上完全雷同。

玩游戏这个事，非常看眼缘，它有点像谈恋爱，没法强求。就算你对面的是个无可挑剔要啥有啥的人，你还是不一定能爱上他。

如果你明白这个道理，你就知道，在给孩子选择游戏时，最该重视的，是要让游戏迎合孩子在主观上的需求——因为一个人，真的很难被迫喜欢上一款游戏。

人们玩自己真正喜欢的游戏时，是一种什么状态呢？

不管是孩子，还是成人，对于电子游戏，都可以达成一种“高度投入”的状态。从认知心理学的角度上讲，这种状态主要得益于两种元素的组合：意愿和喜好。说得通俗点，就是对游戏的投入等于想玩这个游戏加上爱玩这个游戏。

这就有点麻烦：你觉得好的游戏，不一定能够击中孩子的甜蜜点，要么激发不了他的意愿，要么迎合不了他的喜好，甚至在一些情况下，两个都达不到。

怎么办呢？说实话，没什么好办法，只能靠摸索。

一个玩过很多游戏的老玩家，一看到某款新游戏，大概也就知道是不是自己的菜了。同理，在亲子共游的过程中，跟孩子一起玩得多了，差不多也就能明白孩子的秉性了。

比如我家孩子，我现在大概知道，火车和建造这两个元素很对他的胃口，但是对于球类与益智类的游戏，他就不是很喜欢。

/ 好游戏的选择标准是什么？ /

接下来，我们说第二个：什么样的游戏才能纳入值得一玩的好游戏的范畴呢？我觉得有三个要点。

第一，新知性。新知性指的是通过玩这个游戏，能让人获得新知——这个新知，不管是在知识储备上，还是思想意识上，都算。比如有一次，我在飞机上路过东南亚，机舱地图上出现了两个城市：马辰和登巴萨。这两个很多人从没听说过的城市，其实我很熟悉，因为它们是我童年时代最爱玩的游戏之一《大航海时代 4》里面出现的两个港口。而《大航海时代 4》之所以成为被我奉为经典模拟经营类游戏的存在，就是因为它有着极强的在地理和历史意义上的新知性。

2018 年，在 PS 平台上有一款独占游戏成为爆款，游戏名叫《底特律：变人》。它之所以成为爆款，不仅仅因为高度拟真的画质，更是因为这个作品探讨了一个非常深刻的命题：产生了情感与意识的机器人，到底应不应该有与人同等的权利和生命意义。随着剧情的深入，这个命题对于每个玩家都开始了一次道德观和价值观上的拷问——它给我带来的思考与震撼，是不亚于小说《三体》和电影《黑客帝国》的。

《大航海时代 4》是叶壮曾经最喜欢的游戏之一

第二，审美性。游戏作为第九艺术，当然有其在美感上的表现。一个好的游戏，就应该如同一个好的艺术品一样，让人在审美层面有所收获，如果收获得深刻，那就是深刻的美，如果收获得肤浅，相应的，那就是肤浅的美。而好游戏的重要表现之一，就应该是让人在审美上有优质的收获。

第三，纯粹的快乐。所谓纯粹的快乐，就是一种非常基础的，让人感觉到愉悦的游戏体验，比如剧情的跌宕起伏，排除万难后巧妙地战胜关底 BOSS，和他人默契的合作，甚至看到一个山顶费力爬上去看看风景。它的反面，则是一种被设计出来的快乐，比如套路感满满的抽卡和开宝箱，再比如很直接地花钱就能得到强过别人的好装备。

当然，这三点都达到的好游戏很难得，所以我也建议各位家长，在给孩子选择游戏的时候，不妨适当放宽标准：三者占其二，就是好游戏。

经典的“马里奥”，就是纯粹快乐的典范

/ 游戏推荐 /

最后，我也诚挚地向读者推荐一些游戏。

1. 游戏推荐——给 4 到 6 岁的孩子：

《马里奥赛车 8》：经典的亲子共游游戏，轻松有趣，角色可爱，难度可控，又有竞技性，如果选择“道具模式”，加上“互坑”的环节，那更是其乐无穷。

《火车山谷》(*Train Valley*)：修建铁路，运营火车，却又不至于太复杂，主要的玩法就是修路、调控道岔与合理安排火车出发时间。有适合低龄儿童玩的沙盒模式，更有能锻炼孩子逻辑分析能力与空间智能的“轨道和道岔”设置。

《飞跃印刷史》(*Type: Rider*)：以人类文字的演化，以及字体的变迁为背景，玩家需要扮演一个“墨点”，用解密的形式破解各种字体里的开关。需要注意的是，游戏整体的基调偏昏暗，有的孩子会不喜欢。

《ABZU》：这是一个恢宏的水族馆！与大鱼共舞，跟小鱼嬉戏，随着洋流，探索海底世界。

《星露谷物语》：在这个游戏里，爷爷给你留下了一个老农场！但你只有几个残破的工具，帮你应对这个百废待兴的局面。你能不能白手起家，创造一个处处动物、谷物满仓的农场呢？

《新超级马里奥兄弟 U》：这就是你当年玩过的踩蘑菇的游戏的最新版，支持多人合作。

《舞力全开》：这是一个经典的体感游戏系列，跟孩子一起跳舞吧，既有合作，又有运动，想不开心都很难。

《胡闹厨房 2》(*Overcooked* 2)：厨艺游戏。支持二到四人联机游戏，在手忙脚乱中，你们需要合力伺候好食客。孩子就算玩不转，看着父母为了过关而着急紧张，也很容易开心起来！最基本的一点：别上错了菜！

《王国与城堡》(*Kingdoms and Castles*)：很多小朋友有着造城堡的梦想——在这个游戏里，城堡、城墙造个够。当然，还有一个重要前提，罗马不是一日建成的，后勤保障要跟上，耐心同样很重要。

《过山车之星》(*Planet Coaster*)：没有哪个小朋友不喜欢去游乐场吧。这个游戏，让你搭建属于自己的游乐场，甚至包括过山车！当然，对于低龄小朋友来说，最好还是在沙盒模式下玩，毕竟，运营游乐场还是很有难度的。

2. 游戏推荐——给 6 到 12 岁的孩子：

《塞尔达传说：旷野之息》：开放世界，就是好玩、纯粹的游戏乐趣。

《我的世界》：电子游戏中的乐高，创造力爆棚之地。

《传送门 2》：一个没有打打杀杀的 FPS Game（第一人称射击游戏），很能锻炼空间思维能力。

《光明之子》：好画面、好音乐、好剧情，一个女孩子自立自强、追求自我的童话故事。

《瑞奇与叮当》：太空探索与冒险背景，一定程度上，你可以把它想象成既卡通又有趣的儿童版《魂斗罗》，当然，在我眼里，这比《魂斗罗》好玩多了。

《梦游者》（*Back to Bed*）：手机上有《纪念碑谷》，主机和电脑平台有这款《梦游者》。

《都市：天际线》（*Cities：Skylines*）：城市建造与管理游戏，如果你家孩子当不了班长，可以考虑在游戏里当市长。

《纪元 1800》（*Anno* 1800）：蒸汽时代的大背景，建造、策略与贸易元素，2019 年的精品游戏。

《文明 6》：这款游戏的最大好处就在于有极强的新知性，在游戏中你可以观摩将近 30 种文明的发展兴衰过程，还可以看到人类文明和科学发展的历史脉络，可以说是一部鲜活的人类文明发展史。

《风之旅人》：这款游戏得过无数大奖，原因是画面实在太漂亮了，在游戏中无论走到哪里感觉都是一幅画。游戏不难，有利于放松情绪，有的心理治疗师甚至会拿这个游戏给咨询者做放松治疗。

/ 结语 /

好游戏不胜枚举，列举不完。

如果你也是个老玩家，你会发现，上面的很多游戏其实已经不能通过以前的方法来分类了：很多游戏，既不是纯粹的角色扮演类，也不是绝对的模拟经营类。

因为不仅我们在长大，游戏产业也在发展。20年前，我指挥李逍遥闯荡十里坡（指游戏《仙剑奇侠传》）的时候，可没想到今天的游戏是如此多样化与有趣。越来越多的游戏有着越来越个性化的属性，而心理学的科研进展，却远远跟不上游戏业发展的快速步伐。

如果等着心理学家给出一个确定的答案，我家儿子早就已经长到跟我差不多的年龄了。于是，我选择一种很乐观的心态去看待今天的电子游戏：新的游戏，可能就意味着新的成长。这些好游戏给孩子们带来的资源与帮助，可能是潜移默化的，可能没法立刻明确地指出来，但同时也是不容否认的。

我不愿意等科研的结果告诉我该怎么做，我更愿意相信作为一个老玩家，作为一个父亲的直觉，为我的孩子选择好游戏，让他玩耍开心，成长快乐。

这种感觉，就像在游戏里开一个宝箱，你永远也不知道，你开出来的宝贝是什么。

最后，我准备了一些课外拓展的内容，各位父母可以与孩子一起来阅读了解。

课外拓展清单

首先为你推荐的是《游戏改变人生》和《游戏改变世界》，这两本书都是由“游戏化”的大力倡导者简·麦戈尼格尔所著。即使你对电子游戏的积极影响依然抱有保留意见，但是“游戏化”的意义和价值依然不容否定，了解游戏对人的影响机制，以及它是如何促进人成长、发展与进步的，对于家长有着莫大的帮助。

推荐的第三本书是《中国电竞幕后史》，这本书的作者刘洋是我的好友，同时也是一个知乎大V（粉丝众多的人），他在中国的游戏行业圈子和职业玩家圈子中享有盛名。这本书，更是复盘了几十个“玩出了名堂”的玩家们的真实人生道路，很值得一看。

第四本书是《电子游戏如何影响游戏玩家》（*How Video Games Impact Players*），这本书的作者瑞安·罗杰斯（Ryan Rogers）以中立的态度和科学的眼光与视角，分析了游戏可能给玩家们带来的种种影响。

除了图书之外，我还特别推荐两部电影。

第一部是《无敌破坏王》，如果你家孩子年龄比较小，非常推荐全家人一起看这部动画片。它以一个游戏中的“反派角色”视角出发，结合了很多电子游戏中的经典桥段和经典角色，讲述了一个充满正能量的故事。

第二部是《头号玩家》，如果你家孩子年龄不是非常小，这部电影是值得一看的。它讲述了一个游戏玩家在未来大背景下的游戏经历，而且还是网游。游戏中的友谊、社交凸显了玩家群体的特性，看过以后，你会对当下的网络游戏玩家群体有一个更直观的认识。

此外，我还特别推荐一些 TED 演讲内容。

《游戏如何让孩子更聪明》（网络搜索英文名：*How Games Make Kids Smarter*）。演讲者盖布·兹彻曼是一个作家，同时也带领着一个深耕于电子游戏领域的创业团队。他认为，世界发展非常迅猛，而快节奏的游戏可以训练孩子，让他们更好地适应这个世界的真实需要。他是一个非常积极的技术乐观主义者，对于孩子们真正成长于其中的环境，这个演讲可以给你答案。

《玩游戏时，大脑什么样？》（网络搜索英文名：*Your Brain on Video Games*）。这个演讲来自一位认知神经科学家达芙妮·巴韦利埃，她研究电子游戏对大脑神经机制的影响已经多年，研究成果我在第一节中也谈到过。这个演讲，可以让你更加深入地理解电子游戏对脑神经的积极影响。

最后，我还特别推荐两份公开资料：《家庭网络素养教育指南》和《写给家长的游戏指南》（请搜索微信公众号：DNA 计划。公众号页面右下角可以点击下载），它们是公益项目“数字原住民计划”结合中国的养育现状、游戏环境而出具的两本指南。指南会就一些技术性、具体性问题，给出比较专业权威的解答，包括不同年龄段的孩子分别适合玩多长时间游戏，游戏障碍的自评诊断方法，如何打开以及调整不同硬件的家长监护功能等，算是一本“手册”性质的指导图书。

第四讲

自控力：

做好情绪教养，
培养孩子健康快乐的心

张昕

北京大学心理与认知科学学院副教授、博士生导师

心理学，也许并不能直接帮你解决孩子教养中的问题，例如让孩子不发脾气，但心理学可以告诉你这些问题的根源在哪里。例如，为什么孩子会发脾气，孩子发脾气了家长应该怎么去理解，应该怎么进行合理有效的改善。来自北京大学心理与认知科学学院的张昕副教授，将为大家深度介绍 0~12 岁内不同阶段的孩子的心理发展特点，结合各种生动的例子来介绍埃里克森的社会心理发展八阶段理论，以及父母教养风格对儿童发展的影响。希望大家可以建立更好的心理学认知，可以从更科学有效的角度去理解孩子，更有效地陪伴孩子在不同阶段的成长。

张昕的研究方向主要在毕生发展心理学，同时他也是一个 5 岁孩子的父亲。本章内容重点为大家讲述儿童在发展过程中可能出现的情绪问题，以及家长的应对之策。

如何看待孩子在不同阶段的心理发展特点？

为帮助大家理解本章讲述的具体解决措施，我首先提纲挈领地从理论的角度介绍一些与儿童情绪发展相关的理论。

/ 心理学对家长的指导意义 /

当朋友们知道我是研究毕生发展心理学的时候，经常会问我一个问题：你学了那么多的心理学理论，会应用到你的育儿过程中去吗？

说老实话，我通常的回答是，其实我不会把这些理论应用到培养孩子的过程中去，但是这些理论可以让我更好地去了解孩子，理解孩子。

我将通过我的亲身感受，来向大家说明为什么我会这么说。现在很多父母容易受到培训机构、教育机构、其他父母甚至整个社会大环境的影响，从而变得异常焦虑。如果孩子做了不对的事情或者学习不好，父母就会乱发脾气甚至打骂孩子，一边说“我的孩子怎么不像别的孩子那么听话，为什么孩子不能好好控制情绪”，一边把自己和孩子弄得身心俱疲。

这就是我要先给大家介绍心理学相关理论的前提或者原因。很多发展心理学理论告诉我们，在某个阶段，孩子可能会出现各式各样的在旁人看来可能是有问题的一些行为，或者说没有家长的任何说教，这些问题随着时间推移也会消失。

因此，我要在这里强调的一个观点是，心理学并不能直接帮助家长解决在教养孩子中遇到的各种问题，例如如何不让孩子发脾气，但是可以告诉你们这些问题的根源。

在发展心理学中有一个特别关键却常常被家长忽视的变量，那就是年龄。

不同年龄段的孩子，即使他们做出了相同的行为，背后的原因也是不尽相同的。因此，如果我们不仔细分析每个孩子所处年龄段的特点，就想要去解决孩子的问题，在心理学上几乎是一个不可能的任务。

/ 儿童发展的不同阶段 /

在毕生发展心理学中，有一个特别重要的理论家爱利克·埃里克森[①]。他是20世纪六七十年代精神分析流派特别著名的一位心理学家，提出了毕生发展的八阶段理论，他把自己的理论称作社会心理发展（psycho-social development）。

---

① 爱利克·埃里克森（Erik H. Erikson，1902.06.15—1994.05.12），是美国精神病学家，著名的发展心理学家和精神分析学家。

埃里克森的八阶段理论认为，人从出生到老去的生命历程，一共可以分为八个重要的阶段，在每一个阶段，每一个人都会面临类似的问题。

0~12 岁的儿童，大概会经历四个重要阶段，在不同的阶段，他们面临的问题不尽相同，当然解决的方式也就千差万别。四个阶段的具体表现如下。

第一个阶段：0~2 岁，称为婴儿期。在这个时期，孩子要完成的任务主要是满足生理的需求，从而发展出信任感，克服不信任感。

第二个阶段：2~4 岁，称为童年期。童年期孩子的任务就是获得自主感，克服羞怯和疑虑感。在这个时期，如果一个个体发展良好的话，会体验到意志力的实现，能够学会自控。

第三个阶段：4~6 岁，称为学前期。在这个阶段，儿童的主要任务是获得主动感，克服内疚感。如果一个人在这个阶段发展良好的话，就可以获得目标的实现。

第四个阶段：6~12 岁，称为学龄期。学龄期的主要任务是获得勤奋感，克服自卑感，主要可以获得的是一种叫作能力的品质。

在把人的一生分成八个阶段后，埃里克森提出了一个非常重要的观点，即如果能够顺利完成每个阶段的任务的话，那么个体后续就能顺利发展。

埃里克森认为，前一阶段的任务可以看作后一阶段任务的重要保障或者前提，一旦某个任务无法完成，个体的发展可能就会停滞。

例如，有些人即使已经 20 岁了，可能仍然害怕尝试，不愿意去探索。根据埃里克森的理论，这些人可能在婴儿期没有发展出一种信任感及未能克服不信任感，甚至是不信任感特别强，从而导致他们不愿意探索新的事物，不愿意相信其他人。

埃里克森的理论一直到今天还被大家广泛应用，就是因为它给我们提出了一个连贯性的观点。当孩子出现问题时，家长首先要追溯他之前的生命历程或者生活史，明白孩子的问题并不是现在的情况造成的，而是由过去的某些经验或某些问题导致的。

如何用理论来指导教育？

这个理论可能会有点枯燥，下面我就举例来进行介绍。

比如，一个孩子经常会哭。“哭”这个行为是从 0~12 岁甚至是到 20 多岁的人都会有的一种行为。但是针对不同阶段的儿童，你会发现他们哭的原因是不同的。如果套用埃里克森的四阶段模型去对其哭的行为进行解释的话，就会发现我们可以有不同的解释，而且不同的解释也会要求家长做出不同的应对策略。

0~2 岁的孩子哭，应该是由于某种生理需求没有得到满足，如孩子困了或者饿了，这个时候他需要的是家长来满足他的饥饿或者睡眠的需求。这个时候他用哭声来表达，是完全正常的。

2~4 岁的孩子的任务是获得自主感。大家可能会注意到，很多孩子在这个时期就开始学会说“不”了，而且往往伴随着哭泣的行为。家长让他做某一件事，他偏不做，家长越逼他，他就越不做，甚至会用哭闹来威胁。这个时候他的需求就不再是像 0~2 岁时的生理需求了，而是为争取独立而哭，是为了获得一种自主感。哭可能就是自己独立、自主的某一个标志，告诉家长不要再管他了。

6~12 岁的孩子的要求可能又不一样，他可能会觉得自己在某一次考试中没有考好，这会否认他自己的勤奋感，同时也会产生一种自卑感。这个阶段他以哭来表示内心对自我的一种不满。这时家长应对孩子哭泣的办法，就不是简单地满足他的某种生理需求了，而是要去培养他的自信心，或者可以告诉他正确的学习方法，让他在学习中没有其他负担，可以学得更好。

依恋与安全感：陪伴婴儿期孩子的重点

了解了埃里克森社会心理发展理论后，我们具体针对每个不同发展阶段来介绍儿童的发展特点，以及家长如何应对他们在情绪上、行为上的问题。首先来看 0~2 岁婴儿期的儿童在发展当中可能会面临什么样的问题，要解决什么样的矛盾，以及出现问题之后家长应该如何应对。

/ 婴儿期儿童的主要任务 /

根据埃里克森的观点，婴儿期的婴儿的主要任务就是获得信任感、克服不信任感，这一阶段婴儿必须学会相信别人可以照顾好自己的基本需求。

所谓的基本需求，指的就是“我要吃饱、我要穿暖、我要睡足”

等生理需求。

在这个阶段对婴儿影响最大的人，就是他们的主要照料者，也就是爸爸妈妈。如果照料者表现出一种拒绝的态度或者前后不一致的情况，婴儿可能认为这个世界很危险，这里的人都是不可信、不可靠的，甚至可能会影响他以后对世界的探索——他可能因为感觉不到安全而放弃探索。

由于从小父母并没有给他们足够的信任感或者安全感，因此，他们会觉得，“我失败了可能就一无所有了，我并不能从父母那里得到足够的安全”，因此，一旦探索失败，他们可能索性就不再去尝试任何新的东西了，即所谓的因感觉不到安全而放弃探索。

很多时候我们会发现有些孩子愿意去尝试各种各样新鲜的东西，而另外的一些孩子却不愿意。

在埃里克森的观点中，那些愿意尝试的孩子可能就是因为从小父母给予了他们很多的鼓励与关爱，让他们感受到了足够的安全感，所以他们会觉得，“即使我探索失败了也没有关系，因为父母仍然是我的安全港、避风港，我失败了还是可以从父母那里找到关爱的”。

而那些不敢去探索的孩子，可能因为从父母或其他人那里找不到任何值得信赖和依靠的安全港，因此他就觉得，“我如果探索失败了，可能就一无所有了”，于是索性就不再去探索了。

/ 依恋研究中测量孩子依恋类型的方法 /

说到安全感和建立信任的话题，就不得不提约翰·鲍尔比（J.

Bowlby）、玛丽·爱因斯沃斯（M. Ainsworth）等人对依恋（attachment）的研究。而依恋，也是与埃里克森“0-2岁建立信任感”相对应的另外一个特别重要的心理学研究成果。

鲍尔比是第一个提出依恋概念的心理学家，他对依恋是这样定义的：婴儿和他的主要照料者之间的情感联系。而爱因斯沃斯则进一步把依恋的研究由原先的猴子实验进一步拓展到人类婴儿身上。同时爱因斯沃斯对婴儿的依恋类型也进行了相应测量，得到了三种不同的依恋类型，分别是安全型依恋、焦虑型依恋和回避型依恋。

爱因斯沃斯通过陌生情境法来进行相应的测量。我把陌生情境法简化成三个阶段，每个阶段孩子都会有相应的不同表现，我们会根据孩子在这三个阶段的不同表现进行分类。

第一个阶段叫作陌生情境阶段，即母亲带着孩子来到一个陌生环境当中，同时在这个陌生环境当中还有一个陌生人，看孩子会有一些什么样的行为。

第二个阶段叫作离开阶段，或者叫分离阶段，即母亲趁孩子不注意时悄悄地离开，只留下陌生人和孩子，观察孩子在只有陌生人在场时会有一些什么样的反应。

第三个阶段叫作重逢阶段，主要观察当母亲回到这个陌生环境时，孩子见到母亲后会有什么反应。

我们会发现，孩子的反应大致可以分成三类，每一类就对应上面所讲的一种依恋类型。

第一类：安全型的孩子。母亲在的时候，虽然他和母亲有一些接触，但是他也愿意自由地去探索新的环境；母亲离开之后他会有一些焦虑不安；最后母亲回来了，看到母亲之后又重新放松，不再焦虑和不安。这就是安全型的。

第二类：焦虑型的孩子。母亲在的时候非常黏人，就好像我们说的“像树袋熊一样抱着母亲”，一刻也不离开母亲；母亲离开后，他会特别伤心，痛哭流涕，什么人可能都安抚不住；最后当母亲回来之后又哭得稀里哗啦，也不能立刻被母亲安抚好，对母亲可能还会有一些生气的表示，会觉得“为什么你就离开我了”。这就是焦虑型的。

第三类：回避型的孩子。孩子在这三个阶段的表现我们可以用一个词来描述，那就是“无所谓”。母亲在的时候好像也感觉不到他和母亲有多亲密，母亲离开了也没有那么悲伤，最后母亲回来了好像也没有喜出望外。这就是回避型的。

/ 依恋类型与埃里克森理论的关系 /

这三种依恋类型和埃里克森第一阶段的任务的对应关系是怎样的呢?

我们可以认为，一个能够建立起信任感的孩子，他们的依恋类型往往是安全型的。

一旦孩子的依恋类型是不安全的，也就意味着他和自己的父母不能够有很好的信任关系。对于这种类型的孩子，家长可能需要给予他们额外的陪伴和安抚，向他们传达父母永远是他们的安全港的观念。

说到这里，我想起之前网络上比较流行的一种哭声免疫的育儿方法：孩子哭了就不抱，而孩子不哭就抱。这个方法的依据可能是心理学另外一个行为主义流派的方法，叫作行为的塑造，但这样的方法恰恰伤害的是孩子对家长的依恋，或者安全感和信任感。因此，我对此方法持批判的态度。

对于 0~2 岁的孩子，哭和闹一定伴随着生理上的或者心理上的需求，比如，饿了困了，或者说是害怕母亲离开。这时候如果你不去抱他，不去给他相应的安抚，不去告诉他不用担心，爸爸妈妈就在你身边，而是说，“好，你哭我就不抱你，只有你笑了我才抱你”，婴儿就会认为这个世界是很危险的，这里的人不可信不可靠，甚至会影响他以后对世界的探索。

独立与叛逆：
如何理解、陪伴儿童期孩子

前面介绍了埃里克森理论当中的第一阶段，0~2 岁的婴儿期，本部分主要讲第二阶段，也就是 2~4 岁儿童期的发展。

/ 2~4 岁儿童期的发展特点 /

埃里克森认为，2~4 岁儿童的主要任务是获得自主感，从而克服羞耻和疑虑感。在埃里克森的理论中，所谓的自主感就是认为自己的事情自己做，自己吃饭，自己穿衣，自己去打扫卫生等。如果儿童在这个阶段不能够实现这种自立的话，就会走向一个反面，他们就会怀疑自己的能力，从而感到羞耻。

与自主感相对应，孩子在这个阶段的一个重要特点就是自我意识的觉醒。

所谓自我意识的觉醒就是开始意识到我是一个独立的个体，和其他人是不一样的。

做个最简单的实验，比如你在小猫小狗面前竖一面镜子，让它们看到镜子里的自己，它们的反应就是绕到镜子后面，看一看后面和它们刚才四目相对的那个东西到底是什么。因为小猫小狗是没有自我意识的。

而对一个人是否有自我意识的判断，心理学家往往通过一个叫作鼻点测验（又称点红实验）的方式来获得相应的结果。

如果你的孩子还不到两岁的话，比如 18 个月或者是 14 个月的时候，建议大家可以在家里试着做一做。

我在儿子大概一岁的时候就开始每个月给他做一次鼻点测验。测验的方法非常简单，大家可以事先准备一支口红，在手上抹一点红，趁孩子不注意的时候，在他鼻子上抹一下，接着把他抱到镜子前，让他去看镜子里的自己。

什么样的行为就预示着这个孩子有了自我意识？当他看到镜子中有红鼻子的小朋友之后，他会去摸自己的鼻子，这个时候就说明孩子有自我意识了。

相反，如果他看到红鼻子的孩子之后，他用手去摸镜子的话，就说明孩子还没有自我意识。

我们的研究发现，一般来说，中国的小孩平均 18 个月也就是一岁半的时候是可以通过鼻点测验的。一岁半以后，孩子的自我意识会越来越强，两三岁的孩子最常出现的一个行为就是学会了说“不”。

而这种行为可能在很多家长眼里会觉得不可接受，你看我们家孩子以前多么听话，我说什么他就去干什么，但是两岁多以后不知道是什么原因，他居然开始跟我顶嘴了，我让他干什么他不干什么了。这个时候家长一下子就开始焦虑起来。

但其实我要告诉大家的是，这种行为是每一个自我意识觉醒的孩子都会出现的行为，因为他要通过说“不”的这种方式来宣称“我已经是一个独立的个体了”。从埃里克森的理论角度来说，这样一种行为就体现出了孩子的自主感——他要通过自己的这样一些行为来表示他自己可以做一些力所能及的事情了。

所以当家长让孩子穿个什么衣服，孩子说“我不要，我要挑我自己喜欢的衣服”，或者家长说今天咱们吃个什么东西，孩子说“我不要吃那个东西，我就要吃我自己喜欢的那些东西”时，家长如果不了解的话，就会觉得孩子到底是怎么回事，自己也会变得焦虑，但如果你知道这就是一种自我意识觉醒的表现的话，你的焦虑感就会降低，同时你就会更加耐心地陪伴孩子，与孩子交流，满足他的这种需求。

/ 孩子的叛逆期 /

自我意识的觉醒带来的一个特点就是孩子开始进入叛逆期。

发展心理学认为人一共有三个叛逆期：2~3 岁是第一个最早到来的叛逆期；7~8 岁是第二个叛逆期；第三个叛逆期可能就是大家耳熟能详的青春期了。

说到叛逆期的“叛逆”，其实还是站在大人的角度去说这件事的。因为在孩子看来他们一点都不叛逆，他们会觉得自己做的是很正常的事情。每一个叛逆期其实都伴随着他们对自己独立性的独立宣言。

他要通过各种各样在大人看来不可接受的行为来告诉大人：我已经是一个独立的小大人，我已经是一个独立的青年了。通过这样的一种方式，孩子们可以获得一种自主感。

如果家长在叛逆期一味地打压孩子，结果往往适得其反。你教育出的孩子特别叛逆，是因为他要不断地去补偿自己没有获得的这种独立感。或者你可能会教育出高度自卑的孩子，他们怀疑自己的能力，有着特别强的羞耻感。如果家长什么事都不让他去做，或者没有让他意识到自己是一个独立的个体，那他就会变得特别地依赖家长，什么事都不愿意主动尝试。

在我孩子三岁多的时候，有一天我们走在小区的路上，因为刚下过雨，他前面有一片积水。

我就跟孩子说：你别从水里走了，跟着我从旁边绕过去好了。

孩子就说：不行，我非得从那边走。

可能每个孩子都有好奇心，都想尝试一下。某些家长可能就会觉得这孩子怎么这么倔，甚至会开始打骂，然后孩子就开始哭。一个恶性循环就开始了。

相反，我会觉得既然他有这种自主意识，我就让他尝试一下，尝试过后他就可能知道是怎么回事了。

如果你越不让他做什么事，他可能就越要跟你对着干，越要去做，那是得不偿失的。

因此我给大家的建议就是，在这个阶段，如果你认为孩子是为了表示自己自主意识的话，那你就在保证他安全的前提下让他去做他想做的事。慢慢过一段时间之后，他意识到“我是一个独立的人”，并且肯定了“我是一个独立的人”之后，他这些所谓叛逆的行为就会慢慢减少。

/ 分离焦虑问题 /

其实在 2~4 岁的后期，也就是 4 岁左右，可能家长还会面临另外一个令人头疼的问题，就是孩子要上幼儿园了。

可能这是孩子第一次离开家，所以这个时候孩子的哭和闹也是常见的，这种现象很正常，这和我们前面提到的信任感、安全感是有关系的。

这时的哭闹就是一种分离焦虑。即使是一个安全型依恋的孩子，离开妈妈的时候也会感到苦恼与不安。所以小孩入园的头几天哭和闹是很正常的。

现在有些幼儿园允许家长先陪伴 1~3 天，这的确可以在一定程度上降低孩子的分离焦虑。我觉得另外一种比较不错的处理方式是，可以通过转移孩子的注意力来降低孩子的分离焦虑，这个可能和上幼儿园没有关系。

比如，爸爸妈妈要上班了，孩子还没有上幼儿园的时候，在家哭和闹怎么办？建议大家可以用转移注意力的方法解决，可以和孩子玩一个我们轮流哭的游戏。

这是我在微博上学来的招数，国外的一些父母这样做过，当孩子妈妈要去上班了，爸爸一个人带孩子时，孩子哭着要妈妈，爸爸就可以跟孩子玩一个游戏：你先哭我再哭，但是我哭的时候你就不许哭了。

这种游戏可以转移他对妈妈的想念。有些家长的做法是，说别哭了妈妈过半天就回来了，妈妈不在的时候爸爸陪你玩。但是这种劝说，其实是在反复提醒孩子妈妈不在家这个事实，相反，如果能够转移一下他的注意力，不让他想到妈妈不在家的事实，而是说我们来玩游戏，就可以更好地缓解这样一种分离焦虑。

主动感和内疚感：学前期儿童的心理发展特点

下面将介绍埃里克森社会心理发展理论中的第三个阶段，也就是4~6 岁学前期儿童发展的一些特点。

/ 4~6 岁学前期儿童的发展特点 /

在埃里克森的理论中，4~6 岁儿童的矛盾主要来自主动和内疚之间的矛盾。具体来说就是儿童在 4~6 岁的时候，开始试图像成年人一样主动地去做一些事情，甚至会试图承担一些他们力所不能及的责任。其实这就是一种主动感。

但有时候孩子的目标和行动，可能会与父母及其他家庭成员的目标相冲突，这些冲突会使他们有一种内疚感。如果孩子在这个阶段能够成功地解决这种主动和内疚之间的矛盾，他们就可以达到一种动态的平衡，即既保持了一种主动性，又学会了不去侵犯他人的权利利益和目标。

我家孩子 5 岁，现在正好处于这个年龄段。举一个例子来说，他心心念念的一件事情就是想把他的小床拆掉。

然后我就去问他：为什么你要把小床拆掉？

他说：因为小床有很多木头，我想用小床的木头去搭一个我自己喜欢的木头的房子。

这其实就是一种孩子主动性的体现，他有了自己的目标，但是从另外一个角度来说，他也意识到，做这件事情可能需要征得家长的同意，如果家长不同意其实他也是不愿意去做的，或者说他是没有这个能力去做的。

此时家长需要做的，就是在一定程度上保护孩子的好奇心，不要随意打断孩子的专注及对这个世界的探索，即使在大人眼中他们专注的东西，或者说他们探索的东西可能是一些无意义的事。

再举个例子。我有一个好朋友，他经常抱怨他们家孩子特别喜欢在路边捡石头，放在自己的口袋里，然后带回家。他非常不理解，认为这些石头有什么好捡的，而且还会把衣服弄脏，家里也放不下。无奈孩子就是不许他扔。

我劝他说，其实这就是孩子认识世界的一扇窗。石头在我们看来往往只是具有某一方面的功能，我们会觉得这个石头就是用来盖房子废弃下来的一些边角料，或者说石头就是用来铺马路的，放在家里，我们也不能用它来干什么，只是一个无用的东西罢了。

但在孩子眼里，所有东西都是新鲜的，都是他没有见过的，都可以开发出很多有趣的功能。

可能在他们家孩子看来，这些石头可以扔到水里，我就特别喜欢听那些石头和水撞击的声音，也可能他认为石头扔到地上有响声，由此可以判断洞的深度和事物与我们的距离。

孩子正是从不同的细节或者刺激中学到知识的。而家长的好奇心已经磨平，或者说他们的注意力已经很窄了，只能注意到事物的某一个属性，而没有注意到事物的其他属性，导致他们会认为很多东西都是无用的，但其实这个阶段孩子的好奇心是值得我们保护的，他们可能会发现很多家长并没有注意到的乐趣，所以建议家长能够和孩子一起去发掘他们觉得好玩的东西，以及那些东西的闪光点。

/ 孩子的心理理论能力 /

在这个阶段，孩子另外的一项心理能力也得到了长足发展，这项能力和孩子的内疚感是有关系的，这种能力叫作心理理论的能力。所谓心理理论的能力，指的就是站在他人的角度看待问题的一种能力。而孩子的内疚感就是因为他能够站在其他人的角度去思考：我这件事到底做得对不对，我做了这件事，是不是可能会伤害到其他人。

在 4~6 岁时，孩子的这项能力是逐年提升的，同时与心理理论能力相关的另外一个在家长看来不可理解，或者说不可接受的现象也会逐渐出现，我们称为撒谎能力。

撒谎是建立在心理理论能力成熟的基础上来获得的。如果我们要用撒谎和心理理论做一个连接的话，可以这么去理解撒谎。撒谎的前提就是“我知道你不知道我知道”。这句话听着有点像绕口令，什么意思呢？就是说一个人如果要成功地欺骗别人，或者说成功地撒一个谎，你需要首先理解的是那个人到底知不知道你知道的某件事情。只有你知道了你知道的某件事别人是不知道的，这时候才可能把那个人给骗住。

而这个阶段小孩正是因为掌握了心理理论，所以他才能够逐渐地去撒谎。所以基于这样的一个说法，再给大家提个醒，不要把小孩撒谎当作洪水猛兽，因为没有孩子不撒谎，或者说没有大人不撒谎。我敢肯定的是，在这个世界上，没有一个人能说自己从来没有撒过谎，大人也一样。所以小孩撒谎在我看来可能是一件值得高兴的事情，至少证明这个孩子已经获得了心理理论的能力，同时他的认知功能也是正常发展的。

我并不是一味地强调要教孩子撒谎，而是说我们要正确地看待撒谎这件事情，尤其是如果孩子撒的是一个叫作白谎的话，也就是说他并不是出于恶意，而是出于一些我们称之为善意的谎言的话，我们只需要加以告知就可以了。

如果那个孩子是出于一些损人利己的目的而撒谎或者叫作黑谎的话，这个时候我建议还是要做相应管教。当然管教的目标不是简单地不许他撒谎，或者不让他撒谎了，而是说我们要找到撒谎背后的根源，他为什么撒谎？他的需求一定要通过撒谎来满足吗？

为什么我这么说，就是因为很多时候如果你一味只是强调表象，要求孩子“你以后不许撒谎了，再撒谎我就揍你”，那它带来的后果只能是孩子会越来越善于撒谎，他撒的谎会越来越天衣无缝，让你根本判断不出来他到底是撒谎还是说真话。

但是他的要求被满足之后，他发现“我不用撒谎也可以获得某一些需求上的满足”的话，这个孩子可能就不会再撒谎了。

内驱力：如何激发学龄期孩子的自我成长力

本部分将介绍埃里克森理论中的第四个阶段，也就是 6~12 岁学龄期儿童的一些发展特点，或者叫作需要完成的任务。

/ 内驱力与外驱力 /

埃里克森认为，处于学龄期 6~12 岁的儿童需要发展的或者需要解决的，是勤奋和自卑之间的矛盾。作为学龄期的儿童，学习成了他们的首要任务，他们必须掌握重要的社会和学习技能。在埃里克森的理论中，学习并不是简单地只学习课本上的科学知识、文化课，而是一种全方位的学习。在这一阶段，儿童会经常将自己和同伴进行比较，如果他很勤奋，就会获得社会和学习的技能，从而感到自信。相反，如果孩子不能够掌握这些技能，就会感到特别自卑。

因此在这一阶段，父母的首要任务就是培养和保持孩子的内驱力（intrinsic motivation）。

相信很多父母自觉或不自觉地做过这样的事情：孩子抓耳挠腮地要解一道数学题，怎么解都解不出来。家长在旁边看着也很着急，就跟孩子说："你别做了，我来帮你做！"或者说孩子有一个课外功课，比如搭积木，怎么搭也搭不好，这个时候家长就会说："你别搭了，放在那我来搭吧！"

记住，这绝对不是对孩子的一种帮助，反而会让孩子产生一种自卑感！因为他会觉得这个东西不是我做的，家长的这种行为也就伤害了孩子的内部自主性，也就是内驱力。

北京大学徐凯文老师曾经提出"空心病"的说法，就是一些孩子上了大学之后，丧失了自己追求更高远目标的能力，觉得没有目标了，日子过得浑浑噩噩。这就和他们内驱力的丧失是有关系的。

所谓内驱力很好理解，就是老师们经常说的"我要学"，而和内驱力相对的是外驱力，也很好理解，就是老师口中常说的"你要学"。

外驱力往往是由于一些外部的奖励，或者说为了避免一些外部的惩罚而做出的一些行为；相反，内驱力是真正源于自己的好奇心和兴趣，真正想把某些事情做好。

在这个阶段，你会发现，很多学习成绩好的孩子，往往都是由内驱力驱动的，无论是上课还是读课外书，他都是凭自己的兴趣，以及真正认为它有意思才会去做。相反，你跟他说"考试考一百分，我就给你一个什么奖励，或者考试考不好回来我就揍你"这种由外驱力来推动的效果反而是不好的。这种由外驱力来确定的行为，第一不能长久，第二效果也没有那么好。

所以，我想给家长一个建议，在鼓励孩子学习或者做一些事情时，要善用内驱力而尽量少用外驱力。

并不是说不用外驱力。有时候为了先让他去做某一个行为，可以适当地使用一些外部的驱动手段，比如说给他买个玩具，给他一些金钱上的奖励，这个是可以的。但是这种方法不宜常用，如果用得过多，可能就会造成像徐凯文老师提到的那种空心病现象。

比如很多家长和老师会对孩子说："参加完高考，上了大学就轻松了。"但其实这种说法是完全错误甚至是不负责任的，因为我们要培养的是孩子的学习兴趣，让他意识到学习是真的能够带来快乐的这样一种内驱力。

/ 如何培养孩子的内驱力？ /

对于家长应该怎么培养孩子的内驱力，我有一些建议。

第一，建议家长做好榜样。很多家长现在愿意陪着孩子一起做功课，比如一二年级的孩子写作业时家长会坐在旁边陪着，这是一个很好的行为。

同时我认为家长在陪伴的过程当中，还可以再注意一下行为规范，比如不要在陪伴孩子的时候刷手机、看电视。真正的榜样是孩子学习的时候你也学习，用电脑处理一些公务，去看一些书哪怕是小说，当然了也可以看一些自我提升的书，这些对孩子的榜样作用可能更大。

第二，保持孩子的好奇心，不要简单粗暴地把孩子的好奇心扼杀在摇篮里。孩子有时候可能希望去看一些课外书，而有些家长会觉得："现在学习这么紧张了，你还看课外书，哪里有时间，你就好好地去看课本。"

其实对孩子来说，这种做法也会扼杀他的内驱力。他会以家长的好恶来判定自己的行为，家长说好的我就去做，家长说不好的我就不去做，至于自己的兴趣，可能就被深深地压抑了，而这种做法对孩子以后的长远发展来说都是不利的。

我非常认同西方的一种育儿观念，我觉得是非常对的，是永远不过时的——那就是培养孩子的两项能力：一项叫阅读能力，一项叫运动能力。这两项能力在一定意义上都是孩子良好内驱力的来源。

/ 社会比较 /

除此之外，在 6~12 岁阶段，埃里克森观点中还有一点我觉得是很重要的，即儿童会把自己和同伴进行比较，从而获得勤奋感或者自卑感。

“社会比较”（social comparison）在心理学中也是一个十分重要的课题。小孩在 6 岁左右，就会有这样一种社会比较的意识了，同时也会建立所谓的榜样力量。榜样，不光是父母，也可以是自己的伙伴。

在心理学研究中认为有两种社会比较的方式。第一个方式叫下行社会比较（downward social comparison），指的是向下比，和一个不如自己的人做比较，这种比较方式的好处是可以提升一个人的自尊水平：我比某个人强，所以自我感觉良好。第二个比较方式叫上行社会比较（upward social comparison），即向上比，和一个比自己强的人做比较，而这个人可能就会成为你的榜样。这种比较方式的好处在于可以提升一个人的动机水平，并且这个动机往往是内部动机。他会觉得“那个人成为我的榜样了，我什么事都要向他看齐，我要试试做得和他一样好，甚至比他好，这样我才能够比得过他”。

所以家长有的时候也要善于合理使用社会比较来给孩子或者是树立榜样，或者是提高孩子的自尊。为什么说要合理地使用社会比较？因为我相信很多家长在自己小的时候就吃过社会比较的苦，比如那种别人家的孩子，“你看谁谁家的小谁，做什么都比你强，这个也比你强，那个也比你强”，任谁在心里可能都会觉得不爽，而过度使用上行社会比较导致的一个问题就是动机下降。对孩子的管教也一样，我们不宜过度地使用上行社会比较，给他设定榜样是对的，但这个榜样得是他在自己的能力范围之内能够达成的一个榜样，他才会更加有动力去比、学、赶、帮、超。如果一下子设置了一个特别高的榜样，可能会给孩子造成严重的自卑感，反而导致他不愿意去努力了。

从另外一个角度看，也可以适当地给孩子设置一定的下行社会比较，尤其是当你发现孩子情绪不太好、比较自卑，或者说提不起学习的兴趣时，这时候可以适当地降低比较对象。比如“我对你要求也没有那么高，只要比谁家孩子考得好就行”，或者说“你这次考得不好也不用自卑，你也不是最后一名，你是倒数第二名”。这个时候对孩子来说，他们的自我感觉良好了，才会进入一个良性循环。相反，如果你一直给孩子强调谁谁比你考得好，你一定要追上他，但是孩子又追不上，就会进入一种恶性循环进而导致孩子产生自我怀疑，这对于孩子的长远发展来说非常不好。

所以，家长应该在勤奋和自卑之间为孩子掌握一个平衡，在保证孩子的内驱力的前提下，给孩子设置一些社会的短目标。

如何选择最合适的教养方式和陪伴方式？

前面主要讲了埃里克森社会心理发展理论前四个阶段中儿童发展的一些特点，以及家长的应对之策。下面我主要做一些总结，同时从家庭教养的角度提出相应的建议。

/ 父母的教养方式 /

埃里克森虽然在社会心理发展理论中提出了很多 0~12 岁儿童成长过程中的现象学描述，但是从另外一个角度来讲，埃里克森也因为对发展动因的阐述不清等问题使得其理论遭受了一些批评。比如我们必须拥有什么样的经验才能够成功地解决各种心理社会的冲突。

所以，现代发展心理学家们就埃里克森的理论提出了很多影响儿童发展的重要因素，这些因素既包括遗传因素，比如基因问题，也包括环境因素，比如家庭的影响。

在这部分我将着重谈一谈父母的教养方式对儿童发展的影响。

美国心理学家鲍姆林德最先对教养方式（parenting style）进行了相关研究。在鲍姆林德的理论中，他首先把教养分成了两个维度，分别是：对孩子的要求高或者低；对孩子要求的回应，是给予孩子相应的回应还是完全不给孩子相应的回应。

以这两个维度为轴，鲍姆林德把父母分成三个类别。

第一类是专制型父母。这种类型的父母特别强调控制和绝对的服从，也就是说这种类型的父母对孩子的要求非常高，同时对孩子要求的回应倾向于不回应。这类父母常见的行为就是希望孩子遵守一系列的行为准则，如果违背了就会施以严厉的处罚，他们会比其他类型的父母更加冷漠，更加缺乏对孩子的关爱。因此，用这种方式教育出来的孩子，可能倾向于表现出更多的情绪上的不满，甚至是孤独感，或者是对其他人的不信任。

第二类是放任型父母，放任型父母的特点是没有要求且对孩子的要求有求必应。这种类型的父母对孩子的要求很低，同时他对孩子要求的回应是非常积极的。这类家长的典型行为是，他会照顾孩子的每一个需求，顺应孩子的每一个请求，他们不愿意去制定规则，可能也不会对孩子提出什么具体期望，因此就没有什么规训的基础或者需要。他们和孩子共同决策，很少去责罚孩子，他们温和、不专制，不苛刻甚至是放纵。但是这些父母教育出来的孩子可能并没有那么好，他们的孩子在学前期可能是最不成熟的一批孩子，他们的自我控制力或者探索能力都非常低。

第三类是权威型父母。如果比照两个维度，这类父母对孩子的要求很高，同时他们对于孩子要求的回应也很积极。他们会很注重孩子的个性发展，但是这类父母也会对孩子施加一些社会性的限制。他们会监控孩子，同时也尊重孩子的一些决定、兴趣、想法或是个性。如果有必要的话，这种类型的父母会在一种温暖的关系下对孩子施以限制，并且给孩子一些明智的惩罚。他们会对孩子解释，我制定这个标准的理由是什么，并且非常鼓励亲子之间的沟通与交流。所以在这种方式下教育出来的孩子的安全感是比较高的，因为他们知道父母对自己的爱和期望是足够的。拥有权威型父母的儿童，他们在学前期会比较独立，自我掌控能力比较强，也更加自主，同时他们也愿意去积极地探索外部的世界，他们的满意度是最高的。

读到这里，细心的读者可能发现好像缺一个象限，鲍姆林德只有三种类型。20 世纪 80 年代之后，另外的两位心理学家马克比（Maccoby）和马丁（Martin）对鲍姆林德的理论进行了补充，加入了第四个维度的教养方式，叫作忽视型。

忽视型父母的特点就是对孩子的要求极低，同时他们对于孩子的要求的回应也很少，甚至是从来不回应。简单来说，这类父母就是不要求、不回应类型父母，最常见的就是那种撒手不管的父母，他们并不参与孩子的学校生活和家庭生活，与孩子在情感上很疏离，或者是完全见不着人影，甚至在为孩子提供衣食住行等方面都靠不住。

/ 不同的教养风格，不同的孩子 /

下面我举例子来跟大家具体分析一下，针对孩子的问题，不同教养风格的父母，可能会有什么样的典型做法。比如，一个孩子早恋了，老师可能把家长叫过去，这个时候如果是忽视型的父母，老师可能根本找不到家长，没法跟家长沟通孩子的问题；如果是专制型的父母，老师把家长叫过去之后，家长回到家肯定是不分青红皂白先把孩子揍一顿，揍完了就立马要求孩子分手，没有其他多余的话了；如果是放任型的父母，知道孩子早恋了，他可能说孩子早恋没关系，可能还给孩子支两招，说你爹妈过去谈恋爱的时候是怎么做的……这种父母对孩子有求必应。

大家会发觉这三种父母教育出来的孩子可能都没有那么成熟。相反，第四种权威型的父母会首先和孩子有一个良性的沟通，先了解清楚孩子谈恋爱背后的原因。可能他会对孩子说，其实这是青春期孩子都会有的一种懵懂情感，我们叫作性冲动，所以在这个年龄段你有这种行为是很正常的，爸爸妈妈也很理解你，但是他也会给孩子提出明确的要求，施加一些限制，例如他会说你可以谈恋爱，但是必须不能影响你的学习。我们设置一个规矩，如果因为谈恋爱，出了一些学习上的或者是生活上的问题，这个时候我就要对你进行惩罚。

而且这种孩子往往可能不需要老师去找家长，他自己就已经主动跟家长沟通过了，他会直接告诉父母“我谈恋爱了”。父母也会给他相应的一些反馈，告诉他什么是可以做的，什么是不可以做的。所以，在这种情况下，这些孩子的自主性是更强的，同时他们的发展结果也会更好。

/ 高质量的亲子陪伴 /

如果把教养风格再往回退一步，在家庭教育中要解决孩子的问题，一个绕不开的方式就是陪伴。没有陪伴，有再多丰富的理论知识，也没有用武之地。

我不想讲过多的关于陪伴的研究。我只想作为一个父亲，我从心理学中父亲陪伴的作用来谈谈对相关文献的体会。在这些文献中，有一个共同结论：父亲的高质量陪伴，对于孩子的认知能力、智力、社会功能等等一系列能力的发展，都是至关重要的。

注意，我刚才强调的是高质量的陪伴，那么什么叫高质量的陪伴？

20 世纪 90 年代有这样一项研究，将父亲在育儿当中的参与度和孩子几年之后学业成绩结果进行对比分析。这项研究得出一个结论：如果父亲仅仅是出现在家庭中，而没有任何的参与，那么孩子的学业成绩就没有那么优秀。比如可能有一些父亲因为上班比较累，所以一回到家就瘫在沙发上自顾自地玩手机，孩子给他提的要求，他也不做任何反馈，对于这样的一类父亲来说，他们对孩子的陪伴几乎为零，孩子表现也往往一般。

而第二类是那些高参与度的父亲，就是那些上班回到家甭管多累，他不玩手机，也不处理工作，就一心一意地陪孩子玩，甚至还会和孩子一起想到各种各样玩的方式，比如和孩子一起搭乐高，一起画画等。这样的父亲教育出来的孩子往往智力水平更高，学业表现也会更好。

而父亲之所以能够起到这么大的作用，主要原因就在于，父亲在陪伴的过程当中，或者说在和孩子的游戏过程中，会潜移默化地灌输给孩子很多非知识性的内容。比如他会给孩子灌输很多关于待人接物的方式，一些处理生活中矛盾的方式。例如父亲和孩子玩一些球类游戏，孩子和别的小朋友起冲突了，这个时候父亲作为一个调停人，可以告诉孩子以后遇到类似的问题应该怎么处理。

如果家里有一个女儿，父亲和女儿一起玩类似的洋娃娃过家家的游戏，对女儿产生正确的性别观念或者叫作性别意识也是非常有帮助的，父亲会在潜移默化中告诉女儿，社会对女性的预期是怎样的，我们可能会预期女性扮演更加热心、给人温暖、会照顾人的这样一个角色。因此在子女教育中，或者说在孩子的成长过程中家长的高质量陪伴是必不可少的。

只有有了家长的足够陪伴，才能够真正培养孩子的安全感和信任感，才能够了解孩子行为问题背后的原因，并且找到相应的解决策略。最后，只有父母的陪伴，才能够使孩子更加有意愿和你进行良性沟通。

课外拓展清单

我的素质拓展清单主要是为大家推荐一些图书。

1. 由上海师范大学卢家楣教授等主编的“人类心理十万个为什么”丛书

该丛书涵盖孩子从出生到青少年期的三个阶段，分别为婴幼儿期、儿童期、青少年期，共三册。虽然丛书主编们都是知名高校的教授，但书中没有艰涩难懂的专业理论和术语，而是以小故事的形式，引出不同年龄段的孩子经常出现的心理现象和生活课题，以问题形式来阐明个体心理发展的现象、特点和规律，以及孩子面临的生活课题背后的心理学知识。例如，“胎宝宝没出生前听到爸爸的声音就‘陶醉’，为什么？”“宝宝有时独自在角落里一个人‘发呆’，为什么？”等。这套丛书在保证科学性的前提下，使爸爸妈妈们能读得懂、用得上。

2. 由美国心理学家伯格尔著，北京师范大学陈会昌教授翻译的《0~12 岁儿童心理学》

本书以年龄为主线，对 0~12 岁儿童的心理发展特点进行了全面而深入的介绍。虽然是一本偏理论的图书，但读者除了能在书中了解儿童心理学的经典理论及神经科学等前沿研究的发展，同时还能了解食品安全、生育技术、儿童精神疾病与药物、幼儿的学习与发展、幼儿第二语言学习的敏感期、同伴欺凌、蒙台梭利教育的发展、家庭结构的变化等与儿童的健康及心理发展息息相关的现实议题。

3. 简 · 尼尔森的《正面管教》

这本书的核心观点是：孩子只有在一种和善而坚定的气氛中，才能培养出自律、责任感、合作及自己解决问题的能力，才能学会使他们受益终身的社会技能和生活技能，才能取得良好的学业成绩。

4. 美国儿童心理学家德雷克斯的《孩子：挑战》

德雷克斯在书中倡导：既不建议纵容孩子，也不建议严惩孩子，家长要学习的是如何成为孩子的合作者，有方法了解他们，有能力引导他们，不让他们成为没人管的“野孩子”，也不让他们在家里感到压抑和窒息。每一位父母面对自己的孩子时，要赢得的不是挑战，而是爱和尊重，以及相伴中的彼此成长！《孩子：挑战》，不仅能带你一步步跳脱出来反观自己的育儿方式，也能帮你用科学的心理学知识了解自己的个体情绪和行为，学习永不嫌迟！

5. 美国心理学家戈特曼所著《孩子，你的情绪我在乎》

本书以丰富的育儿经验为基础，搜集了大量的生动事例，并针对不同矛盾问题，逐一整理出相应的解决方案，以便更多的父母及老师能够掌握和实践情绪管理训练，使得父母和孩子之间的沟通更为顺畅，对我国大多数家庭具有很好的教育意义和参考价值。

除了以上这五本著作，我也认为《头脑特工队》是一部不错的动画作品，它用浅显易懂的方式向孩子们揭示了人类情绪的发生机制。片中五个小人代表五种情绪，他们的活动反映了孩子心理成长的奥秘，也给家长提供了一些管理孩子情绪的好办法。例如，父母的良好陪伴是带给孩子快乐的源泉，孩子的每种情绪都是被接纳的，要尊重并保护孩子的想象力等。

第五讲

思辨力：

善待好奇心，
启迪孩子未来“大智慧”

姜宇辉

华东师范大学哲学系教授、博士生导师

古希腊哲学家柏拉图曾说："哲学起源于惊异。"儿时的好奇，简单而朴素，涉及许多人生本初的哲学思考，具有很强的思辨色彩。可以说，哲学是儿童的天性，他们是天生的探索者、思想家。世界是什么？我是谁？对这些哲学问题的解答，直接关系到孩子们未来大智慧的培养。儿童哲学教育在法国等发达国家已经非常普及。华东师范大学哲学系教授姜宇辉将带你走进儿童哲学，讲述唤醒孩子哲思的方法，帮助你与孩子一起在思考和对话中成长。

爱智慧，和孩子一起在路上

我是华东师范大学哲学系的老师，主要研究当代法国哲学和艺术哲学，所以对儿童哲学教育有一些了解。我常常与 8 岁的女儿绵绵进行一些小互动，也得到了一点经验和体会。

虽然我不是儿童教育领域的专家，从哲学角度来谈儿童哲学教育，可能会有一些片面，或许还有点偏激，因为哲学的主要功能是批判性、反思性的，但是我很高兴抛砖引玉，把我的一些心得吐露出来，和大家一起分享、思考。

/ 爱智慧——灌输还是启蒙？ /

首先，什么是儿童哲学教育？要谈这个问题，先要谈什么是哲学。很多家长可能对什么是哲学并没有太多的了解，会觉得哲学太过高深，太过抽象。简单来说，“哲学”这个词的译法最早是从日语过来的，但是它的渊源是非常早的，来自古希腊语 philo-sophia。这个词有两个部分，一个是 philo，就是爱、追求、向往的意思，还有一个就是 sophia，也就是智慧的意思。所以“哲学”这个词最根本的意思就是爱智慧，追求智慧。

对孩子进行哲学教育，一定要有一颗非常赤诚、非常纯粹的心灵。我们是跟孩子一起去追求智慧，去探索真理。我们并不是真理的拥有者，也不是高高在上的智慧权威，我们希望跟孩子在教育和对话过程中，去开启各种各样未知的可能性。

哲学教育跟其他的教育是有一些不同的。家长平时跟孩子在一起也进行着很多教育实践，但是哲学教育跟其他门类知识的教育有一个最大的区别，就是它要创造的是一种“心灵的转向”。“心灵的转向”是柏拉图在《理想国》里面的说法，来自里面提到的一个叫“洞穴隐喻”的故事。柏拉图把这个世界分成两个部分：一部分是在洞穴里面的，是阴影、表象、假象的部分；另一部分在洞穴外面，是在太阳下面的真理、真实的世界。简单地说，哲学教育就是让人的心灵从阴影的、假象的世界，进入真实的阳光之下的真理世界，它要制造的是一种心灵的转向和提升。

一开始，我们心灵里面充满的是各种各样的偏见、成见，但是通过哲学，我们要产生心灵向着真理或者向着光明的一种追求。所以柏拉图在《理想国》里面也提到，真正的哲学教育不应该是灌输的，而应该是启蒙的，明白这一点是非常重要的。灌输是什么？灌输就是假设孩子的心灵里面本来没有先在的知识，然后再由你作为“教育者”把各种各样的知识灌输到孩子的心灵里面，好像他接受了知识，就得到了系统的训练，也就“成长”了，“成人”了。但是启蒙不一样，启蒙是说孩子心灵里面本来就具有向往真理的能力，本来就具有可以被点亮光明的火焰，哲学的作用是开启它们，唤醒孩子心灵里面的潜在力量。

这是哲学教育非常重要的一个方面。我们刚才说哲学跟其他的教育是不一样的，也是体现在这一点。其他的知识接受灌输的方法是可以的，比如说学英语、学数学或者说学语文。但是哲学的教育要以启蒙方式为主，要以开发孩子内心深处的那些潜在能力为主，尤其是向往真理或者说追求智慧的这样一种能力为主的。

当下儿童哲学教育里存在几个误区。

首先，很多人认为哲学教育跟其他的教育是一样的，就是家长、老师在那里讲，孩子在下面听，有一个非常鲜明的主动—被动、权威—接受的等级关系。好像孩子就是心智还不健全、不成熟的小生物，大人则统握着各种各样的智慧、真理，孩子只要被动消极地坐在那里听、去接受就可以了。这其实是一个很大的误区。

其次，就是大家对哲学教育功能的认识存在偏颇。很多人认为哲学就是讲道理，讲道理说到底就是做规矩，目的就是教育孩子在世界上生活或在人生里遇到各种各样的问题时，要接受现成的原理和规则。借用法国哲学家福柯的说法，哲学教育就变成了一种规训（discipline）的手段。

最后，很多人认为哲学教育跟学习语文、数学都是一样的，就是开发智力。好像学习哲学就是多学了一门知识，或者就是多报了一个课外班而已。这种观点没有看到哲学教育跟其他学科教育之间的本质区别。

/ 法国的哲学教育 /

法国的哲学科目在高考中受到很多人的关注，因为他们考试的题目都很大，比如“请你谈谈对自由的理解”、“谈谈为什么要民主”、“为什么要学习科学知识”或是“科学跟人文知识的重要区别是什么”等，这些好像是我们的硕士生或者博士生才会写的论文题目，但法国的高中生就已经在学习和探讨了。法国有部哲思电影《将来的事》，女主角是个哲学老师，她上课会拿一本卢梭的书跟高中生探讨，下面的学生却一副不服气的样子，好像自己也能够读懂卢俊，也能够高谈阔论那些看似深奥的哲学道理。

对于法国的哲学教育，我们可以去欣赏、去赞叹，但是不要忘记他们是从孩子很小的时候就开始的。我们对哲学教育的理解，远远落后于法国或者说世界上其他一些国家和地区。所以对法国的哲学教育，我们除了单纯地表示羡慕或者赞赏之外，还应该吸取其精髓，要看到在法国一个孩子从小到大，老师跟学生之间是怎样细致、深刻地去互动的，是怎样结合经典的哲学文本去论证那些很大的哲学问题的。在法国，学生与老师是平等、开放、自由的关系，这是非常重要的。在中国，这种氛围不是一天两天就能够实现的，它涉及现在的教育体制、整体的教育氛围等等。家长能做的，是在日常家庭生活中，在举手投足之间把哲学教育的启蒙精神贯彻下去。

另外一件大家比较关注的事情是由国际哲学团体联合会和联合国教科文组织联合举办的“国际哲学奥林匹克竞赛”。参加这种竞赛就好像哲学是一门科学知识，学好了以后去参加“国际奥林匹克”，就可以为孩子的高考增加砝码，这多少也是一种误解。因为哲学如果可以成为奥林匹克项目的话，它也不是一般意义上的竞赛，而更应该是智慧的培育与提升。但是智慧可以用分数来评定吗？可以用等级来衡量吗？或许不尽然。若想成为一个“爱智者”，注定是一个漫长的过程，是对孩子进行长时间的启蒙和陶冶的结果。

/ 与孩子一起在路上 /

那么，我们对哲学教育应该有怎样的理解呢？引用尼尔·波兹曼（Neil Postman，美国媒体文化研究者和批评家）在《童年的消逝》里面非常著名的一句话，“童年是发明，不是发现”。如果童年是发现，就是说童年是一个既定的存在，它具有一些现成的规则和结构，大家去“遵循”就可以了。但是如果童年是发明，那就是说童年有很多东西需要你跟儿童一起去创造、展开、探索。所以像智慧、像真理、像哲学，并不是单纯地把一些现成的东西教给儿童就可以了，相反，它需要家长跟孩子一起在路上学习、探索。

我给大家推荐两部非常好的关于儿童哲学的著作。首先是美国学者加雷斯·B. 马修斯的《与儿童对话》，这本书结合各种各样的案例，结合哲学史的资源，讲述了作者跟小孩子之间展开的非常生动形象的对话，他是如何去理解孩子的哲学思维，如何尊重每一个小小的生灵，然后跟他们一起去学习和成长的。这本书对家长来说有非常大的实用价值。通过这本书，家长能体会到儿童不仅仅具有学习哲学的潜质，甚至在很多方面他们的哲学思维要远远领先于自认为非常高明的成人。

还有一套法国的几所大学跟媒体一起推出的“思考的魅力”系列，共有 24 本，每一本都围绕一个重要的哲学主题，比如自由、友情、生命、存在等等，然后以一种由浅入深的方式把儿童慢慢带入思考的境界之中。我跟孩子一起读了这套书里面的很多本，孩子也是获益匪浅。《与儿童对话》与这套书是今天在儿童哲学教育领域非常成功的尝试。

会思维不代表会思考？

思维是思考吗？如果不是，那两者是什么关系？智商与哲商有哪些区别？

思维，在英文里面一般用的词就是 intelligence，也可以译成智力。思考，一般用 think 这个词，也可以用一个更为古老深奥的词 meditate，也就是冥想、沉思。思维与思考两个词表面上看起来有很大的相似性，在日常生活中也经常混用。但是仔细想想，这二者之间有着非常关键的差异，而这个差异正是引导我们重新思索儿童哲学教育的关键。

对思维的培养比较重要的是关于 IQ 也就是智商的培养。智商是衡量一个孩子的智力水平或者说智力发展度很重要的参考指标。

目前比较流行的智商测试是门萨（MENSA，创始于英国的智商俱乐部）的智商测试问卷，共有 19 道题目，重点在观察力、记忆力、逻辑力三个方面。

在观察力方面，主要考察的是儿童对空间及形象的认知；在记忆力方面，主要考察的是儿童在很短的时间里，是不是能够尽快地、尽可能清晰充分地去获取信息和资源；而在逻辑力方面，则主要考察归类能力和排序能力。

/ 智商培养的局限性 /

仔细分析后就会发现，门萨智商测试着重考察的三个方面是有问题的。首先从观察力上来看，主要培养儿童对空间、形象的把握，这可能会忽略另外一些重要方面，即时间、运动、过程。因为观察力既体现在对空间、形象、结构或者说轮廓外貌等特征的把握上，但也同样体现在孩子对一件事情从头到尾的发展运动过程的把握上。智商测试对后面这个方面不太重视。

16. 将下面的图形折成正方体，可以形成哪个图形？

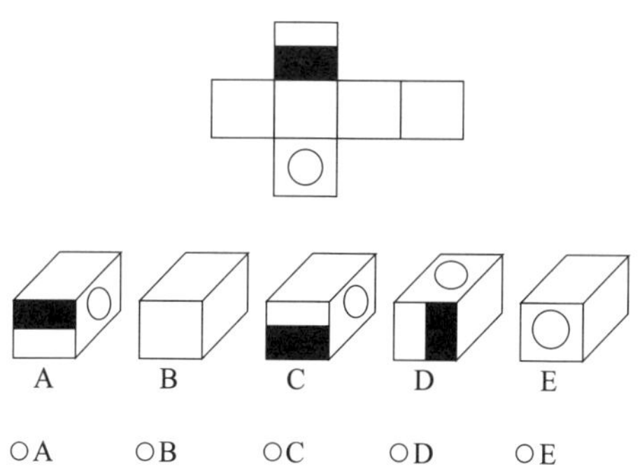

20. 将下图分解为 4 个形状相似的部分，使每一部分都含有下面的 5 种符号。

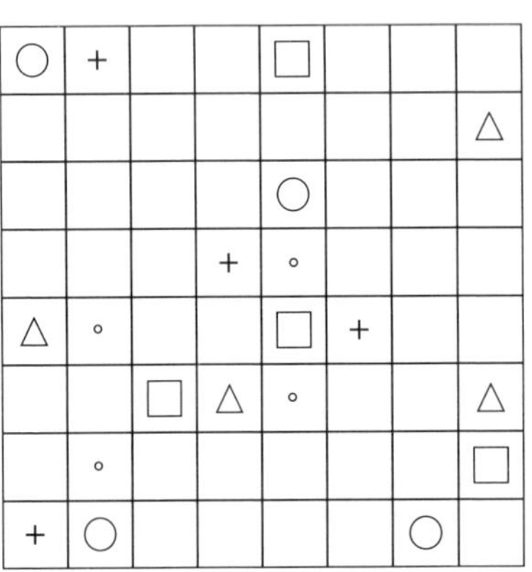

门萨智商入门测试题举例

其次是记忆力，我们也看到智商的测试和培养主要是专注短时记忆。但是儿童的记忆还有另外一个很重要的方面，就是长时的记忆。比如，你短时间内确实可以大量清楚地去吸取信息，但是还有一些“文化记忆”是通过阅读、背诵这种长时的方式来进行积累的。而智商是测试不出来这方面的记忆的，也是培养不出来的，因为它需要通过家长或者老师带着孩子，从小到大一点点去阅读各种各样的经典，去背诵各种大量的文学文本，在文化的海洋中进行潜移默化的熏陶。

另外在人类的记忆系统中还有一套隐藏得非常深的无意识记忆，比如说“原型”、心理结构，它涉及一个民族、一种传统的最深层记忆的形象或者结构。那么从这个方面来看，智商培养也是完全没有任何效力和结果的。

最后就是逻辑力。智商主要考察的是孩子归类的能力，即把不同东西、不同项目归类到一个大的系统里；还有就是排序的能力，即按照不同的方式把你看到的项目排序。但是在逻辑思维里还有更高级的能力，比如推理、判断、证明，这些能力单纯地通过智商的考察和培养是没有办法充分实现的。所以智商在培养孩子的思维能力方面是很有用的，但也具有很明显的局限性。

/“小问题”与“大问题”/

在思维能力培养方面，智商培养是目前非常重要、常见的一个开发儿童智力的手法，但是它存在四个主要问题。

第一，只重视方法，忽视目的。好像大家认为思维能力就是一种方法、一种步骤，小孩子学会这个步骤之后就可以解决各种各样的问题了。但是你没有想清楚人类为什么要拥有思维能力，为什么要掌握记忆、辨识、分类、概括的能力，人类掌握了思维能力之后要实现什么更大的目的？怎样去过一种充实有意义的生命，怎样学会与别人相处，怎样推进这个社会、世界向美好的方向发展？这是智商培养忽视的一个很重要的问题。

第二，只重科学，忽视人文。思维能力培养中的环节，像排序、分类、空间形象等等，基本上还是着重于自然科学、实证科学方面，但是还有其他很多思考的能力，比如说长时的文化记忆能力，并不单纯是自然科学能够完全提供的。

第三，也是最重要的，就是只见“局部”的“小问题”，不见

“整体”的“大问题”。在智商培养中，我们看到的是用各种各样的方法解决局部、细节的问题，却看不到我们的思想、思维可以导向更大的范围，可以解决日常生活中的各种争端，可以推动我们的人生和世界朝着好的方向发展。

第四，只是灌输知识，而不注重培养思考的能力。这种智商培养存在三个方面的危害：首先，没办法养成孩子价值判断的能力；其次，没办法提升孩子意义理解的能力；最后，没办法拓展孩子对话沟通的能力。

这些问题会影响对智商的培养。第一，很多时候智商培养都只是给孩子提供一种思维的方法，但是忘记了在孩子的生活中更重要的是价值判断，也就是关于善恶、美丑、是非的判断。第二，不能提升孩子对这个世界、对人生意义的理解。我们看到的都是局部的一些小问题，而没有看到这些局部是如何构成一个整体，如何趋向一个更大的目的的。第三，把思维仅仅当成是一种技术，忘记了其实思想是人和人之间连接的一种重要纽带和途径。我们学习思考，提升自己思想的能力，是为了更好地表达自己的想法，然后在人和人之间形成一种良好的沟通与对话。当我们去证明、去辩护、去反驳的时候，并不是为了证明自己有多聪明或者说自己的智力有多高超。相反，我们发挥自己思想的能力是为了把这个世界凝结成一个整体，是为了把我们的生活和社会变得更美好。

什么是“为了孩子的哲学”？

哲学中我们经常会提到“思考”这个词，它涉及的就是大问题。思维与思考最重要的区别是，思维关注局部、细节、具体，但是思考会把人的思想带到一个更高的价值层次，所以它关注的是那些宏大的问题。哲学的入门书里有一本美国学者罗伯特·所罗门写的哲学导论《大问题：简明哲学导论》值得一读。

提到大问题，大家总是觉得是留给哲学家去想的问题。那些抽象的、放之四海而皆准的真理，好像只有哲学家才有资格或者才有兴趣、有闲工夫去关注。但是不要忘记，这些大问题其实恰恰是跟我们小小的生活、小小的生命紧密联系在一起的。当我们仅仅关注小的方面的时候，可能就忽视了在生命中还有一些大的问题始终贯穿在里面。或许，只有当我们去真正理解了“大问题”的时候，才能够更好地去过“小生活”。

/“综合”与“正名”/

有两个与思考相关的重要能力，一个是“综合”，一个是“正名”。“正名”是孔子提出的观点，“综合”是德国哲学家康德提出的观点。当然，哲学思考有很多的方法与维度，但“综合”和“正名”是比较鲜明、有代表性的。

康德讲的“综合”主要包含两个重点：一是划界，二是奠基。哲学是对人类思维的一种反思和反省，看起来它跟现实世界没有什么直接的联系，但是它强调人类的思想应该对自身的合理性、合法性，对它的基础、边界、系统性提供一种清醒的反思。

所以康德在《纯粹理性批判》即“第一批判”里，提出哲学或者他所认为的批判哲学最重要的一点就是“划界”，即把这个世界中可以认识的和不可认识的范围，划清一条界线。第二点就是奠基，即理性必须为自己提供一个基础，必须为自己提供一个辩护，最终才能达到“普遍”（universal）、“绝对”（absolute）的真理。所以康德哲学强调的能力，跟前文提到智商测试里所看到的能力是完全不一样的。在智商的培养方面，我们看到的是短时记忆，是分类的能力，是排序、总结的能力。但是在康德这里，他更加强调的是一种理性的、整体的，反思、划界、奠基的能力。而只有通过哲学的培养，阅读哲学经典著作，或者跟着老师系统学习哲学史才能够达到这种状态并得到提升。

另一个方面，是孔子非常有名的一个概念，叫作“正名”。孔子在《论语》里面有一句著名的话：“名不正，则言不顺。言不顺，则事不成。事不成，则礼乐不兴。”这是一个很重要的推演关系。“正名”里的“名”主要指的是名分，涉及社会的等级关系。但是我们更强调的是，“名”也可以被视作一种普遍的概念，它尤其体现出人的抽象思考的能力，即我们能够用概念、演绎、论证去一点点地接近那些大问题。所以，孔子这句话也可以被转义地理解为，当我们拥有了思考大问题的能力，当我们可以去概括、去抽象思考的时候，我们的语言才能够通顺，语言通顺才能更好地做成事情。做成事情最终是为了整个社会和国家的“礼乐”兴盛，进而趋向一种美妙的、合乎德性的、合乎善的秩序。

我们之所以说哲学重要，主要因为它是人类思想对自身的一种奠基和划界。另外，学习哲学能够把我们带上更高的境界，能够把我们的社会和生活带向更高的目的，所以它并不单纯是一种思维的能力，而是一种思想的境界。思维能力通过智商的培训学习是可以提升的，但是思考能力却只有通过哲学的学习才能够进一步提升。

/ P4C——为了孩子的哲学 /

南京的泰晤士学校推出的 P4C（Philosophy for Children，儿童哲学）一系列课程，让我们欣喜地看到在基础教育阶段已经有很多先行者开始做非常深刻、全面的儿童哲学教育方面的尝试。

P4C 其实在国外很早就兴起了，它在 20 世纪 70 年代由马修·李普曼（Matthew Lipman，美国哲学家、新泽西蒙特克利尔州立大学教授）创立。P4C 一方面强调的是 for children，即为了孩子，另外它强调的是人思维的四个方面，四个英文单词都以 c 开头，即创造性（creative）思维、批判性（critical）思维、关怀性（caring）思维、合作性（collaborative）思维。

这跟我们之前看到的单纯的思维能力非常不一样，它涉及创造性方面、批判性方面、反思的方面及关怀与合作，强调哲学的最终目的并不仅仅是为了解决一些具体的细节问题，更重要的是建立一种社会秩序，去连接人和人之间的思想和心灵。大家可以在网上找一些 P4C 课程的资料，体验一下通过哲学思辨去建立彼此沟通与对话的能力。

该课程主要体现三个优点，与前面强调的哲学思想的“正名”和“综合”有非常密切的关系。

第一个优点是关心大问题

P4C 有不同的课程设计，比如有一个课程设计涉及 5 个层级，问题的设计从低到高、从具体到抽象，是逐步深入的。

第一级提出的两个问题是：我和别人一样吗？我跟别人有哪些不同？在社会里面，我们对自己的观察，对别人的观察，首先是通过一种对比、对照的方式来展开的。这跟单纯的智商测试不一样，在智商测试里我们面对的并不是活生生的人，而是各种各样的符号、形象、几何和数学的东西。但是真正的哲学问题，就像苏格拉底在雅典城邦里面一样，面对的是活生生的青年，是生活，是当下各种焦点和问题。所以这个课程设计从一年级开始，就是要学生学会在社会里，观察我们跟别人之间的相似之处和差异性。

第二级的问题就进一步提升了：我可以跟别人不一样吗？我想成为其他人，可以吗？在这里出现一个新的问题，一个新的哲学概念，那就是自由。小孩子慢慢会看到，“我”跟别人之间最大的相似点，就是“我们”其实都有自由，我们可以选择不同的东西，可以去做自己想要做的事情，所以自由好像是每一个个体都很重要的特征，是别人没有办法剥夺的。

第三级，进一步提出了这样的问题：我们能与不同的人和平相处吗？我们会不会仅仅因为别人的外表而不喜欢他？这个问题又得到了提升，它涉及的是如果每个人都是自由的话，那么人与人之间就会发生各种各样的问题，有矛盾、有冲突、有不能和平相处的时候，这个时候我们怎么去解决问题？我们怎样去忍受、接受别人的自由？既然我自己是自由的，那么身边所有的人也都应该是自由的，那么不同的自由的人之间怎样形成一个平等互通的纽带？

到了第四级，这个问题就提升到：差异有什么好处？差异可能会导致什么问题？我们如何解决差异产生的冲突？在一个秩序良好的社会，大家会认为每个人都是自由的，每个自由的人之间是有着非常大的个性差异的，所以我们这个社会的基础不应该是同一、均一的，而是建立在差异基础之上的一种平等、开放的关联。

第五级提出了这样一个问题：我们能够像对待人类那样对待动物吗？这个世界有哪些不同？所以这个问题直接上升到一个非常宏大的境界。第一级的时候我们还是在观察身边的人，比如说我是一个小孩子，我观察我的同学、父母、亲人、朋友。但是到第五级的时候，我就开始观察人类之外的那些生物、人类之外的更大世界甚至是宇宙。这就是哲学思维的培养，从我们的生活出发，一点点地提升思维层次，然后触及终极的大问题。

第二个优点是，这个课程体现出哲学的一个核心方法——辩证法，也叫苏格拉底反诘法（Socratic Method）

柏拉图在记录苏格拉底思想时的哲学写作方式非常有特点。我们今天看到的哲学书就只是一行一行黑压压的字，但是在柏拉图的著作里我们看到的，就是活生生的一场场戏剧和对话。苏格拉底会提出问题，然后追问对方，把对方逼到死角，一点点地引导他的对话者得出一个合理的哲学结论。

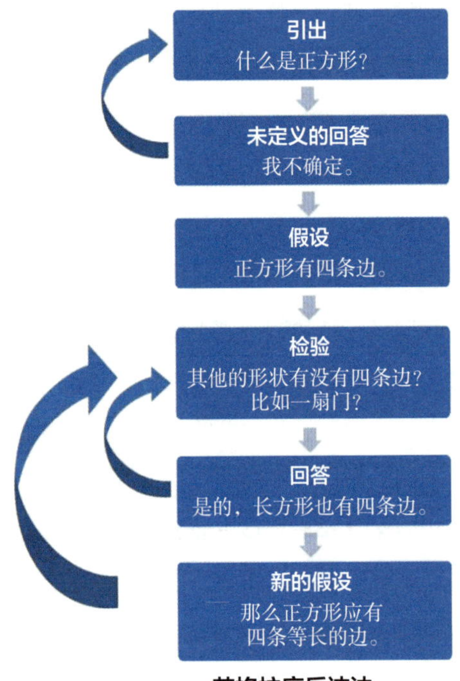

苏格拉底反诘法

大家可以看到，图中这种方法就是从一个具体的问题出发，先是提出问题：什么是正方形？这时会有两种可能的回答。一个可能就是孩子已经知道答案了，那么就不必再继续问，也不存在“反诘”的必要。但还有一种更常见的可能，是孩子承认不知道答案。这是一个未定义的回答，由此就有必要向下推进了。老师就先提出假设（注意是假设，而不是上来给出现成的答案），一点点引导孩子自己向前去探索。老师提出的假设，要点是让孩子把心灵中的一些懵懂的潜在预设提出来，比如老师会说：正方形有四条边。但仅仅有假设还不够，因为要检验假设是不是成立。然后我们进一步在这个基础上提出新的假设：正方形除了有四条边，它的四条边还具有一个基本的关系，就是这四条边是等长的。于是进入一系列新的循环，假设、检验、回答，再回到假设。这就是对苏格拉底的对话法或者叫辩证法的很好运用，从一个具体的问题入手，慢慢地引导孩子形成一个非常良好的思想秩序。注意是思想秩序，而不仅仅是思维的技巧，因为这个思想秩序可以贯穿于你的举手投足中，甚至人生的各个方面，可以引导你去解决那些宏大的问题，这是哲学思想培养的重要意义。

第三个优点是，能够给孩子提供价值和意义方面的引导

上文也提到，智商培养的一个最重要问题就是价值缺失，不能让孩子理解世界与人生的意义。但是我们看到在 P4C 的课程示例里，一开始就从认识自我入手，回答的问题是：我是谁？我喜欢自己吗？我跟别人一样吗？然后上升到：长大意味着什么？我为什么要上学？什么时候我才能够不被当成一个小孩？第一个问题只涉及具体的描述，比如我是谁——我是一个孩子，我是什么样的年龄，我上什么样的学校；但是到了第二个层次，涉及的就是价值了。长大意味着什么？我的身份意味着什么？上学对我来说的意义到底是什么？到第三个层次，涉及的就是道德了，比如老师可以进一步追问孩子：我可以撒谎吗？什么是对？什么是错？

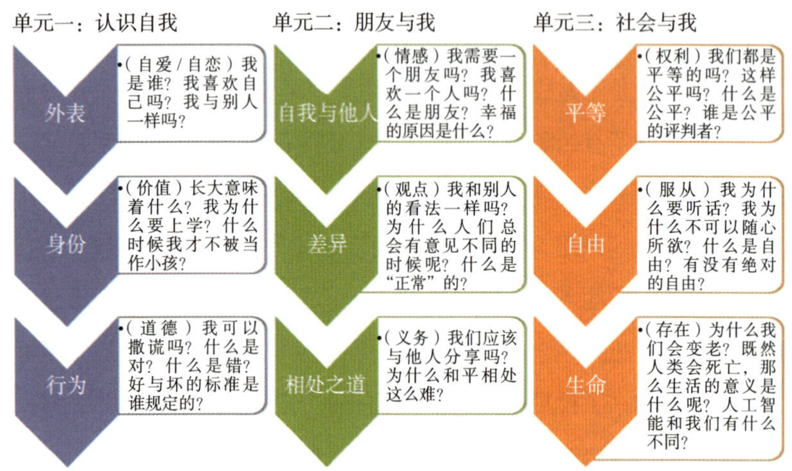

P4C 课程内容示例

大家可能以为，在小学时，这种价值观方面的课程都是在思想品德课上教的，好像跟知识的学习是分开的，而且思想品德课也不在高考范围内，好像也不是什么重要的东西。但是当我们去看 P4C 这个课程设计的时候，就会看到，它把知识的学习、思维的培养跟价值、意义贯穿在一起，从具体的方面一点点地引导孩子进行更大的价值判断，以及在更高的层面对世界、对人生的意义进行理解。

包括在单元二里它涉及友谊的关系，单元三里它涉及社会性的关系，最后问：我们为什么会变老？为什么会死亡？这些好像是大人都不敢或者不想去问的问题，但是孩子已经在 P4C 的课程里触及这些问题了。让孩子在很小的阶段就接触这些大问题，是非常有益处的，对他们的人生、以后的学习来说都会有巨大的帮助。

实际上，这样一个课程不应该仅仅停留在学校或者培训班之中，而是应该更好地跟我们的日常生活结合在一起。不能让孩子离开这个课堂之后，就觉得哲学跟生活没有关系了。相反，家长应该更好地去理解这套课程，跟孩子之间创造出更多的联系。

最重要的两个“大问题”是什么？

/ P4C 并非尽善尽美 /

哲学家的工作往往就是进行反思批判，甚至有的时候一些批判是尖锐的、刺耳的。我个人认为这个课程还存在以下四个方面的问题。

第一，总体来说，它还是一套欧美的框架，缺乏中国文化的背景，当然这也是大家对国际学校经常会有的一个批判性视角。不过也有人会说，哲学思维本来就是中国文化里欠缺的，就像我们专业研究哲学的人也经常在讨论“中国到底有没有哲学”。所以对哲学思维的培养可能本来就是中国文化传统里面需要去补充的一个环节。

在此，我想重点强调的是，如果中国以后要推广或者说进一步深化儿童哲学教育，那么中国文化的背景、民族感、传统感是一定要考虑进去的。尽管哲学追问的是大问题，但这个大问题必须要跟小的生活、小的个体紧密地联系在一起，因此，如果单纯地把一套国外现成的哲学教育课程搬进来，让中国孩子去学，甚至把它当成哲学奥林匹克的项目，好像哲学又变成了一种冷冰冰、抽象、僵死的东西，而没有变成活生生的能够跟每个孩子的生命结合在一起的东西。不要忘记，我们要思考这个世界的目的和意义，就是为了重新去理解这个世界，或者最终建立起人和人之间的良好、和谐、有序的关系。所以从这个意义上来说，民族传统文化的背景是不应该缺失的，当然具体怎么去做还需要进一步探讨。

第二，这套课程还是太过抽象，不太贴近儿童生活的现实，这跟第一点是密切联系的。其实我们看到，在课程里讨论了很多当代哲学中的经典思想实验，但是思想实验能不能够真正取代儿童在生活里面的那些困惑、问题？其实如果真的有儿童哲学的教育，也许成人应该像马修斯这样的学者那样真正进入生活里，去贴近孩子们自己的困惑，让他们去表达自己，去传达自己对生命、对世界的一些疑惑，然后从这个起点出发，进一步引导孩子上升到抽象、普遍的大问题。

第三，这套课程有自己的条条框框，它的课程设计是非常完备的，但可能也正因为太完备而忽视一个问题，其实哲学思想也是一个具有内在生命的运动。就像大家如果读过一些哲学原著的话——不论是柏拉图、亚里士多德，还是黑格尔、海德格尔、梅洛－庞蒂——你都会觉得每个哲学家都有一个完整的世界，他们的每一本经典著作都体现出他们的生命特征，他们生命的深度、厚度和温度。所以，单纯地用一套非常普遍化、形式化的课程框架，未必能够揭示哲学思想的真意。因此，我们建议在儿童哲学的教育中还是应该以研读经典为主，由老师带着孩子真正地一点点进入哲学思维的殿堂中，而并不仅仅把它当成一套现成的课程规划体系。

第四，这套课程还是太过“课程”，不够“生活”。在这个意义上可以引用法国学者皮埃尔·阿多（Pierre Hadot，法国当代哲学家）的一句话，也是福柯提到过的，就是哲学应该作为一种生活方式（a way of life），而不仅仅是作为知识体系里面的一个门类。

20 世纪下半叶的法国哲学里面有很多关于将哲学作为生活方式的讨论，除了阿多的著作，还有一个比较重要的来源就是法国哲学大师米歇尔·福柯晚期的一系列著作，尤其是他在法兰西学院的演讲《说真话的勇气》。其中，他结合古希腊各种哲学流派，提到哲学教师跟哲学学生之间是如何以哲学对话的方式建立起来的一种共同生存的实验，他们相互倾听，相互理解，乃至相互改变。这是非常重要的。

有人会问为什么法国哲学教育这么发达，但是像 P4C 这种比较完备的儿童哲学教育体系却来自美国？我认为正是因为法国的哲学教育是在非常自由、开放的氛围中进行的，因此它不能够被大纲化、体系化、学科化、培训化。以后中国的儿童哲学教育更应强调老师作为一个真理的倾听者、对话者，而不仅仅作为一个培训者、指导者，老师要跟孩子之间有一种生活和生命上的互动。那么哲学老师跟哲学学生之间的关系，其实也可以非常完美地转换到日常生活中，尤其是作为家长跟孩子之间以哲学的方式建立起来的那种对话跟互动，这是亲子之间很理想的一个纽带和媒介。在日常生活中，我们好像下了班回家以后就不知道应该跟孩子怎么交流了，孩子去看动漫或者自己画画、读书，而我们自己生活里的一些困惑和问题也根本不可能跟孩子沟通。而哲学或许就会是一个非常好的纽带。那些你觉得非常大的问题，比如自由、生死、他人、友谊，恰恰可以通过一些课程，通过一些故事来跟孩子一起探讨、分享，这就是落实“哲学作为生活方式”的一个实验和尝试。

从“世界是什么？”到“我是谁？”

哲学有两个终极大问题：一个是“世界是什么？”这叫作本体论问题，英文就是“What is there?”即存在着什么？世界哪些东西可以说是真实存在的？“存在”（to be）在什么意义上是可以从哲学上去阐释、去界定的？另一个就是“我是谁”（Who am I?），这个叫作生存论问题。

在这里有一个范围的转化，从外部的世界回归到自我的内在世界，有一个从外到内、从对象到主体、从本体论到生存论的一个鲜明转化，这大致也是哲学史发展的一个线索。西方哲学史一开始追问的问题就是世界是什么，即关注的是外部世界。所以苏格拉底之前的自然哲学家给出的哲学命题经常是：世界的本源是水，是气，是火。然后到苏格拉底时，他才提出“认识你自己”。将关注的重点一点点从外部的世界回归到对人的自我、内心世界的探索。

所以无论是家长还是老师，对孩子的哲学教育跟启蒙也应该遵循这样的一种次序。很多哲学读本一上来就让孩子去追问“自我是什么”，进行内心反省，其实是本末倒置了，甚至有点残酷了，因为孩子连外部世界都还没有了解，都还不明白这个世界各种各样的形态和规律——从物理到生理再到心理，从个体到群体再到社会和国家——你就让孩子追问自我是什么，自我在世界之中的定位，这显然是有一点迷失和错置了。

从孩子的角度来说，建议哲学教育应该遵循哲学史的次序，首先追问世界是什么，然后开始学习各个门类的知识，了解自然科学和人文知识，了解历史和文化。此后上升到第二个阶段——学习道理，道理是比知识更高一级的层次，就是普遍的、打通不同知识学科体系的一些原理。最高层级的是哲理，就是世界的终极原理和本源，比如物质的原理、心理的原理、生命的原理。这是第一个方面，对于孩子的哲学教育应该从“世界是什么”本体论的问题来入手。

如果机会成熟，或者说孩子领悟能力比较高，就可以一点点引导他到第二个大问题，也就是“我是谁”的生存论的问题。在西方哲学传统里，关于生存论的问题有各种著名的哲学表达，比如说，最早是苏格拉底的“认识你自己”，然后是近代的法国哲学家笛卡儿提出的“我思故我在”，还有20世纪著名法国哲学家萨特提出的“存在先于本质”，等等，这些其实都是人对自己的一种非常深刻甚至尖锐的反省。我们可以把这些哲学资源一点点带到孩子的生活之中，让他对自己，对“我是谁”有一个清晰的反省和回答。

当然，本体论和生存论、追问世界和反省自我，并不是割裂和分离的两个阶段，完全可以彼此贯穿，形成呼应。在探索知识的过程之中，孩子已经开始领悟自我在宇宙之中的位置，但在反思自我的过程中，他也同样会明白自我与他人、自我与世界的深刻关联。这样一种平衡和贯穿的艺术也是儿童哲学教育中比较重要的方面。

与孩子进行哲学对话很难吗？

上文阐述了哲学的两个大问题：世界是什么与我是谁。这两个大问题的理论性比较强，下面我们回到生活中，谈谈如何跟孩子进行哲学对话。这些对话是围绕很多的具体活动展开的，比如一起读书，一起游戏，一起看动漫，甚至一起创作视频。

很多儿童哲学教育里面都会提到“哲学始于惊奇”的命题。惊奇，是很重要的一个起点，我们在哲学教育里面一定要激发孩子对世界、对自我的探索的惊奇感，不论是读书，还是一起玩游戏、看动漫，都要在互动中培养自己与孩子之间的一种互相激发的关系。其实孩子对世界的好奇是慢慢培养、慢慢激发出来的，不是一开始就有的。他可能一开始只是沉迷在自己的小世界里，眼睛里就是自己的一些爱好、习惯，你想让他对大问题，对世界、对他人、对人生产生一些好奇的兴趣，家长还是需要做一番努力的。

那么如何跟孩子进行哲学对话呢？首先，时间的选择很关键。有的家长从幼儿园开始就跟孩子读哲学的启蒙书，其实效果并不是很好，可能会产生拔苗助长的效果。从小学开始比较好，尤其从二年级、三年级开始，因为这时候孩子的思维能力比较成熟了，然后才能够一点点把他带向思想的初阶层次。当他开始得心应手地思考小问题的时候，才能够慢慢地把他引导到对大问题的关注和思考上面。从思维到思考，从小问题到大问题，应该一步步地走，一点点提升。还没有学会跑，就让他去飞，是不值得推荐的。

其次，对孩子的哲学教育不应该离孩子的生活太远，应该从生活中的细节入手。建议从孩子们的困惑、感悟、体验出发，理解他们的生命，慢慢地从具体的问题引导他们思索大问题。还应该注意的一点就是，每个孩子其实都是一个独立的世界，哲学教育尤其应该避免的就是“一刀切”。以为拿一本哲学启蒙的入门教材，无论是法国的还是中国的，就可以套用在所有孩子身上，这一点是完全错误的。而应该从发现孩子自身的独特性入手，然后从他关注的问题和他的各种人生困惑入手，慢慢地去进行引导。

最后，关于如何去教。建议以哲学史为基础，尤其是以西方两千年的哲学史发展为基础，要交代给孩子那些重要的命题、基本的概念，然后引导他阅读那些经典的哲学著作，尤其是比较复杂的哲学论证。从这个方面来说，选一套好的教材就比较重要，可以看马修斯的书，还有“思考的魅力”系列书。下面我就谈谈如何与孩子一起读哲学著作。

四个步骤与孩子谈谈“快乐”

马修斯的《与儿童对话》中有不少重要的哲学主题，第一个就是快乐。从快乐入手比较容易拉近跟孩子之间的距离，因为孩子们虽然也有一些迷茫，也有一些痛苦，但是总体来说他们的人生还是无忧无虑的，快乐对于他们来说是一个比较容易入手的出发点。快乐这一章以一个非常有意思的故事开始，讲的是男孩弗雷迪和女孩艾丽斯的一场具有哲学意味的对话。弗雷迪说：“格蒂姑妈的花又快乐起来了。”小男孩觉得花开得这么艳丽，活泼生动，有一种快乐的感觉。然后艾丽斯就马上反驳说："花不会快乐，格蒂姑妈喜欢把花当作人一样，对着它们说话，可是它们根本没有感觉，它们不会口渴、伤心或快乐。"弗雷迪有点失望，他好像之前很相信格蒂姑妈的话，就问妈妈："真的是这样吗？"他的妈妈也觉得很困惑，说："你最好去问格蒂姑妈。"这是一个开始，非常好地引导了一个问题。

我跟女儿读完这段话之后，女儿就觉得这不是一个问题，她觉得花也好人也好，其实都可以快乐，为什么一定要说花没有人的感觉？接下来我就跟她一起读格蒂姑妈跟弗雷迪的对话，就逐渐进入一种哲学思考的境界了。

怎么引导孩子进行哲学思考，这本书给出了一个非常好的典型的案例，具体有四个步骤：第一步是提出问题，提出那些虽然不是很大，但确实很令人困惑的问题。第二步是进行辩难。提出问题之后孩子会给出一些回答，但是你要反驳他，指出他的论证之中站不住脚的地方，然后进一步引导他看到新的假设，进行新的论证。第三步是给出经典的哲学论证。在提出问题、进行辩难之后，要给出在哲学史上那些大哲学家对这些大问题的一些初步回答，这些都是必要的背景。第四步是要把哲学史的内容跟孩子自己的生活联系在一起，让他从哲学的角度好好地反思一下，他的生活里到底有哪些东西可以跟这些哲理联系起来。这也是我和孩子一起读弗雷迪跟姑妈对话的时候，慢慢引导她去做的，即体会四个步骤的哲学对话。

第一步，弗雷迪去问姑妈："格蒂姑妈，我们怎么能知道菊花快不快乐呢？"然后格蒂姑妈说："你今天没见到它们吗？它们的脸抬得好高，还对我们笑呢！"这就涉及一个问题，你判断一个人或者一个事物快不快乐，其实是从外部、从外表来入手的，你会觉得一个快乐的人的表情是快乐的，一朵快乐的花的外在表现也是快乐的，它的颜色是鲜艳的，是迎风招展的。那么快乐是不是仅仅是一种表面的现象，仅仅是表达出来的外面看得到的东西？如果是这样的话，我们也可以说花跟人一样是可以快乐的，因为它们都有一个快乐的外表。

但是接下去第二步格蒂姑妈就进行辩难了。她说，仅仅把花跟人进行类比还不够，因为人跟花有一个最大的区别，就是人有一个内心的世界，人并不仅仅是外表能表现出快乐，而且可以在内心世界里面感觉到快乐。人有体验，有情感，甚至有更高的灵魂和精神，而花有这些吗？花好像只是在那边花枝招展，虽然它表现出来是快乐的，但是它真的有一个内心，会在那里感觉吗？这是格蒂姑妈的一个辩难。

到了第三步，格蒂姑妈就引入亚里士多德关于快乐的讨论。亚里士多德对快乐的讨论也是从这个角度入手的，即快乐到底是一种感觉还是一种精神的追求？快乐是一种肤浅的感觉，还是体现出一种人格的、向上的、精神的力量？马修斯在书中引用亚里士多德在《尼各马可伦理学》一书中非常经典的一个命题，即“快乐就是自我实现”。他说：“你的快乐只是做你正在做的事情而已，那是种心里拥有的快乐。”表面上的那些快乐可能仅仅是肤浅的，是暂时的，是昙花一现、转瞬即逝的，但是内心的快乐，当你用心灵去追求一个目的，当你不断地去实现自我、培育德行的时候，你感觉到的快乐是充实的，是真正有目的的，是可以被实现出来的，这是第三步。

而第四步，马修斯就进一步从哲学的道理和原理，落实到孩子们的日常生活里面。弗雷迪实际上也听不懂亚里士多德的哲学原理，但是他从格蒂姑妈的话里面领悟出来的，确实是古希腊人的深刻哲理。然后他就回忆起自己最快乐的经历，就是在圣诞夜参加唱诗班的合唱，那个时候他会觉得自己汇入一个大的整体中，然后发出自己美妙的声音，人和人之间形成一个和谐的、美妙的、完美的精神世界。所以真正的快乐就是自我实现，是人和人之间形成的一种最高层次的精神沟通。

此时，孩子会有一些触动，当然这种触动跟我们大人的触动是不一样的。当我们读到亚里士多德的时候，会觉得自己的人生有了一个诠释，或者得到了某种意义，但孩子会觉得他的快乐可以有一个更好的方向去推进，比如明天打起十二分的精神，背起小书包去上学，去参加合唱团；比如她若喜欢跳舞，然后她每次跳舞的时候都会觉得自己是在“自我实现”。

这本书带给我非常大的收获，而且这个收获并不仅仅是阅读上的一些感悟，而且是哲学思考上的提升，因为我们是按照四个步骤进行的：通过从问题，到辩难，到哲学的基本原理，再到认识自己生活的体验。这是一点点、一步步向上进行的运动，而且是精神的运动，从思维到思想，从小问题到大问题。

家长陪孩子读这本书时要有代入感，让孩子跟你进行一番哲学的辩论，比如你自己就扮演姑妈或者其他长辈，然后一起谈论一个日常生活里面的哲学现象，或者令孩子感到困惑的生命现象，再慢慢引导他们一点点进行哲学思维训练。

玩游戏也能激发孩子思索哲学？

上文讲了跟儿童进行对话时的四个步骤：提出问题，进行辩难，援引理论，引发反思。下面就介绍“思考的魅力”这套书。我自己和孩子非常喜欢这套书，有一段时间我们每天晚上睡前都一起读这套书，这也成为我们非常难忘的经历。也希望大家可以跟孩子一起尝试着在睡前进行一番哲学的对话，也许能更有利于入睡……

/跟孩子谈谈“自由”/

我的孩子非常喜欢“思考的魅力”系列中的一本关于“自由”的书《什么是真正的自由》，因为她自己就是一个非常有个性、很叛逆的小女孩。我们读马修斯那本书的时候，她其实没什么太深的感触，因为说起快乐，她其实一直很快乐，也不觉得人的快乐跟花的快乐有什么区别。但是她自己经常会向大人提这样一个问题：为什么我不能做自己想做的事情？比如我想一直玩这个玩具，为什么就要停下来去做作业，或者去吃饭？这个问题对她来说是非常重要的，是她自己生命里面的困惑。这看起来是一个小问题，但是我想从这些小问题出发，去引导孩子思考那些大问题。这个小问题是我们一起读这本书的起点，就是什么是真正的自由，为什么每个人不能随心所欲地想做什么就做什么。

从这个问题出发，我们进行的第一个辩难就是：自由到底有没有条件和束缚？这本书里面讲了两个例子，一个是古罗马的皇帝恺撒，他创造了对于他自己而言前所未有的“绝对自由”。因为他是皇帝，拥有至高无上的权力，可以肆意按照自己的意愿行事而不会遭到任何反对。第二个例子是古罗马的另外一个皇帝尼禄，他可以说是恺撒的负面版本，他同样拥有无限的自由，但是如果有人胆敢违抗他的命令，就会被残忍地处死。

孩子读完这两个例子以后挺有触动，因为她觉得恺撒和尼禄虽然都拥有绝对自由，确实可以想做什么就做什么，看起来是一件非常好的事情，但是他们是自由了，他们身边那些被他们统治的人却被剥夺了自由，恺撒和尼禄的自由其实是建立在剥夺别人的自由基础上的，他们伤害了身边很多人，让他们不幸福，不快乐。简言之，如果从恺撒和尼禄自身的角度来说，可以启发孩子去想一想，他们真的那么快乐、自由吗？他们这种想做什么就做什么，为所欲为的意志真的就能够实现一种人生的幸福和意义吗？

书中还讲了另外一个故事，这也是柏拉图《理想国》里面的一个例子。有一个神话人物叫古阿斯，他在放羊的时候找到了一个地穴，里面有一枚魔戒，戴上这枚魔戒就可以成为隐形人。这样他到商店里面就可以戴上戒指，喜欢的玩具随便拿，这就是自由，他觉得非常开心。相信这个故事孩子们会非常喜欢，因为如果变成隐形人就可以穿梭于人群之中，想拿什么就拿什么，不会被别人发现。读这个故事时，我们可以启发孩子思考，这样你就真的实现了自己的人生意义吗？你自由了，你可以想买什么玩具就买什么玩具，你可以不付钱，你可以不学习，甚至可以天天睡觉，什么事情都不做，但是这样的自由真的是真实的、充实的，甚至是幸福与快乐的自由吗？

这本书还根据很多哲学原理，提出了绝对自由和相对自由的关系，一点点引导孩子去思索，怎样才能过一种真正自由的生活。这本书引用哲学史上的两段经典话语，一是法国哲学家卢梭很有名的一段话“人生而自由，却无往不在枷锁之中。自以为可以主宰一切的人，反而更像奴隶”。这就是我们说为什么没有绝对的自由，因为当你放任自己的自由意志，随心所欲地行动和选择的时候，其实你只是变成了自己意志的奴隶和傀儡，你并没有意识到自己真正的力量、真正的潜能在哪里，同时你也伤害了你身边的人。

这本书随后又引用了法国哲学家西蒙娜·薇依的一段话——“除了思考的能力，人类几乎没有什么东西是完全属于自己的…… 世界上没有任何东西可以强迫一个人去思考，也没法阻止他不去思考”。所以在这个意义上，在人身上真正能够实现自由、引导自由的就是思考的能力。只有思考才能够实现人生的自由，才能够实现幸福。

我跟孩子就这本书反反复复读了很多遍，她很喜欢。读到最后，她会觉得自己一些随心所欲的行为常常会伤害其他人，比如上课随便说话，拿同桌的橡皮会被老师批评，当然批评还是小事，更严重的是她剥夺了其他同学幸福地学习或者玩自己橡皮的权利。此外，当讲到思考的能力的时候，孩子是最有触动的。因为她知道在自己身上有各种各样的能力，比如她喜欢画画，喜欢跳舞，还喜欢看动漫，喜欢自己编故事，这些能力别人也可以有，但是她觉得在她身上有一种东西却是其他人没有办法剥夺的，甚至没法去遮蔽的，就是思想。她可以主动地想那些大问题，然后主动地进行选择，这是别人没法替代的工作。

读这套书时，我始终反复引导孩子去想：在你身上到底什么东西是最宝贵的？是感情，是欲望，是感觉，还是思考的能力？如果思考的能力很重要的话，那么除了哲学，在这个世界上好像就没有什么东西能够教会你真正思考的能力了。她从此就对哲学有了非常浓厚的兴趣，当然她对哲学的兴趣很早已经开始了，因为她也是我的课程“姜人生哲学到底”最早的一批听众之一，听了以后她还成为我的“忠实粉丝”。

/在游戏中认识“失去”与“美”/

我跟孩子在一起的时间虽然不是很多，但是跟她在一起总是很快乐，因为她总是能够发明出很多让我眼前一亮的活动。比如我们一起玩游戏的时候，也会有很多心得。很多家长会认为小孩子玩游戏就是浪费时间，更多的时间应该去上培训班，但其实跟孩子一起玩电子游戏是一个非常好的培养彼此感情，提升思维能力的契机。

比如我自己很喜欢玩一个游戏《纪念碑谷》，里面有很多益智的内容，我女儿也很喜欢，很多时候我就跟她一起玩。在玩这个游戏的时候，每个人可能有不同的切入点，游戏里面有很多谜题，很多家长因为探索解谜而喜欢跟孩子玩，比如朝不同的方向翻砖头，把空间逆转以后，你会发现一个别有洞天的方向和维度，但这仅仅是思维方面的。玩电子游戏可以提升智商，就像玩乐高可以培养孩子的空间排序、分类的能力，这是很重要的。但是在游戏中还可以进行哲学的对话。在这个游戏中，女孩不断穿越这个世界，穿越各种各样的迷宫，就是为了重新找到她的母亲，重新跟她在一起。这是一个非常深刻的哲学命题“失去”（loss）。对这一点很多人是有共鸣的。大家会觉得，人生中最重要的就是积累财富，积累名望，然后取得成功，在社会的台阶上爬得越来越高，越来越有地位。其实你会发现，人生中你时时刻刻面对的就是不断失去的境地，没有什么东西是你死后能够带走的，你每一分钟、每一刻都在失去。

在玩这个游戏的时候，可以借机跟孩子说，你跟爸爸妈妈是不可能永生永世在一起的，你要去探寻自己的人生，当爸爸妈妈有一天离开你时，你要独自去面对这个世界，但是我们曾经在这个世界上一起思考过，分享过一段人生。所以这个游戏是非常好的跟孩子一起探索生和死的意义、人生的目的及心灵的境界的一个契机。

我和孩子还进行过很多有趣的活动。比如她喜欢玩 iPad，里面有个功能是自拍视频，她就拍了很多玩玩具的视频。她喜欢的一个玩偶系列叫“拉布布”，“拉布布”有一个盲盒“森林音乐会”，她拆了不少。但是我认为她玩这个游戏有点浪费时间，一是很多时候拆到的是相同的，二是游戏玩法就是假装一个玩偶跟另外一个玩偶说话：“你今天穿的连衣裙好漂亮。”“我们一起到哪里去吃个冰激凌吧？”

我觉得这样没什么意思，就想能不能用哲学的方式把孩子无聊的生活进行转化和提升。于是我就想，里面的人物可不可以扮演苏格拉底跟雅典的青年，我们可以跟孩子探讨一些哲学问题，比如我们就从衣服的颜色出发来讨论：你认为美是什么？我觉得“你的衣服很美”，但是旁边拉小提琴的玩偶会觉得“你这衣服丑死了”。为什么对于同一个对象，不同人会有不同的美的判断和体验？我们后来拍了一期视频，标题就叫“宅少女的哲学日常”，因为她就喜欢叫自己“宅少女”，她真的很宅，跟我一样喜欢在那里玩游戏、画画、看书。所以她拍了这个视频，然后我们就进行了一场关于“美是什么”的哲学对话，非常有意思。

在这场对话中，我重点引用了柏拉图关于美的一个论证，就是在《大希庇阿斯篇》里面关于美的几个步骤的论证：先从美的具体事物入手，然后上升到美的本质、美的理念，一步步地深化探讨。她就明白了，为什么她玩这个游戏有点无聊，有点肤浅，因为美是有境界、有层次的。如果单纯只是喜欢吃冰激凌、穿漂亮服装，这还只是比较肤浅、比较初步的层次，真正的美应该将人带向更高的精神层次。比如，虽然拉大提琴的小男孩穿的衣服不好看，但是他们精神很美，能够在森林里奏出非常美妙的音乐，让大家聚集在一起，形成一个节日，形成一种精神沟通。说到底，美并不仅仅是一个具体的东西，美应该是一种理想，是大家可以一起去分享，一起去创造的。所以我们的生活里面不能没有美，不能因为你必须要穿美的衣服去打动别人，而是因为美最终能拯救这个世界，是实现这个世界理想的重要精神途径。

拍完这个视频以后，我自己对柏拉图的对话也多了一些深刻理解，同时也通过这些对话，引导孩子从无聊的日常生活状态提升到一个哲学启蒙、哲学领悟的境界。当然也许谈不上是境界，但是确实觉得跟孩子在一起成长了。通过哲学的方式，家长和孩子可以一起成长，进入彼此的生命和生活中，从这个角度来看，哲学是有意义的。跟孩子一起去探索智慧，探索真理，一起在路上，哲学就是有“效用”的，是真实的，是跟我们的生命结合在一起的。

第六讲

阅读力：

通过绘本共读，让孩子闪光

陈赛

《三联生活周刊》资深主笔，童书书评人

越来越多的中国父母已经开始意识到亲子共读的意义，尤其在 6 岁以前，每天抽出 10 分钟与孩子共读，是对儿童教育的最好支持方式之一。《三联生活周刊》资深主笔陈赛，将结合她多年对国内外童书作家的采访、研究，以及亲子共读的个人经验，同大家特别探讨儿童阅读这个话题。希望本文能带给大家更多的启发和思考，尤其是在亲子陪伴中，家长能够更好地利用阅读这一种方式，为孩子的将来打下坚实、深远的基础。

为什么和孩子一起读童书？

伴随着 6 年前孩子的出生，我对童书产生了浓厚兴趣，并在《三联生活周刊》上开设了一个有关童书的专栏，几年来采访了国内外的很多童书作家，也出了自己的评论集《关于人生，我所知道的一切都来自童书》[①]。首先我想来聊聊为什么要和孩子一起读童书。

/ 亲子共读的意义 /

很多研究发现，爱读书的孩子有更大的词汇量，更好的解决问题的能力，更高水平的情商，更能以积极的方式辨别、使用、理解和处理情感。

有两个英国人（埃拉·伯绍德和苏珊·埃尔德金）写了一本《小说药丸》，他们将小说当疗愈心灵的药丸，他们认为在人生的适当时

① 2017 年 4 月由中信出版社出版。

刻阅读合宜的小说，可以让你的视野与众不同，甚至具有某种精神疗效。后来，他们又出了一本《故事药丸》，这本书是给小孩子写的，它用故事做药方，以帮助孩子渡过一些心理和情感上的难关。

比如，治无聊的药方是《阿罗有支彩色笔》，这本书是关于一个叫阿罗的小婴儿的故事。他想在月色下漫步，突然意识到天上没有月亮，就自己画了一个月亮。然后，他又画了月下漫步的小径，小径通向森林。他怕在森林里迷路，就画了一棵大苹果树。森林又成了草丛，树下应该有一只守护苹果树的巨龙，但巨龙画得太吓人了，阿罗一害怕就掉到了大海里，他又给自己画了一艘船……就这样，阿罗的思绪走到哪里，彩色笔就画到哪里，月亮、森林、高山、大海、城市……这些的确是治无聊的秘方。

治悲伤的药方是《伤心书》，它是关于一个父亲回忆自己夭折的儿子的故事。在这个父亲的回忆里，喜悦有多巨大，绝望就有多深重。或者说，绝望有多深重，喜悦就有多巨大。也许这是自然的平衡之道——幸福深植于悲伤，就像美深植于丑，富裕深植于贫乏，光明深植于黑暗。

我忍不住思考：这本书真的能治疗悲伤吗？孩子能明白这些道理吗？我不知道。

但我想说人生就是悲伤的。别以为对悲伤的理解是在你长大之后的某一天突然开始的，而在此之前你只能被逗乐。这本书会在孩子们的心里种下对生命的忧思和喜悦，他们的灵魂会因此变得更敏感、丰富、复杂，总有一天，时间会让他们明白。

类似这样的“故事药丸”，这本书里大概列出了几百款：比如治愤怒，读《菲菲生气了——非常、非常的生气》；治调皮捣蛋，读《野兽国》；小孩子老丢东西，可以读《借东西的小人》；不想上学，读《我讨厌上学》；宠物死了，读《再见，莫格》；不肯长大，读《彼得·潘》；要教孩子如何处变不惊，可以读《老虎来喝下午茶》……

不过，关于童书的价值，仅仅用药丸来形容，就太过狭隘了。我更同意耶鲁大学著名文学评论家哈罗德·布鲁姆的说法：

> “从最实用的角度来说，阅读好书可以让他们长成对自己对他人而言都更有趣的人。只有通过变成一个对自己对他人而言都更有趣的人，一个人才能真正发展出独立和独特的自我。所以，一个孩子若要成为一个真正的个体，看电视、玩游戏、听摇滚，是办不到的；只有在书的陪伴下，在威廉·布莱克或者豪斯曼的诗的陪伴下，在北欧神话的陪伴下，在《柳林风声》的陪伴下，他们才能成为一个真正独立的个体。”

哈罗德·布鲁姆专门为孩子开过一份书单，排在第一位的就是《柳林风声》。

他说，这是一本可以推荐给0岁到100岁之间的所有人的书。2019年他80多岁了，但仍然记得他的姐姐当年给他读的这个故事，让他心碎了无数次，也让他第一次理解文学的价值。而且，这种爱是会延续的，他还提到过自己32岁的儿子给他打电话诉苦，说一个人住在纽约的公寓楼里，楼很老，天花板很高，“觉得自己就是住在蛤蟆公馆里的癞蛤蟆”（书中的蛤蟆）。

莫里斯·桑达克，《野兽国》的作者，也是童书界最受尊重的一位大师级人物，他曾经讲过一个故事。

莫里斯·桑达克

一个小孩子给他写信，说很喜欢他的书，还画了一张小图在旁边。

桑达克就给小男孩回了封信，也画了一幅小画给他。后来，桑达克收到男孩妈妈的来信，说艾瑞克太喜欢你的信了，他把它吞到了肚子里。

这是终极的赞美。小男孩没有把回信保存下来，他也没有说“我有桑达克的签名”，他就这样把它吞了下去。这就是小孩子对一本书的爱，这么的原始，充满了激情。

我相信，这样的书对于他的影响，绝不仅限于童年，而是会潜移默化、贯穿一生的。

我觉得作为父母，通过与孩子一起读书，发现孩子这样的激情时刻是很重要的。因为它很可能标志着孩子灵魂成长过程中非常关键的节点。

相比于身体发育的里程碑，我们也许更应该关注这些情感与灵魂成长的里程碑，比如他们第一次学会原谅，第一次做白日梦，第一次学会以幽默接纳失败，第一次关心别人的感受，第一次为他们造成的伤害感到抱歉，第一次为了安慰别人编造善意的谎言……

如果仔细观察，你会发现，这样的时刻通常跟他们的阅读有关。我记得我儿子虫虫真正开始享受自然的风景和行走，是在读了“14只老鼠”系列图书之后。

那时候他会在大树底下去寻找14只老鼠的家，像个小老鼠一样兴高采烈地去寻找树莓、蓝莓、花花草草上的瓢虫、螳螂和蜗牛，他会给每一朵花起不同的名字，在每一片叶子上看到不同的表情。在他三岁的时候，他很喜欢“青蛙弗洛格”系列图书，那里面有一个故事叫《鸟儿在歌唱》，讲的是弗洛格他们在路上遇到一只死去的小鸟的故事。

在给他读完那个故事之后，我记得他问了很多关于死亡的问题，还问了很多关于鬼的问题，关于生命的轮回，好像突然就有了那样一种感觉。

爱与尊重：“爸爸和我”系列

接下来跟大家分享几本对我来说很重要的童书。

先说说为什么选这几本书。

第一，这些都是我和我的孩子虫虫在阅读过程中获得了巨大乐趣的书，尽管我们的乐趣可能各不相同。

第二，这些书都是我们一起反复读过的。有一些童书，就像孩子的鞋，小时候穿刚好合脚，长大以后就自然不穿了；但还有一些童书，是真正的文学，有着文学的宽度和深度，无论孩子长到多大，都能从中读出新的意义和趣味。我觉得这样的童书，读一次是不够的，读一年也是不够的，而是在人生的不同阶段，可以不断回来，而每次回来，都能领略到不一样的风景与意趣。

第三，这几本书分别代表了童书所能赋予孩子最重要的几种能力，包括爱的能力、信仰的能力、想象的能力、洞察的能力、创造的能力以及共情的能力。

这一节讲的是“爸爸和我”系列。

“爸爸和我”系列是比利时童书作家凯蒂·克劳泽所著的一套小书。凯蒂是我非常喜爱的一位作家，我采访过她两次，无论她的画还是文字，都有一种独特的诗意，一点淡淡的忧伤，以及温柔的幽默感。我觉得她的主题无论是大是小，都是在讲人生最基本层面的东西，关于爱，关于悲伤，关于自然与人间的神奇，关于小小的生命如何在大大的世界里获得掌控生活的力量。

“爸爸和我”的主角是一对奇怪的六足昆虫父女——米娜和波卡。米娜就像所有的孩子一样，调皮、活泼、对事物充满热情，会做一些让你意想不到的事情。波卡是个温和的单身爸爸，面对女儿常常有点手足无措，但在女儿需要他的时候，他总是在她的身边。

故事也很轻松，都是一些很简单的主题，比如购物、野餐、钓鱼、看电影……但是，在她的笔下，这些日常生活的小小瞬间充满了诗意与愉悦。

“爸爸和我”一部分的魅力来自它是一个微缩世界。对于耽于幻想的孩子来说，微缩世界有一种特殊的魅力，这种魅力可能与掌控感有关。就像在波卡和米娜的世界里，一切都小小的，小小的房间、小小的窗户、小小的桌椅、小小的锅碗瓢盆，还有米娜那些小小的衣服，小小的鞋子，小小的玩偶。其中的《醒来》讲的是，米娜早上起得早，去厨房给波卡做早餐，冲咖啡，她使用了那些小小的餐具、咖啡壶、面包圈。她在那个小小的厨房里忙碌的小小身影，可爱极了。

很神奇的是，看这套书，你会怀疑这个世界上是否真有这样一种高度进化的昆虫文明。那些昆虫们一个个打扮得很摩登，红男绿女，悠然漫步城市街头，吃饭、喝茶、看电影、逛博物馆，这个也许叫“反差萌”？

“爸爸和我”一共有六本，我最喜欢的一本是《钓鱼》，讲的是米娜和波卡去钓鱼，却被大鱼带走，然后他们遇到一位奇怪的夫人，邀请他们在一个日式风格的房间里喝青苔茶，吃青苔蛋糕，后来他们又骑着龙虱，戴着氧气泡漫游海底世界。这个故事充满了一种温柔、明丽的神秘感，像夏日午后的一个梦。在这个梦里，一位父亲和他的女儿在一起的分分秒秒都闪耀着喜悦之光。

凯蒂说过，一个故事要让孩子喜欢，是需要一些魔法的。魔法未必要上天入地，而是从日常生活中就可以找到。像在《钓鱼》这个故事中的青苔蛋糕，其实青苔是一种很神奇的东西，它是一种介于菌类与藻类之间的物种，没有根。树不能活几千年，所以它们长在青苔上。从这个角度来说，青苔像是树的祖母。

龙虱也是一种神奇的昆虫。凯蒂说自己小时候很怕这种虫子，它们会带着一个“氧气罐”潜到水中的深处觅食，当氧气耗尽时，它们会停在水底食物的枝叶上，微微翘起后足，从鞘翅下面再挤出一个气泡当“氧气罐”。难道不是很像魔法吗？

那位奇怪的夫人则让人想起《千与千寻》中的汤婆婆，像无面人一样，也是个令人费解的角色。凯蒂说，她从小就喜欢那些自己无法完全理解的故事，因为正是这些不可理解之处，长久地停留在我们的记忆里，一再向我们发出邀请，邀请我们去观察、去追寻、去想象，去努力解开谜底。

“爸爸和我”里还有一本书叫《给奶奶的礼物》，讲米娜在海边捡到一个贝壳，想拿回去给奶奶做礼物，结果那个贝壳里有个寄居蟹，还很爱打扑克牌，一直缠着米娜玩牌。这只寄居蟹还有六个兄弟，他们发现自己的兄弟失踪了，就从深海跑出来找他。他们在一起，你一句我一句，插科打诨，胡搅蛮缠，很搞笑，这让我想起《笑傲江湖》中的桃谷六仙。

我之所以觉得凯蒂是世界上最好的童书作家之一，不仅因为她获得过林格伦纪念奖，这相当于儿童文学的诺贝尔奖，也不仅仅因为她懂孩子，更因为她对孩子怀着最大的善意和宽容。

凯蒂曾经跟我讲过她的父亲。她的父亲是一个非常矛盾的人，一方面他富有魅力，是他把对大自然的热情遗传给了她，他为她读书，给她解释树、花、鸟，告诉她许多神奇的故事。但同时，他也是一个有暴力倾向的人。“我父亲希望我强大，他像养男孩一样养大我，因为他知道我很敏感，很脆弱，总是在痛苦里。我要戴眼镜，戴助听器，还戴着牙箍，说话也说不好。有时候我父亲会突然爆发，我从来不知道为什么，或者他什么时候会爆发。你做同样一件事情，有时候他觉得很有趣，有时候却会突然给你一个巴掌，而你完全不知道为什么。”

一个给你生命，爱你的人，会这样伤害你，这在她的内心某个角落造成了永久性的伤口。但正是因为在那样小小的年纪里受过伤害，她对孩子的处境有一种特殊的同情。

英国心理学家唐纳德·温尼科特曾说：“爱是一种自我的投降，放下自己的需求与预设，为了更近、更仔细地倾听另一个人的需求，尊重他的秘密，并给予最大限度的包容。”当然，凡是做过父母的人都知道，在日常生活无数冲突的细节中，维持这种善意与宽容并不容易。

“爸爸和我”系列里有一本《看电影》，讲的是米娜坚持要带着自己所有的毛绒娃娃一起去看电影，所以一共买了 8 张电影票，每个娃娃占一个座位。电影刚开始她就喊口渴了，要出去喝饮料，毛绒娃娃们也要喝。回到电影院刚坐下来，她又发现少了一个娃娃。等她找到娃娃，电影也差不多结束了。

这让我想起《蜡笔小新》里有一集类似的故事，最后是以美伢的崩溃告终，电影还没播完，她牵着小新的衣领灰头土脸地离开了电影院。这样一则令人啼笑皆非的小故事，如果转译成现实生活中的场景，天下父母中，有多少人能像波卡一样包容和享受其中的乐趣，又有多少人会像美伢一样觉得苦不堪言、怒不可遏？

在我们为自己的行为辩解时，经常说到规则这个事情。而一说到规则，就是说，我是大人，我比你懂得多。

是的，在养育一个孩子的过程中，爱与规则的平衡很重要。但有时候，我们可能也得问问自己，大人真的更懂这个世界吗？我们真的知道什么是对，什么是错？什么是好，什么是坏？什么能导向幸福，而什么会招致悲剧吗？

或许我们可以这样想，是的，规则可以被设定，但也必须被挑战，被质疑，被推翻，正所谓愚人遵守规则，智者受其指引。

我想用凯蒂的话结束关于这个系列图书的讲解："我相信，一个孩子被恰如其分地倾听过，爱过，接纳过，他们是可以很强大的。有些父母相信严厉的爱，认为严厉才能让孩子坚强起来，但我想这只会让孩子更脆弱，不快乐。我觉得做一个快乐的人，比做一个强硬的人更重要。"

诗意的信仰：《狼、鸭子和老鼠》

一天早上，一只老鼠遇到了一头狼。狼一口就把它吞掉了。

是不是很奇突的一个开头？

老鼠很害怕，觉得一切都完蛋了，真是一场灾难。但这时候，黑暗里有个声音说："喂，安静点！我正想睡觉呢！"

就这样，他遇到了鸭子。鸭子躺在床上，床单是洁白的，而它穿着干净的睡衣，戴着干净的睡帽，手中举着蜡烛。

然后，他们一起坐下来享用一顿烛光早餐，桌子上铺着漂亮的桌布，桌上有面包、果酱、咖啡，墙上还挂着一幅画，画上是一朵橘色的小花。

然后，他们穿着围裙，一起做起了午餐，老鼠在切胡萝卜、洋葱，鸭子在尝一锅正冒着热气的汤。这是一个非常古怪、非常搞笑的画面。他们后面的墙上还挂着各种看着很精致的厨具：刀、菜板、大勺子。

你看，原来鸭子在狼肚子里过着一种相当舒适、相当体面的生活，衣服、食物、家具、音乐，都是中产阶级的标配。

老鼠问鸭子："会不会想念外面的世界？"

鸭子说："我在外面的时候，每天都担心被狼吞掉。在这里就不用担心了。"

老鼠想了想，觉得很有道理，就决定一起留下来。于是他们跳舞庆祝。他们在里面这么一闹腾，狼的肚子就开始疼了，这引来了猎人，狼差点被猎人开枪打死。

在危急关头，是老鼠带着鸭子冲了出来，吓跑了猎人，保卫了他们的家园。

狼为了表示感激，答应实现他们的一个愿望。他们的愿望是什么？您大概也猜到了，他们要求回到狼的肚子里去。

这个故事最好玩的地方在结尾。作者把整个故事总结了一个问题：你知道为什么狼每天晚上要对着月亮“嗷呜嗷呜”的嚎叫吗？

所以，以后如果有孩子问你，为什么狼对着月亮嚎叫？你就可以告诉他，狼的肚子里住着一只鸭子和老鼠，他们天天聚会，害得狼肚子疼，疼得受不了的狼于是只能对着月亮嚎叫。

这本书讲的就是这样一个荒唐搞笑的故事。你可以把它看成是一个倒霉蛋人生逆袭的故事——多好，人生一个惊喜接着一个惊喜。我给几个小朋友讲过这个故事，他们都笑得前俯后仰，我自己每次看，也是每次都差点笑出眼泪。比如他们一起举杯，“为狼的健康干杯”。比如狼闹肚子疼，他们建议狼去弄点乳酪、红酒和蜡烛……

但我之所以在这里选择跟大家介绍这本书，是因为当时给孩子读这本书时，心里有一种特别强烈的愿望——真希望鸭子和老鼠在狼肚子里永远快乐地生活在一起。

这种愿望太孩子气了，作为一个中年人是否应该感到羞愧呢？

但从另一角度来说，孩子们对虚构事物的欣然接受是多美好的一件事啊！这本书的作者麦克·巴内特曾经说过：“那些我们承认从未发生过的虚构事物中，也蕴含着深刻的真理。它既是真的，又不是真的。孩子们更善于信以为真，更善于跨越相信与不相信的界限。”

这就是所谓诗意的信仰。对成年人来说，它是早已失落的东西。

小孩子看什么东西都觉得新鲜、好玩、神奇，于是冒出来各种各样的问题，天为什么是蓝的？风从哪里来？雨从哪里来？人为什么会死？

神奇的对立面是“理所当然”。我们成年人大多就是生活在“理所当然”的世界里——长大了以后，每天重复着同样的事情，神奇的事情就越来越少，理所当然的事情越来越多。

100 多年前，德国思想家马克斯·韦伯就说，这个世界被“祛魅”了。经过数千年科学进步的历程，以理智化为特征的新时代业已来到。在今天的时代，人们拥有这样的知识或信念——“只要人们想知道，他任何时候都能够知道；从原则上说，再也没有什么神秘莫测、无法计算的力量在起作用，人们可以通过计算掌握一切。简单点说，就是我们生活在一个可解释、可预测、无聊的世界，这里没有神秘、奇妙与魔法的位置”。

但是，我们还是会怀念那些神秘的、神奇的、魔法一样的东西。为什么？

什么是诗意的信仰？就是当你听一个故事，无论那个故事如何怪异，如何不合逻辑，不合情理，在现实世界中毫无发生的可能，但你还是从虚构中瞥到了某些真相。这个真相也许与外部世界毫无关系，却事关你内心最隐秘、最脆弱的部分，所以你觉得它比科学真理还要真。

老鼠初被吞进狼肚子里的绝望，是我们都遭遇过的绝望；狼肚子里有多黑暗，鸭子点起的蜡烛就有多明亮，它是人生峰回路转的惊喜，也是所有友谊初相遇时的惊喜；老鼠和鸭子在狼肚子里享用的食物、音乐、派对，提醒我们生活拥有的喜悦，你完全能理解鸭子和老鼠捍卫自己生活的勇气。也许，你还会对“到底什么是好生活”产生些许困惑。

跟孩子一起读这些故事，就好像在日常理所当然的世界里，突然出现一个从不同角度照射过来的光源，让我们对以前视而不见的东西有了新的关心。如果和孩子一起感慨“好神奇啊”，我们的生活也会变得更有趣，更丰富一点。

《狼、鸭子和老鼠》的作者麦克·巴内特还有一本书未出版，叫《爸爸为什么》，也很有趣，讲一个孩子睡觉之前问了爸爸一堆问题，那个爸爸的回答貌似信口开河，胡编乱造，但你仔细想想，又觉得好有道理啊。

孩子问，
大海为什么是蓝色的？
爸爸说，
每天晚上，等你睡着了，
鱼儿们拿出吉他，
他们唱起悲伤的歌，
流出蓝色的眼泪。

孩子问，
为什么树叶会变颜色？
爸爸说，
秋天，当世界变冷，
大树们为了取暖，
用他们的叶子点起安静的小火苗，
到了冬天，他们的树枝就都烧焦了。

孩子问，
为什么小鸟冬天往南飞？
爸爸说，
为了给大树叼来新叶子啊。

孩子问，
恐龙到底怎么了？
爸爸说，
几百万年前，成千上万的小行星掉到了地球上。
但恐龙们早就准备好了。
他们跳进热气球，
飞到太空里，
然后一直待在那儿。
……
最后爸爸说，该睡觉了。
孩子问，为什么我们非得睡觉呢？
爸爸说，因为世界上有些东西，只有闭上眼睛才能看到。

为什么有些东西，只有闭上眼睛才能看到？

因为只有关闭了理智和逻辑，我们内心的情感才得以真正地自由流动，蓝色的眼泪汇聚成大海，树叶燃烧的火苗温暖了大树，恐龙跳上了热气球，避开了灭绝的命运……用这种方法解释世界当然不科学，不仅不科学，而且可以说是胡说八道，但用来解释我们的内心，解释我们与自己、与他人、与世界之间的关系，却再恰当不过了。

这是一个非常有趣的游戏，我们也可以跟孩子玩。月亮是什么？彩虹是什么？为什么有风？长毛象有多大？为什么我们会打喷嚏？金字塔是怎么建造起来的？什么是回声？最高的山有多高？一个蛋是怎么变成鸡的？什么是流沙？什么是雷？什么是闪电？

想想看，你能想出什么样疯狂的解释？

我还想提到的一点是，这种诗意的信仰中有着巨大的乐观主义。就像法国漫画家桑贝，他的童年过得很悲惨，家里很穷，父母之间硝烟不断，他像逃跑一样频繁地搬家，孤独、焦虑、自卑、羞辱，是他最熟悉的感受。

但是有记者问他，想到童年和故乡，他会想到什么？

他的回答是："波尔多的公园，那里有很多树，很多植物，也有不少垃圾。而且还有一个印象，就是当我们长大以后，一切都会变好的。而这个，就是童年之所以最美好的理由之一，想着有朝一日，一切都会变得很好。而且，我们深信不疑。"

洞察力：《安东尼·布朗的幸福博物馆》

英国绘本作家安东尼·布朗的插画里，有一首英国童谣，非常古怪的一首童谣。

我去了个动物市集，那里有鸟和走兽，月光下的大狒狒在梳理它红褐色的毛发，猴子醉了，它坐在大象的鼻子上面，大象打了个喷嚏，跪地倒下，猴子就这样完蛋了。

这本画册叫《安东尼·布朗的幸福博物馆》，是他 2019 年在北京画展上的插画合集。其实，他的画从来不是一派幸福明媚的景象，而是有一点黑暗，有一点恐惧，有一点焦虑，因为生活就是如此。

动物市集

他的画也大都很古怪。他画得非常写实，但又充满幻想；很日常的东西，在他的笔下会呈现出很怪诞的一面；很搞笑的地方，常常又让你觉得很悲伤；就像他笔下那只大猩猩，看上去那么刚猛，强大，甚至暴烈，但又让人总觉得哪里非常脆弱，非常敏感；而那只小猩猩威利，看上去弱小、孤独、悲伤，却有最狂野豪放的梦想。

几个月前，他的画展刚开幕的时候，我带我家虫虫去看。很可惜，虫虫似乎对挂在墙上的那些原画毫无兴趣，绕场一圈，不到十分钟就闹着要走。但最后，他就在这幅巨幅的《动物市集》前面停住了。这幅画几乎有一整面墙那么大，他突然指着画面里一只豹子说："妈妈，你看这只豹子跟你很像呢！"

我看了看那只豹子，背着手，撇着嘴，耷拉着一双眼睛，一副愁眉苦脸的样子，果然跟我的样子很像。

我很无心地问了他一句，豹子为什么愁眉苦脸的？

没想到这个问题好像一下子激发了他的好奇心，他的脑子好像着了火一样开始在那儿转：是牙疼？它的孩子丢了？它是这个游乐场的管理员，正在为某些事情而头疼？

慢慢地，他开始很认真地观察这幅画：

那只鸭子为什么会骑在犀牛的背上？它们之间是什么关系？熊爸爸在滑梯下面看着他的小熊呢。其他人的爸爸妈妈呢？滑梯最上面那只小猪是在喊救命吗？滑梯后面有一只巨嘴鸟的嘴巴，它躲在那里干吗？帐篷里有一只大象伸出了鼻子！火烈鸟的翅膀里藏着一只眼睛！这个游乐场到底发生了什么？

虽然我们经常说，我们生活在一个读图时代，但我们其实并不怎么看重图像的价值。很多父母觉得，我们之所以给孩子读绘本，是因为孩子还不认字。等他们认字了，就可以读正经的书，也就是没有图画的书了。

英国艺术评论家约翰·伯格说："观看先于语言。儿童先观看，后辨认，再说话。"我想，我们都低估了图像对孩子的影响，包括认知的、情感的、心理的。毕竟，这是他们最初认识世界和理解世界的工具。

但是，今天在这里，我想谈的是，图画对孩子的重要性在于，它训练的是洞察力，这种洞察力不仅是视觉上的，还包括情感上的。

有一本书叫 *Visual Intelligence: Sharpen Your Perception, Change Your Life*，直译为《洞察力：增强你的视觉，改变人生》（简体中文版书名为《洞察：精确观察和有效沟通的艺术》），作者是一个叫艾美·赫曼（Amy Herman）的美国女律师兼艺术史专家。因为她的双重身份，她经常在大都会带人看画，她认为这些画作中含有供我们磨炼观看、洞察及沟通技能的所有东西。

她最早是带着医生去看画，通过分析艺术作品提高他们诊断病情的能力，后来又带纽约的警察去看画，以帮助提高他们观察和分析犯罪现场的能力。这门课程后来声名远播，她的客户也越来越多，包括联邦调查局、国土安全部、美国陆军、海军、美联储、司法部等等。后来，她根据这些培训内容写了那本《洞察》。

其实，她的训练法总结起来很简单，就是用谁（who）、什么（what）、哪里（where）、何时（when）的四要素来分析眼前的画面，尽量用客观而不是主观的形容词，尽量从不同的维度去观察，不放过任何一个细节，比如颜色、形状、阴影、桌上物品的数量，如果有人物的话，这个人的衣服、表情、动作、肢体语言等等。而且，她的方法要求快速反应，5 分钟之内就要给出基本的判断，因为犯罪现场不是艺术史课程，可以让你慢悠悠看一幅画看上 3 个小时。比如她拿美国大都会收藏的美国画家约翰·辛格顿·科普利的一幅著名的肖像画《约翰·温斯罗普夫人》为案例，画上画的是一个贵妇人正坐在桌前吃水果，所有人都看到她华丽的衣服和帽子，但 80% 的人都没有注意到她的那张桃花心木桌及木桌上的投影。更少人注意到的是，在那张桌子的投影里，贵妇人的戒指不见了。

约翰·辛格顿·科普利的《约翰·温斯罗普夫人》(1773)

所以说，观察这件事情是需要训练的。当然，训练观察力的方法有很多，比如你可以在一些公共场合停下脚步打量人们，猜猜他们是谁，他们为什么要那样穿着打扮，他们要去哪里……

但你永远不会知道自己猜得对不对。但绘画作品就不一样，它们永远都在那里，你随时可以验证你的观察是否正确。

一旦你真的花 5 分钟、10 分钟，甚至一个小时来观看一个画面，你会发现越来越多的细节，一些看上去很简单的画面也会慢慢呈现出一系列复杂的关系，一些你以前从未想过的问题会浮现出来……这个时候，我们就不仅仅是在看，而是在观察了。

小孩子其实是很有一点侦探的潜质的。限于大脑发育的进度，他们还不具备一个成年人的逻辑与理性能力，但就其开放性和敏感度而言却远胜一般的成年人。他们对世界的运作方式缺乏经验，因此也就有着更多本能的好奇与怀疑精神，尤其是对那些神秘的、黑暗的、禁忌的地带，常常有着比成年人更强烈的一探究竟的欲望与勇气。

所以我觉得，安东尼·布朗的画可能是训练小朋友洞察力的最好材料。

第一，他的画层次很丰富，画里往往藏了很多细节，你第一眼往往看不到，一定要看第二眼第三眼，观察的时间越长，发现的细节越多。

第二，他的画在很大程度上受到超现实主义画家的影响，比如马格利特、达利、蒙克，这些画家的作品经常展现梦和无意识世界。所以，如果你仔细观察安东尼·布朗的画，会发现几乎每个画面的每个角落里都有各种超现实主义的元素，遛西红柿的男人，跳舞的圣诞老人，长着人头的小狗，藏着狼的大树，变成小狗的水壶……这些元素是很容易激发孩子想象的。

关于这一点，他自己是这么说的：“我那些爱幻想的主人公逃离了我的画笔，穿过镜子进入了理想世界。那是一个与我们的认知截然不同，好似大杂烩的世界。在那里，兔子会说话，水壶变成了猫。对于喜欢想象一切超现实事物的我而言，世间万物皆可成为关于想象和变化的形状游戏。”

第三，训练情感的洞察力。安东尼·布朗的画对人物心理和情感的刻画，比如，各种各样的表情、姿势、肢体动作，愤怒、生气、委屈、尴尬、不安、温柔，简直生动精准到了极点。这些表情和肢体语言中包含了丰富的细节，可供孩子去观察，去思考，去理解，学会从他人的视角观察世界。有时候，视角换一下，你会发现，整个画面的意义全变了。

错误通往创造力："美丽的错误"系列

几年前，我采访过一个叫俄温·托斯特的挪威童书作家。看他画画，是一个非常奇妙的过程。他喜欢从一个失误开始，比如一个无意间滴落的墨渍。他的钢笔在墨渍中来回勾勒几下，墨渍很快成了一个鼻尖，然后线条继续往上走，勾勒出小小的耳朵、眼睛，隐约可以看出是一张小狗的脸。然后他盯着那只小狗看了一会儿，自言自语地说："他看起来有点忧郁。"

在这位挪威绘本画家眼中，这样的绘画过程有最大的自由，没有计划，不加思考，完全跟随手的动作和本能的直觉。一个点也好，一根线条也好，一个裂痕也好，一个洞洞也好，都是一个有趣的起点，可以拿来玩点什么，看看会有什么奇怪的事情发生，期待有什么惊喜出现。比如有一天，他突发奇想，从素描本正中心戳了一个洞，然后开始绕着这个洞画画。这个小小的游戏最后变成了他最成功的一部作品《洞》，一则关于"有"与"无"的存在主义冥想。

其实，很多绘本作家都喜欢玩这种游戏，比如美国童书作家克罗格特·约翰逊的《阿罗有支彩色笔》，小小的阿罗手中握一支神奇蜡笔，天上没有月亮就画一个月亮，地上没有路就画一条路……现实变成了一个随走随画的游戏。

英国童书作家安东尼·布朗推崇的“形状游戏”则是两个人玩的游戏，一个人先随手画个抽象图形，另一个人用不同颜色的笔把它变成一个全新的东西，两个人的思维在同一张纸上发生奇妙的碰撞和化学反应，比如一条腿可以变成海盗船。

法国插画家塞尔日·布洛克最喜欢的游戏是“线条和各种偶然的东西相遇”，随手捡到的纸条、螺丝钉、手机、勺子、西兰花、鸡蛋，添上几笔看似简单随意的线条，戏剧性一下子就出来了，而且线条与实物之间，一轻一重、一抽象一具体，构成了一种奇妙的对比。他说，这是一个人的思维在图画中散步的方式，也是一种诗歌式的表达。

我读这套“美丽的错误”系列，感觉这位作者是将这些画家们最热爱的游戏总结成了一套训练创造力的方法，但更重要的目标是，教孩子如何接纳错误，拥抱错误，每一个错误都可以变成美丽的东西。

其实，“错误”并不是一个太准确的词。英语原文中的“oops”，更类似于“啊哦”，糟啦，一不小心，出了点小状况，有一点点小尴尬，小失望，小小的不知所措的意思。

人生充满了这样的小小尴尬时刻。但这本书要给孩子传递的信息是，这些时刻不仅仅是 ok（可接受）的，而且是可喜可贺的，因为犯错可以很好玩，很美丽，很奇妙。发生在纸上的任何一个意外，并不会毁掉一幅画，而可以是一个新的机会，一次新发现的入口，一场创造力的冒险。一坨颜料洒出来，可以变成一只大象，一群小狗在睡觉，或者鸟儿一家在吃虫子。纸上撕了一个口子，原来是鳄鱼的大嘴巴。一块咖啡渍，如果你仔细看，是一只吃撑了正在打饱嗝的青蛙的轮廓……

巴尼·萨尔茨堡将这些训练称为“用手思考”，一个手的动作，常常能激发大脑的激烈反应。很多人看到一张白纸的第一反应，都是愣在那里，不知从何入手。所以，他最经常用的一种方法就是，让一个人在一张白纸上胡乱涂一笔（既然是胡乱一涂，就不可能有对错），然后追随这根线条，看看它会如何与你对话，他认为这是一个释放潜意识的过程。在这个过程中，只要保持开放，保持宽容，允许歧义与模糊的存在，最终一切会变得明朗，你会找到你的角色、你的故事。也许不完美，却是独属于你自己的声音、你自己的创造。

也就是说，在一个自由、开放、宽容的环境里，错误不仅不可怕，反而是通往创造力的起点。犯错，就像一场思维的漫游，在看似无边无际的迷惘中，你在观察，在思考，在提问，在想象，在推动自己走出舒适区，去冒险，去改变，去创造，去发现自己独特的声音。

而且，这种天真、自由和随性的创作方式本来就是孩子最自然的语言。就像安东尼·布朗说的：每个孩子都画画，他们本能地知道画画不是关于复制一个东西或者场景，而是关于交流，关于创造，关于运用视觉的想象力。

而且，孩子从不害怕把颜料涂在餐桌上，他们都喜欢涂画动物的形状，直到他们到了课堂上，开始学习符号，学习语言，更重要的是，他们有了互相攀比的概念，在种种挫败感中放弃了画画。但对他们今后的一生而言，这实在是一种巨大的损失。

尤其在今天，我们身处一个充满变化的世界。这种变化固然是一种威胁，从另外一种角度来看，却也是巨大的解放。旧的规则正在崩溃瓦解，没有人知道新规则是什么样子，我们唯一能做的就是不断想出新的方法来应对生命中不断变化的状况。

我曾经向美国艺术教育最重要的研究者之一艾伦·维纳教授请教，我们到底能从艺术中学到什么。她说，没有任何证据表明，学习艺术可以提高数学成绩，或者改善空间能力，或者提高任何学业成绩。但是，通过学习艺术，我们能学会更好地看，更好地预见，更多地坚持，更有玩心，从错误中学习，做出批判性判断，并为这些判断辩护。你会知道，一个问题从来不是只有一个答案或者一个解决方案。

沟通的“冲突地带”：“别让鸽子开巴士”系列

巴士司机临时有事，离开前特别嘱咐读者，千万“别让鸽子开巴士”！

为了得到你的同意，鸽子会诡计百出，摆事实、讲道理、拍马屁、套近乎、灌鸡汤、讨价还价、撒泼打滚……

“我表兄赫伯几乎每天开大巴。”

“我会做你最好的朋友。”

“给你五块钱怎么样？”

但是，小朋友必须一次次坚定地说“不”。

“别让鸽子开巴士”系列的作者叫莫·威廉斯。这个作者很有意思，一般的绘本到最后总是让孩子得到他想要的东西，但在威廉斯的绘本里，鸽子开不成巴士，就是开不成，到最后也没开成；鸽子不能养宠物，就是不能养；大象不能跳舞，到最后也不会跳舞。

很显然，小鸽子是个小无赖。这个世界有很多它想要的东西，想要开巴士，想要只宠物，想要个有果仁的饼干；也有很多它不想做的事情，比如睡觉啦，洗澡啦，上学啦。问题是，它好像总是得不到它想要的东西，又总是被逼着干它不想做的事情。所以，它对这个世界有很多不满，很多的愤怒，觉得这个世界特别不公平，谁都跟它对着干。

其实，大部分小孩子对鸽子的欲望和挫败感都是很有共鸣的，因为他们总是被人说，你该什么时候睡觉，你该吃什么，你该穿什么……还总是会有更小更可爱的小小孩，为了争夺大人的爱和注意力，就像绘本《鸭子弄到一块饼干》里那只黄色的小鸭子说的："凭什么它只要问一下就要来了带果仁的饼干？我一直在问人家要这要那的，我得到了吗？世界太不公平了！"

但是，很反讽的是，一旦他们被安在父母的位置上，放在那个说"不"的位置，他们就很高兴地扮演起了那个说"不"的人的角色。毕竟，说"不"是一种权力，而权力的滋味是很美妙的。

这套书曾经是我家虫虫的最爱，每天晚上都要读。不仅要读，还要很夸张地表演出来。莫·威廉斯的书都特别适合演出来，而不只是读出来。而且，他的画很简单，每个孩子都能照着画。他常常说，他希望他的故事，他自己完成 49%，剩下的 51% 交给孩子。

总之，对于鸽子的胡搅蛮缠，虫虫每次说"不"，而且说得特别开心，斩钉截铁。

英国童书作家罗尔德·达尔喜欢将大人与孩子之间的关系视为一场战争，而且是一场你死我活的战争。他曾经说，人人如果真想了解孩子，最好的办法是跪着生活一个星期，他就会知道生活在一个大人国度里的小孩是什么感觉。小人儿为了在巨人的领地上生存，得需要多大的智慧和勇气。

我记得有一次，我跟一位英国童书作家争论，我试图提醒他，其实成年人也挺难的，尤其是为人父母者，他们时常觉得自己才是被占领的那一方，活在一个其实并非属于自己的世界里。他立刻回答说，“哦，不，我对大人完全没有同情，一点都没有”。

他说，“孩子生来就是完美的。作为成年人，我们需要做的，就是要爱他们，宠他们，对他们的淘气睁只眼闭只眼（除了不让他们做蠢事伤到自己），孩子就应该这样长大，然后他们再这样养育他们自己的孩子。人类的文明就是这样延续的”。

但我想，“别让鸽子开巴士”这样的故事，提供了这样一种身份对换的游戏——讲故事的父母要代入小鸽子的角色，而听故事的孩子代入的是父母的角色——对于父母与孩子之间的互相理解，应该是很有益处的。

就孩子而言，当然是初尝权力的滋味，但大概他们多少也能理解为什么父母一再地说“不”。毕竟，你真的不能让一个五岁的小朋友开巴士啊。

作为父母，在鸽子花样百出、强词夺理的辩解里，你会忍不住为它感到难过，感到某种深层的挫败感，甚至欣赏它锲而不舍的韧性和胡搅蛮缠的想象力。它得多想开那个巴士，才会找出这么多借口啊。

最近这位作者又写了一本《鸽子必须得去上学》，简体中文版还没有出版，讲鸽子得去上学了，它一脸郁闷："我去学校干吗？我已经什么都知道了。万一学得太多怎么办？"

莫·威廉斯是一个很有趣的童书作家，按照图书的分类，他的作品基本上都会被放到低幼书里面去，他自己也说过，他所有的书都像是给5岁小孩写的。

但是，5岁是一个人最哲学的年龄。你也没什么用，也不用付房租，但你可以问很多很深奥的问题：什么是爱？什么是公平？为什么世界是这个样子的？为什么世界不能是另外一种样子？为什么我不能得到我想要的东西？为什么我不能开巴士？

这些是非常具有存在主义的问题，关于爱、嫉妒、失去、公平。这些问题，我们从5岁就开始问，到50岁仍然没有答案。

关于亲子阅读，《纽约客》的专栏作家亚当·戈普尼克曾经有过一段非常精辟的论断：所谓沟通领域很多时候是"冲突地带"——多愁善感的成年人遇到渴望长大的孩子。

"在儿童文学中，成年人想要一个关于童年的抚慰图像，或者一个熟悉的名字或者故事；孩子则想要一艘船，一个出口，一种彼岸生活的案例。孩子想出去，他们的父母则想回归。成年人渴望通过奇境、纳尼亚、乌有乡回到童年的愉快光景，而孩子们想把这些地方当作超越孩子气的跳板。成年人被乡愁驱动，孩子们则想把它们作为漫游真实世界的地图。"

但是，我想，在这个冲突地带里，只要我们没有忘记那些问题，那些关于人生的基本问题，也没有放弃追寻这些问题的答案，那么，我们与孩子之间在精神上就会始终有一根纽带，维系我们之间的爱、信任与宽容。无论将来我们的关系遭受怎样的风雨，我们都能一起走过。

如果说童书是药丸，它治疗的对象不仅是孩子，也包括成年人。治什么呢？治愚蠢，治迟钝，治无趣，治乏味，治枯竭，治势利，治不耐烦，治愤世嫉俗，治杞人忧天，治自以为是，治理所当然，治不信魔法，治不冒傻气……

最后，我想借用英国童书作家托尼·罗斯的一段话结束这部分内容：

> “我们对孩子的善意，很多时候是没有必要的，是冒着傻气的，就像你把一只猫抱下窗台，虽然它明明可以自己跳下去。但为人父母有时候就是傻里傻气的，人性最美好的一面常常都是傻里傻气的，上帝保佑这些傻里傻气！”

课外拓展清单

首先为家长推荐一批好书。

第一部书是《孩子：挑战》，这本书会帮助家长学会如何在尊重孩子、给孩子平等自由的同时，让孩子尊重规则、承担责任、赢得合作，这是现代教育的基础课题，也是现代父母要面对的永恒挑战。

第二部书是《婴儿与母亲》，作者用直接的、平易近人的方式讨论了每个婴儿的最小需要、作为第一次对话和梦的材料的母乳喂养、精神分析师和助产士、人格的最早征象，以及在“护理组合”中的非语言交流。本书完整收录了温尼科特所有关于婴儿和母亲的基本观点，心理治疗师可以从中获益良多，也适合有兴趣的普通读者阅读。

第三部书是《魔法岁月》。这本书可以帮你了解 0 至 6 岁孩子的生理与心理变化，放下对孩子的过度保护，帮助孩子解决焦虑、排便、自律等问题。尤其是对如何管教孩子还存有疑虑的家长，这本书详细分析了对孩子进行管教的必要性。

第四部书是《园丁与木匠》，这本书会带我们走出传统“让孩子成才”的教养误区，告诉我们养孩子不是套用公式，具体的教养方法根本不重要，重要的是，你是一个什么样的人，以及你与孩子的关系怎么样。高手父母与普通父母的根本分野，在于你是园丁，还是木匠。真正的高手父母，都懂得为孩子搭建成长生态。

第五部书是《我和无聊亲密无间》，作者佐野洋子是日本国民作家，她的一生辗转多国，经历过一场世界大战、两次婚姻、一场历时六年的癌症，以及多位亲人的离世。经历了世事沉浮的佐野洋子犀利、率真，同时又幽默、洒脱。文如其人，她的随笔原汁原味地展现了自己无可奈何、满是荒唐事的日常生活，虽犀利却温暖，虽直白却不冷。

另外还推荐法国作者让－雅克·桑贝的《童年》、苗炜的《给大壮的信》、英国作者阿兰德·波顿的《艺术的疗效》这几本书。

特别推荐一些书给孩子们阅读，有关爱与尊重主题的书：《我的山谷》《夜晚的故事》《金美玲子诗集》《青蛙与蟾蜍》《小熊维尼》《伤心书》；关于儿童创造力的书：《形状游戏》《这是苹果吗？也许是哦》《虫子本》《鲍勃的蓝色忧郁期》；关于洞察力的一些好书：《胡椒罐大楼的小侦探》《海底的秘密》《蜗牛骑士》《白兔夫人》；特别推荐：《小公主》、“11只猫”系列图书。

第七讲

创造力：

用绘画打开孩子的多种可能性

孙聪

中央美术学院设计学院基础部主任、副教授

绘画是最能激发孩子创造力的方式之一，一支画笔可以打开孩子的多种可能性。针对孩子不同年龄段的特征，家长可引导孩子通过画画来发展各方面的能力，并在这个过程中形成良性的亲子关系。孙聪是中央美术学院设计学院基础部主任，曾经参与过国家体育场鸟巢视觉形象（VI）设计等。她也是两个孩子的母亲，她将分享自己陪伴孩子绘画的经验，介绍家长该如何通过正确引导，在保护孩子天性、尊重个性发展的前提下，培养他们的创造力。

被遗忘的美好：儿童美育的重要性

首先，我想讲一件不久前发生的事。2019 年夏天，与往年一样，我带着大女儿嘟嘟到中央美术学院观看本科毕业展。丰富多样的作品很快吸引了她的注意力，而我在看作品的同时，更多了一点感慨，这些作品的作者是我在美院送走的第十九届毕业生，这届毕业生似乎与往届一样，却又很不一样。在学校里我们戏称他们为“棒棒糖一代”，当然，棒棒糖里夹杂的不光是甜蜜，更是渗透着艺术教育中的五味杂陈。十多年来中央美术学院设计学院的考试形式没有根本变化，这让考试越来越模式化，导致很多考前班培训出来的学生在考试时不是依题创作，而是生搬硬套。而在 2015 年的考试中，我们直接发给学生一颗棒棒糖，要求学生把品尝后的味道表现出来。我们认为，这种打破常规套路的出题形式，选拔出的学生才能具有独立思想和丰富感受，这才是从事艺术所应具备的基本素质。

当我把目光转向正在看展的嘟嘟时，她正“品尝”着这些“棒棒糖”。我心里不自觉地又发出另一个感慨：在艺术基础教育上，似乎也出现越来越多的模式化教学，我们高校能改变的是标而不是本，父母才是孩子的第一任美术老师，所以如何有效地陪伴孩子进行艺术创作，应该是父母的必修课！

中央美术学院设计学院毕业赠别礼：学生自己的“棒棒糖”

有很多家长问我：学画画真的那么有必要吗？我的回答是肯定的。不管未来你的孩子是否从事艺术类工作，画画都能为他开启想象力的大门，因为能把艺术“学”好的孩子，学什么都不难，除非他不愿意学。

为什么这么说呢？我们知道，人类的大脑分为左脑和右脑：左脑侧重于逻辑思维，即理性的脑；而右脑侧重于艺术思维，即感性的脑。我们平时的学习大部分都在使用左脑，而右脑却成了荒芜之地，然而，右脑对信息的存储量却是远大于左脑的！这也是我们常说左撇子更聪明的原因，因为使用左手锻炼的是右脑。而艺术学习，恰恰是刺激右脑最为行之有效的方法。所以说，学习绘画的孩子，会比一般孩子更聪明。心理学家通过实验证明，儿童通过早期绘画所获得的知识与经验，有助于其提高智力。绘画对于儿童的健康成长和素质培养都是非常重要的。很多大作家都是狂热的绘画爱好者，例如雨果、卡夫卡、泰戈尔等。

为什么很多作家都热衷于绘画？我想原因有三点：首先，聪明的右脑可以支持他们获得更多的技能；其次，很多情感和场景是通过文字无法表达的，绘画是抒发和宣泄内心情感的另一种有效方式；最后，绘画可以使人表现、舒展自己内在的意欲和情感，完善自我的情操和人格。我们都知道，流行天王迈克尔·杰克逊有着不幸的童年经历，但你恐怕不知道，除了用音乐，他也经常用绘画的方式来抒发自己的情感，平抑内心的情绪。

所以说，绘画不仅可以陶冶人的情操，更是抚慰心灵的一剂良药。值得注意的是，这些年绘画开始在心理疗愈领域发挥着更加重要的作用，在自闭症儿童的康复过程中也起到积极作用。但遗憾的是，很多小学生在三年级以后由于课业负担的加重放弃了绘画，因为在家长看来，成绩的提高对于小升初的帮助是最直接的，而绘画的作用，似乎微乎其微。可我却不认同，孩子的成长是一场马拉松不是短跑，升入名校只是沿途中不经意的一站，并非终点。当他们走出校门，面对生活时，更重要和难能可贵的不是学习成绩，而是独立的人格、乐观的性格和积极的心态。在飞速发展的科技时代，比一纸学历更重要的是出众的想法和创造力。在人工智能时代，有温度的绘画将为孩子们提供更多空间。

而这些都是被遗忘的美术教育所能赋予孩子们最好的成人礼。让我们打开这份礼物清单，看看绘画除了能带给孩子心灵上的增益，还能带来哪些能力的提升。

第一，观察能力的提高。罗丹说过，世界上并不缺乏美而是缺少发现美的眼睛。的确，每天行色匆匆地往来于都市的两点一线之间，我们成年人已经麻木于都市的快节奏中，即便有时间也很少懂得去发现生活中的美，我们自然不希望自己的孩子也是这样。因此，找一个时间，让他们慢下来，用一种平静的、舒缓的方式，去认识自然，发现生活中的美是非常必要的。而绘画是来源于生活的艺术，不同的表现对象有不同的观察方式和表现方法。日积月累，孩子自然会对周围的物象越来越敏感，并会在绘画的过程中调动人文、自然、地理、科学等知识，丰富自己对表现对象的认识。

第二，手脑协调能力的提升。充分的绘画练习有助于手脑的协调，尤其是低龄段的手工课，用双手制作一件东西带给孩子的触觉体验和成就感是不一样的，因而在绘画、手工的教学中，孩子要调动自己的大脑，思考不同材料的属性，判断它的使用方法，然后推敲怎样装饰才能出现美观的效果，最后靠大脑支配双手去实践。而在实践过程中遇到的困难，或通过触觉感知到的材料特征，这些信息都会被再次传回大脑，形成经验记忆，由此，绘画或手工练习便对孩子起到手脑协调的作用。

第三，想象力与创造力的提升。嘟嘟在四岁开始喜欢拿着家里的本或者纸，一张一张地画个不停，边画边念念有词地讲着画里的故事。每个孩子在绘画上的敏感点都是不同的，嘟嘟对故事性和叙事性的敏感大于对形的敏感，所以她的画中充满了故事性。她长大一点，就开始尝试着把自己的画编成一张张连续的故事，而我们也会协助她把这些故事制作成绘本。创作故事的过程，便是想象力迸发的过程。而在制作成书的过程中，会遇到很多问题，如怎么装订，如何安排文字，她自己还加入了一些立体书的元素，而解决这些问题的过程，也锻炼了她的创造力。

嘟嘟绘本《我的生活因他而改变》插图

第四，审美能力的提升。吴冠中老先生说过“文盲不多，美盲太多”，说到底，我们让孩子学习绘画的终极目的就是为了提升孩子的审美能力，不让他们成为“美盲”。而绘画毫无疑问是提升审美能力最直接的手段，在绘画的过程中，孩子们对画面内容的布局，对自己喜好色彩的搭配，都是在一点点构筑属于自己风格的审美特质。

除了这四点，其实绘画带给孩子的能力还有很多，如果有机会，我希望可以为大家讲到绘画带给孩子的第 n 种能力……相信您也已经了解到了艺术教育的重要性，希望因为课业负担而让孩子放弃艺术学习的家长，能够转变观念，让孩子暂时忘却课业的烦恼，寻得内心深处片刻的宁静，重拾童年遗失的美好。

静待花开：
儿童美术学习发展的阶段

上面介绍了艺术学习的重要性，希望能就此让您在孩子心中种下一粒艺术的种子。这粒艺术的种子不同于普通植物的种子，普通的种子从发芽到开花只要经历一个春夏，而艺术之花想要绽放，却要经历十几个四季更迭，因此，需要极其有耐心的园丁静静守候。

家长思考一下，您是那位园丁吗？想想在家陪孩子画画的时候，是否有过这样的场景——孩子拿起画笔，正在饶有兴致地创作，我们却指着他们画的图形问道："这是什么？"而当他们停下画笔，稍做思考，回答了我们的问题，我们又会告诉他："不对不对，不是这样画的。"然后用我们自己对物象的认识给他们展示了一个"正确"的画法。家长画完后，还得感慨一句："唉，现在做父母，真不容易。"看到这，想必您也乐了。现在的父母就是如此焦虑，然而，您知道吗？这种焦虑，同样也会影响到孩子的创作。他们是极其敏感的，当他们知道，我们需要的是以“像不像”这一标准来评价他们的时候，他们会努力迎合我们的标准，以期得到爸爸妈妈的肯定。但如果他们做不到，便会有挫败感，从而放弃对艺术的兴趣。然而，画得像就一定是一幅好作品吗？或者退一万步讲，他们何时才能够具备画得像的能力？这里我借助美国美术教育专家维克多·罗恩菲尔德（Victor Lowenfeld）的理论，为大家介绍儿童绘画发展所经历的五个阶段，见证这粒艺术的种子从生根、发芽、长叶、开花一直到结果的五大阶段。

可以想象这样一个场景：初春的阳光下，我们在不经意间，在孩子心里埋下了一粒艺术的种子，这个不经意的瞬间，可能就是从孩子偶然间握住的一支画笔开始的。他吃力地握住这支笔，开始在纸上左右摆动自己的手腕，留下了断断续续的痕迹，于是乎，他开始了艺术发展的第一个阶段——涂鸦期，而这时，他刚刚两岁左右。

这种断断续续的画痕，我们称之为无规则涂鸦，待到这粒种子再长大一点，生出了浅浅的根，它开始支配着孩子，从无秩序的涂鸦乱画慢慢发展到有规则的涂鸦，我们称之为有规则涂鸦阶段，一直到种子的根部完全长出，这时，孩子已经四岁。从两岁到四岁，看似是孩子在乱画，但其实这种所谓的乱画正在经历从无序到有序的过程，也是孩子在运用腕部动作控制用笔的一个过程，然后再逐步深入指部精细动作的练习，所以说学习艺术的孩子心灵手巧是有依据的。

值得注意的是，在涂鸦期，孩子也会慢慢尝试着为自己涂鸦的内容起名字。嘟嘟三岁时画过一幅作品，她起初是用水粉涂满画面，然后在背景之上画了很多小圆圈及一个大圆圈，每个圆圈上加了黄色的小点，然后最大的圈又多了一条长线。画完后，她兴奋地指着画面告诉我说：这是鱼妈妈和鱼宝宝！我听后会心一笑，更愿意一厢情愿地希望，这是她在走出用艺术作品描述自己认知的重要一步。

嘟嘟画的鱼妈妈和鱼宝宝

转眼间，春夏交替，种子发芽，破土而出，孩子们迎来了艺术学习的第二个阶段——前图式期。这一阶段年龄跨度在四至七岁，他们会以自我为中心，当然，这和自私是两个概念。四岁半那年，嘟嘟在幼儿园给我制作了一张母亲节贺卡，封面上顶端是一座彩虹，正在落雨，画面的中心是一个伞形的火龙果，它的左边是一颗草莓。老师问她为什么要画这两种水果，她说这是妈妈最爱吃的水果，她要把这两种水果种起来。我看后心里一乐，心想这分明是她自己爱吃的水果。后来，通过阅读一些图书我才知道，这个年龄段的孩子会以自我为中心，她会认为自己爱吃的水果就是妈妈爱吃的。所以说，绘画在这一过程中也自然会协助孩子表现自我，强化自我意识。

更重要的是，在这一阶段的绘画过程中，对于不会画的物象，很多孩子都会用一个形状接近的图形符号替代来表现，比如画中的草莓和火龙果，仅仅是用一个接近的形状去概括替代，而不是说因为“不会画”而不去下笔。并且，这一阶段正是想象力迸发的阶段。他们经常会把自己看不到却能联想到的东西表现在画面上，可以说是真正的心无旁骛，放飞自我的表现时期。所以，这一阶段的创作，是最具想象力的时期，正确的绘画引导，可以长时间维持孩子的想象力，充分调动他们的跳跃思维，最终让他们成就自我，成长为能用创造性手法解决生活中各种问题的人。

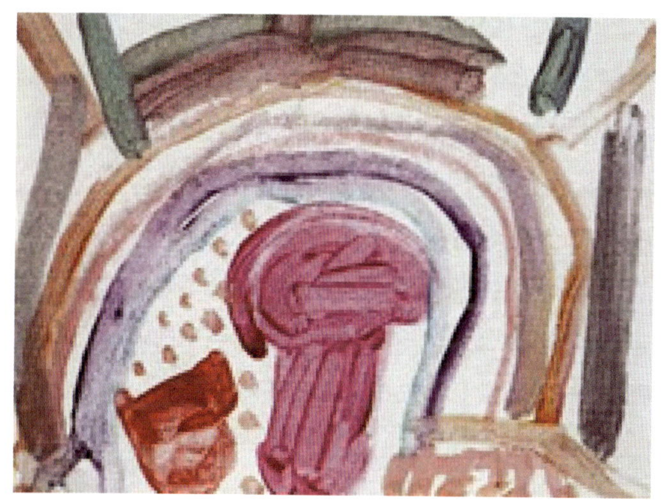

嘟嘟画的《母亲节贺卡》

到了初夏时节，雨水旺盛，艺术之苗长出嫩叶，家长们急切的心情在这个阶段似乎可以得到些许慰藉，因为在艺术发展的第三个阶段——图式期，孩子将迎来一个跨越式的进步。七到九岁期间，他们的绘画开始表现出空间感，但这一时期的空间表现，只是体现在对空间前与后的位置表现。

对空间透视关系的理解要等到九岁以后，即进入第四个阶段——写实萌芽阶段后。这一阶段如植物生长所处的盛夏时期，孩子的绘画迎来了艺术之花的绽放，开始脱离图式，转向对事物进行写实描绘。所以，这个阶段用“像不像”评价他们的作品似乎显得更为礼貌。

花开终有时，结果亦无声。悄然间，进入了丰收的季节，艺术的硕果也在不经意间挂满枝头，孩子迎来了自己的十一岁，他们的绘画进入拟写实阶段，作品中会出现明暗透视，还会根据远近和心情使用不同的色彩。他们开始有能力根据自己的意愿驾驭不算复杂的画面，或者少数坚持学习到十五岁的孩子会画出让人为之一震的作品。培育了这么多年，我们的园丁可以露出欣慰的笑容了。

或许这时会有人问，十五岁以后呢？罗恩菲尔德把这一阶段称为青少年艺术时期，这些坚持到高中阶段还在从事绘画的学生其实是极少数的，是难能可贵的，将来有可能会踏上艺术的道路。真心祝愿这些坚持到底的孩子能不忘初心，用想象力和创造力照亮自己的艺术之路！

美的历程：
不同审美阶段的培养方法

上一节借助罗恩菲尔德的理念，我们分析了孩子艺术学习的不同发展阶段，其实“艺术学习”这个词是个错误的表述。

我们平时的艺术教育受应试教育影响过深，都是过分强调技法的训练：弹琴培养的是坐在钢琴前的打字员，画画培养的是坐在画纸前的复印机。真正的艺术素养不是靠训练，而是需要滋养的。孩子需要的不是美术学习，而是美育熏陶。那么，怎样在不同的成长阶段合理地培育孩子的美育观，做到因时制宜呢？

我们先来就这个“时”做做文章。我将孩子美育熏陶过程中的审美变化按年龄分为体验美、感知美、发现美、解读美、探究美、表现美、再现美、创作美八个阶段。

首先体验美，或者我们干脆称之为艺术体验。这是孩子对艺术的初体验，发生在他们三岁前。嘟嘟一岁多的时候，一个偶然的机会她拿起一支水彩笔，时断时续地在纸上涂来涂去。我猜想，这种重复让她发现自己的动作和纸上的痕迹存在着某种奇妙的关联：用力与不用力，这些痕迹的变化似乎是不一样的。艺术之笔成了一根神奇的魔法棒，在纸上挥动的一瞬间开启了他们的智慧心门。

在这个阶段，我们要做的是尽可能多地提供各种画笔，油画棒、水彩笔或者色粉笔，以丰富他们的触觉体验。水粉或者水彩颜料对他们的刺激是比较强烈的，这两种材料质地柔软，给予孩子内心温柔的体验，颜色调和后奇妙的变化会触发孩子探索的欲望。当孩子观察颜料从笔尖上滴落的瞬间，甚至会兴奋地与颜料说话。在他们看来，流动的色彩是有生命力的。

如果条件允许，最好是给孩子准备大尺幅的画纸或者是在洗手间的墙壁上，让孩子用小手当画笔，充分与色彩接触，调动手、肘、肩、腕一起活动，随意涂鸦。当然，这里要补充一点，我们准备的颜料一定是环保的，儿童专用的。

三到四岁，儿童进入美的第二段历程，即艺术感知阶段。感知的过程是孩子对外界信息觉察、感觉的一系列过程。经历了上一阶段对涂鸦材料的初次体验，这一阶段孩子的小手较之前力量更充分，也更灵活。因此与上一个阶段对材料浅尝辄止的体验不同，他们对材料属性有了更强的感知能力，家长们可以尝试着在家里准备各种丰富的材料，并利用安全剪刀、胶棒等材料，结合撕、粘、剪、贴等手法辅助孩子的创作，充分锻炼孩子的精细动作，让他们的小手更加敏感，丰富他们的感知经验。这里要分析一点，感知分为感觉和知觉，感觉让他们的小脑袋对不同材料的特性进行理解认知，知觉让他们的小脑袋对这些材料进行处理，但这个阶段对材料的处理方法还不够丰富。

四到五岁，儿童步入艺术发现阶段，他们会迁移之前对材料的感觉经验，进行总结，并用多元的手法去利用这些材料进行创作。在绘画表现上，这一时期处于罗列期，即用简单的图形堆积罗列出表现的对象。作为家长，不用急于在图形的像与不像上给予太多指导，对于孩子经常表现的形象，我们千万不要给他展示简笔画的画法，而是可以多带他观察真实的物象，让他自己去发现，去总结。学习艺术不是教给孩子表现方法，而是要带给他们正确的观察方法。

五到六岁，孩子进入学前阶段，学习到很多知识，理解能力大大增强，但随着知识的增多，也开始更多关注客观现实，因此，画面表现也开始偏局促。针对这一阶段的艺术熏陶，家长可以通过一些平台给孩子听一些艺术家的故事，多欣赏一些经典大师的作品，如米罗、毕加索、梵高、草间弥生、马蒂斯、村上隆等都是适合孩子去看去了解的大师，他们的画面或充满童真或充满想象力，让孩子们拥有多元的视角去审视艺术创作。家长可以鼓励并引导孩子，用自己的语言解读出这些作品的奇特之处，避免孩子只会用“像”与“不像”这种模式化的评价判断作品的好坏。所以，我将这一阶段的审美历程称为艺术解读。

六岁后，孩子们开始背起书包，步入小学课堂，成了高年级同学口中的“小豆包”。这些小豆包开始进入文化的敏感期，对一些自然科学、历史人文知识更感兴趣，因此这一阶段艺术创作的主题可以围绕一些中西方美术史的知识展开。随着孩子们知识储备的日益丰富，学习能力的提升，他们的探索欲望也更加强烈，与上一阶段对各种艺术家浅尝辄止的解读不同，这一阶段的绘画可以侧重于某些课题的深入研究，因此，我把六到八岁这个审美阶段称为艺术探究阶段。建议在这个年龄段可以给孩子找一些合适的老师，或者靠谱的艺术绘画班。我会在后面讲关于如何选择绘画机构的问题。在这里我更愿意称之为绘画机构而不是“培训班”，因为在我看来绘画艺术不是“培训”来的，让孩子亲近艺术是一个自我发现、自我感知的过程。

小豆包们在一天天长大，到了三年级，孩子们的作品偏重于视觉写实，他们更愿意以“像不像”来作为评价作品的标准，这一年龄段的创作开始不仅仅侧重于想象力，而是开始走向创造力及审美鉴别能力的萌芽。嘟嘟三年级的时候开始对生活中的物象进行写生。在写生过程中，我会引导她多观察一些细节的变化，并鼓励她在写生后的物象上大胆地进行二次创作，设计自己喜欢的装饰或图案。这里，我放了几张嘟嘟的写生作品。比如第一张，主体中的花瓶本没图案，嘟嘟为了突出花瓶的视觉效果，自己在周边添加了粗黑的装饰，而里面则用细线进行装饰。桌面上的布，黑色面积较重，很好地起到了稳定画面中心的作用，使整个画面具有黑白灰的节奏感。在引导她设计这些图案的过程中，我会把音乐的节奏感迁移到绘画中进行类比，告诉她音乐有高中低音的节奏，绘画也要有黑白灰的节奏。所以艺术其实是相通的，艺术教育其实也应该是一种通感教育。

嘟嘟写生作品

看完了嘟嘟的作品，我们总结一下，八到十岁孩子画面表现能力大大增强，对于客观造像的表现欲望也更加强烈，我们可以把这一阶段的审美历程称为艺术表现。再大一点，孩子们还会经历艺术再现、艺术创作两个阶段。当然，很残酷的一个现实是，这两个审美历程对于很多孩子来说是缺失的，因为通向美的道路上，很多家长都无法让孩子把宝贵的时间坚持用在体验美的道路上。

在此，作为一名从事艺术设计教育的老师，我也真挚地发出自己的声音：解放孩子，释放他们的天性，为他们完整地塑造一个“美”的童年历程！

美好的误会：如何看懂孩子的画

前面为大家介绍了各阶段孩子的绘画特点，以及如何围绕这些特点培养孩子的审美意识。提升孩子的审美说来也不难，但做起来未必容易。作为家长除了要牺牲自己的时间，克服自己的焦虑，更重要的是要了解孩子的心。

前段时间我陪嘟嘟去影院观看《哪吒之魔童降世》，回家的路上嘟嘟和我聊起电影的情节，说了一句很经典的话："哪吒其实是个好孩子，但所有的人都不理解他，还好他有很爱他的父母和老师，不然他真就成魔童了！"当故事照进现实，或许我们很多做父母的都得感到惭愧，我们对孩子的陪伴真的足够吗？我们真的了解孩子的内心吗？下面我将指引大家来做孩子心灵深处的守望者，一起通过绘画读懂孩子的内心世界。下图是一张两岁孩子的涂鸦作品，我先问一个问题，这幅画画的是什么？

两岁儿童涂鸦作品

估计很多人会猜，这是头发，这是风，这是湖水。我先不公布答案，再换一个问题问大家：这幅画给您什么样的感受？相信这次您的回答和上一次一定不一样。第一次的问题，您在无意识当中就被我的问题引导为具象思维，您的回答一定是具体的某一样东西。而第二个问题，您的答案必然更丰富。同样，这样的现象也会发生在孩子身上。低龄段孩子的作品的画面传递的信息比我们想象得要大很多，所以千万不要问他："画的是什么？"而要问他："可不可以介绍一下你的画？"或者"可不可以给我讲讲这里面的故事？"于是乎，您了解到这是孩子表现自己出生前在母体里的感受。努力尝试着闭合的圆形，代表了妈妈的肚子，而脉冲点，则代表了外部的刺激。

"噢，原来如此！"相信听完我的解读后，您不自觉地会发出这样的感慨。这样的表达似乎真的是再形象不过了，通过这张作品，我们似乎是可以感受到孩子在一个混沌世界里的情绪的。粗壮的、尝试着封闭的圆形有如母亲的肚子，但又不是完全闭合；流动的杂乱无章的细线，似乎是孩子浮于腹中的感受；而强烈的脉冲点，不难看出这是作者画到兴起，用笔尖用力戳在画纸上表达情绪而留下的印迹，这些大小不一的点有如外部不同的声浪对他时断时续的不同刺激。但试想，如果把同样的命题交给我们成人去创作，我们会怎么处理画面呢？相信很多人，会从一个孕妇的形象画起。这是因为，我们的艺术观，已经被图形思维锁定了。

所以，想要欣赏孩子的画，原则一就是要将自己的"内存"清零。

原则二是要"听"画。这里说的是用耳朵倾听画面而非用眼睛看。四到五岁是孩子进入绘画的敏感期，他们喜欢在家中不停地在纸上画画，并且念念有词，喜欢讲述画面中的情节和故事。这一年龄段的绘画表现能力有限，所表现的物体往往由简单的形状罗列而成，而且经常重复画同一主题。很多家长看到孩子画来画去都是一个样子，会急于帮助孩子提高绘画表现能力，帮助他们画出自己喜欢的图形，这对孩子是极大的伤害。对于这一年龄段的孩子，他们更乐于享受无拘无束表达的乐趣，而并非是“画得像”带来的满足感。

这一阶段是他们想象力迸发的阶段，所以我特别认同一句话：在这一年龄段，我们欣赏孩子的作品要用耳朵，而不是用眼睛，这才是对他们想象力的保护。所以要特别提醒家长的是，孩子的想象力不是培养出来的，而是被保护出来的。

原则三是鼓励孩子做回自己。我们现在的教育都是超前教育，小的时候把孩子训练得像个大人，这样的孩子真长大了，却又成了“巨婴”。在绘画上也是一样的道理。我们千万不要对儿童作品线条的流畅、涂色的细致做过多的要求，孩子的表达充满拙朴之气，才是画面体现灵性之处。

以下两张作品，左边是嘟嘟画的熊猫，与右边的作品相比，不难看出她的作品用线明显不够流畅，但仔细观察会发现这些熊猫的形态却特别生动。这是因为用线不熟练，总是可以让她在画的过程中停顿下来进行观察和思考，反而弄拙成巧。如果用笔过于熟练，则绘画时，一笔带过，线条流于表面，缺少很多细微的精彩变化。

嘟嘟画的熊猫（左）与用笔熟练的熊猫作品（右）对比

最后，欣赏孩子绘画作品的终极原则是走进孩子的心。绘画与孩子心灵的作用，前文已经着力描述过。我不是心理学家，不敢轻易解读作品背后的心理学要素，因此，只能通过对嘟嘟作品的一些解读，分析一下孩子创作时的心理感受，就算起一种抛砖引玉的作用吧。

三年级的时候嘟嘟创作了一个绘本故事，题目叫作《真正的自由》，故事中她先列举了自由和不自由的几个场景。

嘟嘟作品《真正的自由》中的插画

通过把这两张图做对比可以看出，放学后是自由的，写作业带来的是不自由。左图自由中的人物的辫子都飞起来了，腿和手的动作都传递着快乐的情绪，而右图不自由中的人物，没有任何动作，所以她的情绪首先完全通过造型表现了出来。色彩也是传递孩子心理要素的一个信号，画面中可以看到同样是草地，但两种绿色给人的心理感受却大不相同：放学时的草地是暖绿色，而写作业时的草地是偏冷的绿色，让人感到压抑。

刚才讲到了造型、色彩、线条的变化在儿童绘画的画面中传递的不同情绪。接下来，我们从构图上也可以窥探孩子心理的一些端倪。嘟嘟从小就是个很有主见和独立思想的孩子，在同学中也是属于"女汉子"，这种"小霸气"在她的画面中也有所体现。

再来看这几张全家福作品，她似乎总是毫不客气地把自己安排在"c 位"。有一张跑步的照片，她终于不在中间，却又成了领跑者。这样的画面表达与她内心中独立人格的建立是分不开的，她是她自己，她无须依赖父母，她的思想总是受到尊重，我们从未高高凌驾于她之上，彼此尊重，互为朋友。因此在她的画面当中，我们很亲密，却又有独立空间，三个人在一起并不局促。

嘟嘟绘本插图：全家福

当然，这样的场景不应仅仅发生在画面中，而应更高频地出现在我们的真实生活中。我们应该给孩子空间，给孩子尊重，不管是在生活学习上，还是艺术创作上，我们要读懂孩子的心。

穿越到过去的旅行：与孩子一起致敬经典

下面我就聊点轻松的话题，说说愉快的假期。

与绝大多数家长一样，我的假期也是在陪伴孩子中度过的，但不一样的是我们多出了两样出行装备——画板、画箱。虽然不是说走就走的旅行，但在边走边画，随心观察的路上，也真正地与自然做了一番亲密接触。我们一起抬头仰望天空上的每一片云，观察它们形态的变化，分享对它们形状的联想；我们一起观察不同叶片的样貌，细数叶脉的数量，把它们拓印在画纸上；我们盯着叶片上的瓢虫观察半天，一起在网上查阅它的习性，并用绘画记录下来。每次的记录，都要先充分了解这些事物的构造与特征，分析它们的成因，并发挥想象，创造出和它们相关的故事或场景。这就是艺术来源于生活吧，当然，这句话还有下半句，艺术高于生活。

那么这些高于生活的艺术感受从哪里来呢？如果说来源于生活的艺术感受是通过当下的旅行及写生得来，那么高于生活的艺术感受则需要我们乘坐时光机，进行一场穿越到过去的旅行，与经典对话——品读艺术家的故事、欣赏艺术家的画册、去美术馆里观看经典作品的展览。这些高大上的东西看似离我们成人很远，但它们却可以离孩子很近。

嘟嘟五岁半那年，有一次我在家里备课，一不小心，课件里安迪·沃霍尔的画引起了孩子的注意，而我也不幸地被缠上了。她吃惊地指着一张图片发出感叹："妈妈，其实这是同一个人，不过她的脸为什么是五颜六色的？"

我忙于备课，边解释边跟她商量："这是一个怪叔叔的画，等妈妈工作完可以好好和你一起研究这个叔叔和他的作品。"出乎我意料的是，她安静地在我身旁等待，看我做课件，等了很长时间，直到睡眼惺忪。于是，接下来的三天，我们经常会围绕这位怪叔叔做的好玩的事和有趣的作品展开讨论。本是无心插柳，却不想一次去理发，她惊喜地指着发廊里的一款海报说："妈妈，看！这个发型很波普！"好吧，这个总结很酷，我心里上一秒还很是惊喜，不过下一秒我就和理发师一起抓狂了，她强烈要求理发师为她设计一款很"波普"的发型，其实，我自己心里都没底，什么算"波普"的发型……

这便是看似高大上的艺术与孩子的距离。艺术离孩子很远吗？不是，他们之间只是缺少一座桥梁。或许有人会问我：孙老师，我们不是专业的，可没法和孩子讲解这些艺术家的故事，我们自己都看不懂这些作品，怎么带孩子品读啊？小小地批评一下这种思想，我觉得教育其实是一个陪伴孩子、与他们共同进步的过程。而且现在网上为孩子们讲艺术史的平台和图书很多，我推荐家长可以给大一点的孩子购买《和孩子一起读的艺术史》，陪孩子一起阅读，沿着美术史的脉络一起穿越经典，邂逅诸位大师。

如果您有幸穿越到 1889 年法国的一家精神病院，看见一位只有一只耳朵的疯子，正在对着深邃的星空，不停地挥舞手中的油画笔，那么建议您一定要带孩子与疯子交谈，去体会和感受他笔下表达的星空。因为这位疯子极有可能就是伟大的梵高，他创作的作品正是那幅著名的《星月夜》。前景中的树有如一团生命的火焰，在挣扎着向上生长，天空中的星云像是在随风舞动，而这阵风似乎更像是梵高内心中卷起的波澜。

试问，如果我们让自己的孩子画一张星空会是什么样的一个场景？我想，绝大多数孩子会在天上挂满了五角星。但星星真的是有五个角吗？是什么样的“神秘力量”促使我们对星星产生这么大的误解？前面讲过是约定俗成的图形思维代替了我们的认知体验，扼杀了孩子的观察习惯，葬送了他们的想象力。或许这个充满童真的艺术疯子可以解开这个问题。我们和孩子翻阅到这幅作品，如果您觉得自己无法从艺术的角度去解读其中的奥秘，那您只需要陪孩子一起去了解梵高的故事，其后，孩子们自然可以从作品中感悟到生命的力量，您一定要相信孩子的感知能力远超我们成人。当然，如果他们问道：“为什么梵高画的星星是这样的？”你需要的是反问他：“那真实的星星应该是什么样子呢？你见过吗？”然后接下来，您要做的就是跳出艺术圈，陪孩子一起进入天文圈，了解真实的星星的样子。开玩笑地讲，合格的父母，应该掌握十八般武艺。

当然，其中的一种武艺是体力好，陪孩子看展就是一种很考验体力的活动。在每一个假期，每一段旅行中，我们都会带孩子去观展。在观展过程中的几个细节让我感触颇深。第一个感触是，几乎每次看展，都会看见有孩子拿着速写本临摹大师的作品。比如近期参观毕加索的画展时，看到有孩子在临摹他的画，我想这时如果毕加索能活过来，他一定会对着孩子们喊出那句至理名言："我花了四年时间画得像拉斐尔一样，但用一生的时间，才能像孩子一样画画。"我们致敬大师，更多的是要站在巨人的肩膀上建立自己的艺术观，而不是守在巨人的影子下对他们顶礼膜拜。我不反对孩子们画，但这种画一定是带有自己的理解方式，辅以自己独特的表现方法进行二次创作，并非临摹或照抄现实。

第二个感触是，很多家长其实对展览本身并不感兴趣，来的目的也无非是觉得需要带孩子感受一下艺术。但是如果做家长的不能以身作则，看展时走马观花，孩子又怎么会对艺术产生兴趣呢？于是乎，在孩子长大后的某一天，您对他做总结的时候，诸多的否定词中多了一样——没有艺术天赋。可您想过吗？孩子其实是大人的一面镜子。我认为，每个孩子都是天生的艺术家。可为什么到了自己孩子身上就成了没天赋，不感兴趣，坚持不下来呢？

第三个感触是，观展队伍中，不乏培训班组织的集体讲解，很多家长看到后，会推着自己的孩子跟着画室的队伍听解说。但其实我想说，每个孩子都有自己的节奏和自己的理解方式，我们不要用我们认为好的方式去改造他。他愿意听，自然会跟上队伍，如果不愿意，那很可能展览的内容没有触发他的兴趣点，那就不需要继续勉强着看。在我看来，了解一下艺术史再去看展对孩子的帮助会比较大，站在历史的角度去认知艺术，如果孩子愿意，可以在展览前做点功课，阅读一些相关图书。

在我和嘟嘟看展的时候，我很少去讲解和灌输我的观点和意见，更多的是鼓励她自己看，自己体会，她经常会抛出一些我们可以共同探讨的问题。在我看来，我和孩子思维碰撞的效果远远好于专业知识灌输的效果。她也常常把我问"倒"，因为我毕竟不是知识百科全书，即便是自己的专业领域。但我其实也不想让她对我失望，因为在她的心里，我是个超人妈妈。感谢命运之神赠予我的这个小生命，有时虽说会给我添点小麻烦，但更多时候，是我在守护她成长，她在引导我进步。

“朝花惜拾”：重拾美好的信心

在家长陪伴孩子方面，我一直坚持的观点是，家庭是美育教育最重要的根基，除了这个根基，还要有土壤和养分。土壤应该是学校内的美育教育，而养分应该是社会上的美育教育，这三者应该是一个递进的关系，根基一定是最为重要的。但如今的状况是，本末倒置，家长寄希望于学校，学校“甩锅”给辅导班。索性，我们今天也舍本逐末，讲讲后两者的现状。

首先是土壤——学校内的美育教育。说到学校，相信很多家长都是一肚子苦水。的确，现行的教育体系比较看重孩子的学习成绩，人们常说不要输在起跑线，这条起跑线对准的终点还是学习成绩，美育或许不能为孩子小升初带来直接收益，却能带给他们不一样的精彩人生。庆幸的是，相关教育部门越来越意识到美育教育的重要性，开始联动众多优势资源参与到基础美育教育工作中。北京市教委 2014 年启动了“高参小”项目，中央美术学院作为合作高校，要积极参与到周边小学的美育工作中，提供课程及师资方面的支持，在学校的课堂中带给学生更多元、更开放、更丰富的艺术体验。期待学校美育的土壤能一改往日之贫瘠，变得越来越丰沃。

接下来，重点谈一谈养分——社会美育的发展状况。很多朋友和家长都问过我关于选报美术班的问题，这是一个让我觉得很难回答、不敢回答但又逃不过去的问题。该不该选美术班？几岁报班合适？什么样的美术班是好的？我的意见是，美术班可以报，它更多的是给孩子提供一个平台，但不要着急报，甚至越晚越好，直到孩子自己提出诉求。而至于“什么样的美术班好”，下面分享一下我的经历。

我和嘟嘟的爸爸虽然都从事艺术方面的工作，但是我们从来没有所谓手把手地“教”孩子画过画。当孩子有要求想画画时，我也面临着给孩子选择画画机构的问题，但我的目的和有的家长的目的有所不同。很多家长都会想这样的问题：什么样的学习环境是好的，是充满艺术氛围的一间教室？抑或是一套体系完备的课程？我选择了一些地方，全程陪她试听，但结果很让我失望，大部分的艺术教育机构还是在以技法为导向，或者披着所谓想象力的外衣做着迎合市场的事，虽然用了很多丰富的材料，但终究还是强调画面效果，孩子被一些丰富的材料吸引，暂时忘却了创作过程中画面效果上吃力带来的烦恼，但我深知，对于画面效果的过分关注，会抑制创造力的迸发。而丰富的材料并不是在辅助她创作，反而成了麻痹她苦恼的毒药，让她暂时开心起来。

于是我冷静下来，果断停止了试听的尝试，开始与她做了一次深入的沟通。从她为什么要报美术班，问到喜欢哪个试听老师，喜欢的原因，以及她理想中的老师，和她想在画室里实现的作品是什么样子的。最后，她总结性发言：“我只是想和小朋友一起画画，想做得更好而已。”好吧，我很庆幸她是一个有自己独立思想的孩子，基于她的总结我也明确了接下来的选择方向。嘟嘟需要的不是一个优雅的环境，也不是一套所谓的完整课程体系，她需要的是一个可以包容她但不会纵容她，擅于引导她而不必教导她，能保护她的想象力并激发她创造力的一位老师。很庆幸，经过一年半的等待，我们遇到了对的人。忍不住分享几张嘟嘟在画室的作品，没有华丽的色彩，但画面仍不失丰富，线条质朴甚至有些拙气，但疏密关系让人感到舒服，人物动态并不呆板，一看就是经过观察得来的，而作品形式也丰富多样，充满创意。

而纵观一些儿童美术机构的作品，或许有很多人认为那样的作品很漂亮，但我的观点却大相径庭。我们暂且不论视觉要素上流于俗气的表达，单说透过画面体现出的教学方法就很有问题：为什么绝大多数孩子的太阳都是在右上角，一个简单的圆圈，发出一圈放射的光线？难道太阳不可以随着天气的阴晴变化有一些色彩、情绪的变化吗？世界上所有的树冠都是云朵形状的吗？这种万变不离其宗的简笔画教学，在扼杀孩子想象力的基础上还强制注入了恶俗的“土味”审美。

有很多家长说：孙老师，我们之前报的就是创意美术，我感觉孩子去了跟玩一样，学不到任何东西。首先，我对“创意美术”这个词有点不理解，创意的主体是谁？是孩子在这节课上发挥了自己的创意完成了作品，还是说，经过老师的设计，这节课的作品呈现形式具有创意性？其次，艺术就是要好玩，要让孩子发自内心的喜欢，并沉浸在这个氛围当中，才能愉悦自己的心理，获得良好的审美感受。注意，这才是他们要拥有的真正的东西，而不是我们认为的画出多少个图形。更有甚者，身边的家长频频向我抱怨，在画室里画得都挺好，回家让他画，啥也画不出来。为什么要“让”他回家画呢？我们对孩子的这种抽查测试的考验，只会让他心里充满压力。

嘟嘟在画室里的作品

还有一件事情，也让孩子同样充满压力，那就是素描的练习。很多家长问我：孩子什么时候学素描合适？在前面提到过，孩子十一岁后进入拟写实阶段，三维空间意识完整建立，对空间透视、光影透视的理解已够支撑起他学习素描的能力。但问题是，枯燥的黑白灰似乎很难撑起他们的学习兴趣。所以我的回答是，如果不是考试需要，越晚学越好，或者不学都可以。很多家长认为素描是一切绘画的基础，这个我不是很赞同。素描只是艺术的一个很小的门类，由于中国的艺考才夸大了它的作用。八大山人朱耷不会素描，丝毫不影响他笔墨中的趣味；古希腊的雕塑家不会素描，可他们对造型的理解，我们今人很难望其项背。

经过这些分析，希望能够对提升大家的甄别能力有所帮助，让更多家长选择时不再过于迷茫，也希望孩子们至此免受简笔画的荼毒，能够用自己的眼睛去发现“美”，体验“美”，表达“美”，用“美”的心灵审视周围的世界。

我思来想去，为这部分起了一个题目叫作“朝花惜拾”。当然这个“惜”不同于鲁迅先生的“夕”，我们的这个是珍惜的“惜”，“朝”是代表儿童，“花”是隐喻艺术带给孩子的美好。希望这些内容能够让家长们重新认识美育的重要性和实践过程中的方法论，重拾遗失的美好，再次小心地守候孩子们心中的那朵艺术小花。

第八讲

运动力：

通过行走，感悟生命的坚韧与超越

钱俊伟

北京大学体育部主任、副教授，北京大学山鹰社指导教师，2018 年带队登顶珠穆朗玛峰

对于我们的孩子而言，户外活动不仅仅是户外而已，更是人文、自然、生物和体育运动相结合的一种综合项目，它可以全方位地帮助孩子健康成长，避免患上“自然缺失症”。北京大学体育部主任、副教授、教育学博士，北京大学山鹰社指导教师钱俊伟，曾于 2017 年带队登顶世界第六高峰卓奥友峰（海拔 8 201 米），2018 年带队登顶世界之巅珠穆朗玛峰（海拔 8 844.43 米）。他是两个孩子的父亲，曾带着孩子周游世界各地，有丰富的户外活动和户外教育经验，他将通过分享一些家长带孩子进行户外教育和户外活动的故事，介绍如何在陪伴孩子进行户外活动中培养孩子更多的优秀品质。

我们为什么需要带孩子去户外运动呢？

首先，结合自己的亲身经验，我先为大家介绍一下，我们为什么要带孩子进行户外活动，户外活动能够给孩子带来什么好处和收获，以及目前国内外关于户外活动的流行趋势。

我们小的时候，经常会到田间户外自由地玩耍，而现在的孩子是如何打发自己的课余时间呢？他们像是困在笼中的鸟儿，很难与自然接触。于是在国际学术领域有一种说法，孩子们患了一种“自然缺失症”，当孩子和自然打交道越来越少的时候，难免就会出现一些问题。

所以我们有必要让孩子们回归到大自然中，回归到户外中。事实上，我想一直强调的是，我们不是去从事或者去参与户外活动，我们只是带着孩子回归他们本应该在那里自由玩耍的世界。大家要充分认识到这层含义。

户外教育可以培养孩子们很好的个性，也可以挖掘孩子们的一些核心素养。比如大家会提到的学生核心素养的提升，无论是批判精神，团队沟通协作意识，还是创造力，都会在大自然中自然而然地得到升华和提升。

孩子们在户外认识花草树木

因此，可以说户外活动又不仅仅是一种户外活动，而是人文、自然、生物和体育运动相结合的一种综合项目，它可以全方位地帮助我们的孩子健康成长，避免孩子患上“自然缺失症”。

人有两个属性：一是自然属性，二是社会属性。由于这个时代的发展，我们做了过多的人文设计，孩子们的社会属性可以得到很好的张扬，但是他们作为一个生物个体的自然本性却被掩盖或者被遗忘。因此，我们一定要追本溯源，让孩子们到大自然中去玩耍。我想这也是户外运动最重要的意义！

你一定会记得带着孩子在自然中奔跑、露营、野餐的那些快乐又美好的时光，你认为的那些快乐美好的时光也恰恰是孩子们最需要的美好时光。那么我们应该如何给孩了打造更多这类具有教育意义和陪伴意义的户外活动呢？这确实也是一门学问，只有有意义的陪伴和有意义的户外教育，才能让我们的户外活动更有价值，对孩子的成长也更有意义。

当前，儿童的户外发展在国内呈现出了非常好的趋势。无论是一线城市还是二、三线城市的家长，都已经认识到让孩子进行户外活动的必要性，但是很多人只是了解表面，对深层次的国家宏观政策方面的要求等却不甚了解。比如，近几年国家从教育部层面推出的研学旅行，尤其是以户外教育为主题的研学旅行，都已经对这种在户外活动的权重和育人的价值做了新的要求。从学校层面看，体育和户外活动在学生升学、评奖、评优方面占的权重越来越大。

因此，作为国家和社会的细胞，家庭这个主体也应该提高认识，让孩子们高质量地成长，这也是家庭教育中责无旁贷的重要使命和责任。我身边的中国家长越来越多地在寒暑假或者小长假甚至周末带着孩子去户外活动，并且他们也逐渐认识到这件事情的重要意义。

这其实也是一个渐进的过程，在西方国家，他们从一百多年前的童子军教育和营地教育就已经开始重视在大自然中培育孩子了。发展到今天，事实上国外的家庭户外教育和户外活动已经成为家庭和社会生活的一个必要元素，目的就是为了提高孩子未来的综合素养。

在国内，尽管我们现在也在进行户外活动，但是实际上还是怀着功利性、工具化的目的去做这件事情，但是我觉得有总比没有强。只是我们要去思考，在带孩子进行户外活动的过程中，要怎样更多地去

钱俊伟指导孩子们认识大自然

功利性、去工具化，不以应试教育的思路去培养孩子。我想这也会是中国未来很多年要着重去改变和提升的方面。

孩子参加户外活动后，可以向别人描述自己参加活动的美好快乐时光，也可以用文字、图画或者视频去记录和表达自己的收获，但是我想这些都是非常有限的收获。在孩子的成长过程中，一次好的户外经历能够在多大层面上影响或者帮助孩子未来的成长和决策，实际上我们目前的研究还不能完全深入地全面剖析出来。但是它就像我们讲的蝴蝶效应一样，孩子在越小的年龄参与丰富、有趣、有意义的户外活动，未来他的人生也会越有价值。

我是两个孩子的父亲，我们家老大已经九岁半了，上四年级，老二才两岁半。这些年我借助自己的专业研究，带着他们周游全国、全世界。因为我的研究方向就是我国户外教育理论体系的建构，所以这两个孩子很幸运，但也很不幸，他们成为我研究的“小白鼠”，但是我觉得他们是快乐的小白鼠。作为家长，我一路上陪伴他们成长，游历世界，研学社会，也得到了很多美好的记忆和对教育的思考，因此我想与大家去分享这一切。

我本人曾攀登过珠峰和世界第六高峰，是北京大学登山队的教练，山鹰社的指导教师，也是一些国家级课题的负责人。我的主要工作就是探讨户外教育在中国不同人群、不同地域中，如何实现不同层面的价值意义，以此改变青少年和成人的生活方式和品格素养。所以接下来几节我也会从兴趣、选择及设计等方面与大家分享户外教育。

世界上最大的青少年组织就是童子军，它发源于英国，目前有英国派系和美国派系。它有来自 150 多个国家和地区的会员单位，很多世界名人在青少年时代有参加童子军的经历。建立童子军的目的就是让孩子们更多地去体验户外的生存、生活。

童子军的特点有：第一，志愿精神和公益性；第二，统一的着装；第三，完备的勋章体系，青少年从五六岁一直到二十几岁都可以参加不同级别的课程，得到不同的勋章，最后会成为志愿者，或者成为导师等。在国内我们有很多机构和组织也是以类似的项目去开展的，我们不以童子军的方式命名，但是在育人这个层面上，采用的方式是一致的。

营地教育在西方有 150 多年的历史了，它是一种在合适的时间，比如寒暑假，把孩子们放在一个指定的区域集中住宿，让他们离开父母，在专门老师的带领下从事自然体验、人文艺术修养提升或者进行体育锻炼的一种教育方式。近几年，营地教育在我国非常流行，很多机构都在推广相关项目，一些项目做得也非常好。

目前中国的户外教育与国外的童子军和营地教育的发展水平高度一致。从某些层面来讲，中国有人口集中的规模优势，实际上我们在很多方面已经在发展规模和数据积累方面超越西方。

钱俊伟为孩子们讲解相关知识

从教育方式上来讲，教育有社会教育、学校教育和家庭教育等多种类型。无论是童子军还是营利性机构教育，它们更多地是由社会机构如伊顿公学这样的学校去组织的。而事实上在西方，孩子的户外体验更多是由家庭完成的。比如说之前我带着孩子去环勃朗峰徒步的时候，沿途看到很多欧美人携家带口出行，孩子从三岁多一直到高中毕业的都有，他们以“壮游”的方式去参与这些活动，这也是他们比我们做得更成熟的一点。而在中国，这种亲子户外活动的高质量陪伴的项目还是比较少。国内家长更倾向于带着孩子去旅游、去度假，而西方国家的家长就会采用这种更主动的方式，即通过自己的体力运动、碳排放，主动探索户外，完成自己的度假时光及亲子陪伴，而户外教育自然而然地就进入他们的生活中。我想这是中国的家长需要向他们学习的一点。

与国外童子军的勋章体系类似，国内少先队的雏鹰计划也有健全的勋章体系，可以激励不同年龄段的青少年参与活动，尤其是参与户外活动。因此，参加少先队也是青少年参与户外活动的一种途径。

如何提高孩子的户外运动兴趣？

前面笼统地介绍了户外活动对儿童青少年的好处及其当前的发展情况。下面继续聊聊如何提高孩子的户外运动兴趣。

孩子们非常喜欢宅在家里玩电子设备、电子产品，家长们也特别热衷于给孩子们报各种班，比如语数外班、各种艺术类特长班等等。但家长是否考虑过给孩子报有关户外活动或户外教育、营地教育的班呢？孩子们参加的兴趣又如何呢？

我想当有各种选项摆在面前时，很多孩子的首选是拿起 iPad 玩游戏，体验电子游戏的乐趣。在电子游戏中孩子们能够体会到成就感、刺激感还有快乐感，但这些都是短暂的，我们不能让孩子完全沉迷在这种网络的世界里。我们怎样才能让孩子们从这样的状态中走出来，走进大自然，走进户外，以一种健康向上的方式生活呢？这才是需要我们下功夫去达成的目标。

无论是户外体验还是电子产品中的各种游戏体验，孩子们之所以感兴趣，是因为它是一种游戏，有规则或者无规则，但最终目的是要从中体验快乐，体验难忘的经历，有所收获，有成就感。事实上户外活动是更能够给我们带来这些东西的，关键是通过设计和改变户外活动的模式，让孩子更愿意参与其中。

很多人也会担心孩子的运动能力不强，不能参加户外活动。我想大家不要有这种顾虑，玩是孩子们的天性，尤其是在大自然中玩耍，那更是他们的天性，也是人类的天性。户外活动包括从入门级到高境界的各种项目，我们只要在思想意识上去重视这件事情，就可以了，剩下的就是方法论的问题。

很多孩子不去参加户外活动，我觉得需要反思的是家长。家长的生活方式里是否有体育的元素、户外的元素、在自然中休闲和体验的元素，这直接影响孩子对户外兴趣的兴趣。如果我们希望自己的孩子未来有很好的发展，那么一定要培养具有好奇心的孩子，因为只有有了好奇心才能够探索更多的未知。而户外活动恰恰是培养孩子好奇心和专注力的最好路径。我们以游戏的方式吸引孩子参加户外活动，这个方式是很容易达到的。比如，我们把这个项目设计得更有趣一点，找更专业的团队，或者说与小伙伴一起参加户外活动，效果就会很好。

我们走勃朗峰的时候，因为每天都要攀升上千米，还要走十五六千米，孩子们都不太情愿，因为坐在那里拿个 iPad 手点一点，就能获得快感和乐趣了，谁会愿意做这么大的体能上的付出呢？所以这也是户外活动难以吸引孩子的地方。但是我们可以利用孩子们的和同龄人交往的需求，组织同龄人一起搭伴活动。当然，他们也有向哥哥姐姐们学习的诉求，所以在团队中也可以特意设计年龄差异。

孩子们在美丽的风景中进行户外活动

在活动中我们也可以做一些有趣的选项，比如分组。有一天我们需要翻越一个海拔 2 500 多米的山口，孩子们完成这项活动后一定会很累。所以当发现沿途有很多野蓝莓时，我就有意引导队员们自动形成多个蓝莓采摘小分队，他们以这样的方式边走边观察，边采蓝莓。事实上采摘的过程也是一种体能上的休息，而恰恰在休息的过程中就完成了采摘蓝莓这项打卡任务。到活动结束时，他们采摘了很多的蓝莓，后来还做了蓝莓酱。这样的设计，既符合孩子们的兴趣点，又可以让孩子们更加热爱户外活动，体验到户外的乐趣！

有一天我们要翻越一个雪山的垭口，这一带土拨鼠特别多，于是我们就成立了土拨鼠小分队。他们以小分队为单位、仔细地观察土拨鼠的位置，是胖还是瘦，一窝有几个仔儿。大家用眼睛去观察，用脚步在丈量，讲着故事，观察着世界也就完成了任务，当活动结束以后他们又有了满满的收获。这些都是我们在活动中为增强他们的兴趣采用的巧妙办法。

而至于如何从 0 到 1，这件事情的关键真的不在孩子，而在家长。你只要愿意，他就能从 0 到 1，从不动到动是很难的，但一旦动了，以后就动者恒动。作为家长，我们有责任让孩子进入这样的轨道。在这个过程中，他可能需要你的陪伴，也可能需要他的好朋友的陪伴，总之让他动起来，那一切就有乐趣了。

过程肯定是痛苦的，因为户外活动毕竟比玩电子游戏要累，因此，首先要坚持下来的是家长。家长要知道户外活动对孩子人生成长的意义是非常大的，无论是从身体上还是情谊上，甚至对他的态度和价值观的塑造，对他对人与自然这种和谐关系的理解，都会产生很大的影响。

出于场地和安全考虑，幼儿园的活动量一般都很少，但孩子能量充足，又释放不出来，自然就会有问题，容易生病。我的大儿子在幼儿园经常生病，所以我就带着他参与徒步活动。爬个两三公里的山，他就哭哭闹闹，然后找各种借口。小男孩应该是有骨气、有意志力的，所以我坚定了带他参加户外活动的决心，希望改变他这种软弱的一面，塑造坚强意志的一面。

他特别喜欢乐高，在六岁的时候就能够做很好的拼插游戏和编程了。所以我与他约定，他只要表现得很好，愿意参加户外活动，我就逐渐地给他积累乐高积分，到最后他可以用他的乐高积分买他想要的新年礼物。再到后来，户外活动变成了他的期待，他不再为了得到乐高而跟着我去周游世界，周游世界本身就成了他最壮丽的童年体验。

所以，在他四岁半的时候我就带他去徒步沙漠，一路走来，他这些年跟我去过俄罗斯的堪察加，坐直升机，爬火山，漂流，看棕熊；2018年在尼泊尔也成功地完成了布恩山徒步，参与海拔3 210米的安娜普纳的小环线之旅；2019年又跟我成功地完成了环勃朗峰环线的徒步之旅。成功是可以不断复制的，随着越来越多的成功，他内心会变得更自信，孩子们再小，也需要成功带来的成就感。和伙伴们聊这些事情时表现出的优越感和自信，在合适的时候，就可以正向迁移，成为他在工作、学习和未来人生中的一种重要资本，这就是心理资本的强大。

所以，我采用的方式就是把他最强烈的兴趣点与户外活动做一种关联，在关联的过程中，我们再通过增强户外活动的趣味性，让他自然而然地形成对户外的热爱和兴趣，最后，这些热爱和兴趣及其带来的成就感不断地刷新，就会迁移到他未来的人生中。

但是我们也看到，很多家长不愿意把时间投入户外活动中，更愿意为了择校，为了应试教育，让孩子去学奥数，学英语，背作文，学习艺术特长等。

这些也并没有错，我们并不是说参与户外活动就不去做其他活动了，而是说户外活动能够让孩子的成长更全面、更平衡。因为那些学科都是在人文艺术本身，或者人与抽象的、间接的知识和人类文化的保护中做交流和互动的。

前面也讲了，人更需要和自然打交道，自然的人只有放在自然中，他的自然属性才能够得到更好地彰显。如果一个人连花草鱼虫都没有见过，只是在知识的海洋中成长，那么即使拥有再多的知识，他也是一个不完整的人。

所以家长们可以大胆地从 0 到 1 给孩子们加上户外活动和户外体验的模块。孩子们在户外活动的过程中，身体一定是健康的。文学家和教育家卢梭曾经讲过，什么样的孩子最美？白天在大自然中奔跑了一天，然后到了床上倒头酣睡的孩子是最美的。事实上我们现在的孩子，能有多少这样的自由玩耍时光，这样的体验呢？

在户外活动中，我们能够很轻松地发现卢梭所讲的美好教育场景。在我们带领孩子徒步的十几天里，孩子每天都会酣睡，不存在时差问题，很快就能入睡，早上又能早起，这既间接锻炼了自律能力，又让孩子的天性得到自然地成长。我想大家真的不太希望孩子都是说起文学知识或者理科知识滔滔不绝的戴着眼镜的小胖墩，而是希望孩子是一个身体健康、意志力坚强的人。

少年强则中国强，我们这个强不仅仅是知识上的、心智上的强大，还要有身体上的强大。北大老校长蔡元培曾讲“完全人格，首在体育”。我们如果在最重要的身体健康层面上都做不好的时候，作为家长是有愧于孩子的。

当需要在孩子的成就和健康中做出选择的时候，我想所有的家长想要的都会是孩子的健康、快乐和幸福，其次才是他能够出人头地，高人一等，在自己的领域内做得卓越而成功。作为孩子的家长，我们要不忘初心，让孩子有一个健康、快乐、幸福的人生才是最重要的。我想户外活动最大的好处就是能够让我们理解和思考这些东西。

户外活动的兴趣是可以激发出来的，因为孩子们骨子里就有，正如前面讲的，我们不是在“走近户外，走近自然”，我们只是回归。如今我们只是走得太远，忘记了我们的初心，忘记了我们曾经出发的地方。所以作为一名家长，我呼吁我们要带着孩子，培养他在户外体验和活动中的兴趣爱好，让他终身受益。一旦成为终身的爱好之后，那时他会影响更多人，也会影响自己更多的朋友和家庭。

如何为孩子选择最合适的户外运动？

很多家长可能并不具有丰富的户外经验和很好的体力，此时我们应怎样为孩子选择合适的项目呢？这就要先思考一下，我们让孩子在户外成长的目的，是为了亲子陪伴，还是为了培养自立能力，让孩子自我成长，或者为了着重提升他某方面的能力，再或者是进行主题教育或者专项教育，等等。另外，户外运动也是需要分类、分层、分级的。天上飞、水中游、路上走这都属于户外活动的范围，户外运动是一个非常大的范围和概念。

选择太多，很多家长就会陷入困惑。我想从进阶的角度来讲，无论孩子多大，都可以开始户外活动，当然越早开始越好。前几次户外活动，我们都希望是有家长陪伴的，原因有以下几点。

第一，可以让孩子有一种心理上的依赖，然后再有一个逐渐放飞的过程。

第二，这也是家长认识自己的过程，尤其是这种亲子活动，你也会和其他的家长交流，然后会看到人家的孩子是什么样子的，别的家长对孩子的教育理念是什么。所以在这样的一个互相借鉴和照镜子的过程中，孩子和家长能共同成长。

第三，当家长有一定的户外教育经验后，才能够找到一些不错的机构。现在专注于做儿童青少年户外教育、户外活动的机构很多，家长只有自己有户外经验后，才能选择合适的机构。一般的原则是要选那些口碑好，尤其是在教育理念上与你的理念高度吻合的，同时要重点考察这些机构的师资水平和安全资质。

机构选好后，再去考虑项目。比如是一次很轻松的露营，还是一次当天往返的徒步，还是一次夏日逆流而上的溯溪，还是一次皮划艇的漂流等，当然还可以是一次远足，或者一次长途跋涉的骑行等。除了户外项目，你也可以参考线路的强度和难度系数。

在这件事情上我们要打开思维边界，不要认为孩子太小，什么都不能参与，实际上我身边的北大群体中，他们的孩子在四岁左右就已经开始进行一系列的户外活动了。

我们先给孩子选择适合的，然后再让他去体验。从这些层面去思考应该就问题不大。

当然，更多人的选择是徒步。经过我们的研究和多年的实践证明，通常 4~6 岁的孩子，一天徒步 6~8 公里是没问题的，但家长要帮助他们控制好强度、量和负重，在行程过程中尽量增加乐趣；6~8 岁的孩子一天走 10 公里是没有任何问题的；8~10 岁的孩子一天走 12 公里也是没问题的；10~12 岁的孩子一天走 15 公里是没问题的。距离不是大问题，只要不让他们负重，不要影响到他们的身体发育就没有问题。

带孩子露营

其实孩子的适应能力是很强的，我们曾给幼儿园的孩子做过专门的徒步设计，他们做毕业旅行一天能走 8~10 公里。他们在沙漠中，在自己喜欢的场景中自由地玩耍和奔跑，并不会觉得累，即使孩子在户外随便跑跑跳跳，运动量和强度也不会太少。所以，大家不要担心会累到孩子，只要专项化的训练不过早，以游戏的方式进行的户外体验活动都是没有问题的。

在项目的选择上，只要选择参加合适的户外活动就行，夏天肯定是以一些亲水的项目或者溯溪的项目为主，冬天可以带着孩子做一些冰雪体验，春秋则可以徒步、观花、赏景。体验结束后可以做一些研学课程的设计。

但最关键的问题就是安全性。很多家长不让孩子参与户外活动的原因，就是他们认为户外活动都是危险的，但是什么事情不危险呢？没有不受伤的成长。危险只是你认为的危险，因为不了解才认为它危险。但是当你按照我刚才讲的那些元素，选择合适的项目、合适的机构、合适的教育理念，有优秀卓越的师资、负荷量和强度合适的线路的时候，安全性就可以得到保障。

站在高山上，蓝天下

户外活动最大的魅力就是不确定性，它不像在操场上跑步那样，每天反反复复，都是一样。在户外，你和孩子的身体是不确定的，你的技术动作是不确定的，你所在场景的风险也有一定的不确定性。而恰恰是一系列的不确定性，组成了青少年户外教育中最大的魅力。人生本身就是不确定性的，我们就是在这种不确定性中去追求确定性的过程，才完成了人生的成长和历练，也才完成了我们对孩子关于探索未知、关于卓越领导力品格培养的过程。所以家长们在选择时一定要以开放的心态去接受可控的风险。

但是风险是一定存在的。我们只能合理地去转嫁、管理、监控好风险，让孩子茁壮地成长。当孩子摔跤擦破皮了，流血了，出现了情绪上的波动，甚至是一些歇斯底里的崩溃，我觉得都是可以接受的。因为你要让他成长，就要让他提早体验这些东西。现在你让他自由自在地在温室内不接受任何的伤害，也不经历任何的挫折和困难，未来他的人生会经历更大的挫折和困难，那个时候再塑造他、帮助他，你是无能为力的。

同时，户外项目中的探索性和类探索性的这种不确定性，能让孩子们在参与的过程中，充分地发展和培养他们的自主选择能力和适应能力。他一定会知道这边有溪水、有石头，我走哪一条路是最合适的；这面坡是陡的，那面坡是缓的；这边是一个人出行，那边是和自己的小伙伴一块出行等。他自己会做自主选择，选择的过程事实上对他来讲就是最直接的体验。这些选择和选择过程中的体验以及选择后的反思，就组成了他对自我的一种全新认识。

最终他会知道，所谓的能够完成户外活动，就是让不确定性变成确定性，他能够让他每时每刻的动作、他的行为和意识完全地与他所在的场景匹配，无论是自然场景、社会场景，还是未来的人生场景，这些迁移和改变，这些提升的经验对他来讲都有很大帮助。所以我们认为，选择优质的户外活动，不断地体验不同的选择，最终达到让你的选择在你的当下是最适合的、最平衡的、最完美的状态，这就是户外活动给我们带来的收获和体验。

如何通过轻松的户外活动，提高孩子的创造力和沟通能力？

上面我们聊到了关于如何选择户外活动及在户外活动中如何培养孩子们的选择能力的问题。下面将聊一下如何开展一场说走就走的入门级的轻户外活动。

很多人会想，刚才讲的 8 公里、15 公里，我们的孩子能做到吗?

事实上如果要求你一小时走这么多路，你的确做不到，你的孩子也做不到，但是一天走这么多路，你和你的孩子都能够做到。

所以，我在这里讲的轻户外或者重户外，不是就量而言的，而是就它的性质而言的。当我们参加一个户外活动，淡化它的探险性，保留它的轻松休闲性和探索性的时候，它就是轻户外。

举例来讲，2018 年我攀登珠峰，这就是很重的探险性活动。再比如我徒步 300 公里马拉松，环台湾岛骑行 1 074 公里，乍一看这是重户外，但是当我的骑行变成我骑 100 天把这个环台湾岛骑下来，那就是轻户外了。

当我们不是去攀爬一座充满了危险的雪山，而是带着孩子夜爬西山森林公园、香山的时候，那就是一个很轻松的、保留了探险性和探索性的轻户外体验。

如果经历的是轻户外体验，无论是大人还是孩子本人，都无须担忧，你只需穿上运动且略有户外属性的鞋和服装，准备好你要去的心情和知识就可以了。

钱俊伟于 2018 年登上珠穆朗玛峰

平日里，作为家长，你也可能陪着孩子一起看贝尔·格里尔斯的《荒野求生》，以及教求生求救知识的纪录片，那么这种陪伴与学习事实上就是你和孩子了解和开启轻户外的切入点。

这种陪伴能够带来交流学习和知识储备，这是很重要的。比如，我会和我的孩子订《中国国家地理》及其副刊《博物》，我在读《中国国家地理》的同时，他就会去读《博物》上每次都讲到的有关野猪的知识、南方水果的知识及生存等方面的内容。借助影像或者从口头上对孩子进行引导，都是家长逐渐帮孩子介入轻户外的开始。

我们可以带孩子学一学户外知识及分类知识，学习如何在野外搭帐篷，如何做庇护所，书里或者电视上也会讲到，但你也可以自己带着孩子在屋里进行操作和演练。周末的时候可以带着孩子去公园，也可以去近郊区或者远郊区进行野餐露营，这些都是很轻松的体验。它更多的是一种美好的亲子陪伴时光，也是家庭中最温馨的时刻。

像我也会和朋友们一起约着："好吧，我们今天周末去奥森。"每家都备上几个菜，备上一些零食，带上野餐垫和帐篷去野餐。孩子和家长在参与的整个过程中也会有所收获，家长们一起聊育儿经，孩子们则在一块自由地玩耍，这就是轻户外。

我们也可以去北京西山国家森林公园，沿着修好的木栈道行进，在确保安全的情况下也可走稍微偏离主景区的一些更野一点的线路，让孩子观察松鼠、松子。一路走下来，你能发现多种有趣的动植物，听到多种声音，这些收获是可以信手拈来的。当孩子到达顶峰的时候，他回望北京城时的成就感是不言而喻的。

当然我们也可以稍微再走得远一点，比如说开车到延庆，在草地上奔跑、放风筝，各种玩耍，然后沿着溪流观察鱼，去溯溪，这些都是风险可控的轻户外。

有一些家长可能会对孩子说："白天出去爬山太热，我们可以选择晚上。"晚上也可以爬西山国家森林公园或者香山，在傍晚的山顶看北京美丽的风景，那又是不一样的体验。

如何设计一个有趣有意义的轻户外？

有朋友会问，孩子上四年级了，生日派对怎么做？我们传统的方法是，买个蛋糕，大家一起吃个饭，但是能不能利用户外运动设计一个有意思和有意义的生日派对呢？你可以选择让专业人士帮你设计一个定向的路书，在圆明园设计 20 到 30 个点，小朋友们到达不同的点会获得不同的积分，不同的积分代表不同的晚餐聚会的金额。当所有人一起努力，完成了所有的点打卡，挣到了积分，换成聚餐基金后，大家去买生日蛋糕，去订吃饭的地方，然后一起交流。这就是一个最轻的亲子派对及孩子们之间互动的过程。

这些活动本身都在培养孩子们的创造能力，因为他们是在无边界的场景中去做具体确定的事。这种设计、构想和尝试，实际上都有助于创造能力的培养。

这类亲子户外活动，能很好地培养孩子们的沟通能力。亲子沟通非常重要，孩子与同伴之间的沟通也非常重要。

走在青草黄花间的孩子们

最关键的是，我们还要重视和自然的沟通，因为我们身处大自然中，就要倾听大自然的声音，感知大自然的感受。

最后是和自己内心的沟通。有人认为，孩子不会跟自己的内心对话，只有具有哲学思辨能力的成年人才会，其实这是完全错误的。孩子做任何一件事情，他的内心都有一个内化的过程，他都会和自己交流，尤其是在户外，他更倾向于向内的一种审视和交流。因此我觉得对这种轻户外运动，当淡化了强体力和探险性之后，孩子们能有更多的经历和感受关注和关爱自己的内心，提升和培养自己各方面的沟通能力，得到与各方面进行沟通的实践和实战经验，同时也能获得创造性。

结束轻户外活动后，你也可以让孩子做一些有趣的回顾，比如，可以设计一个实物、一张图画，也可以写一篇文章。这都是培养孩子创造力的一个过程。

/ 户外活动如何带来高质量的亲子沟通 /

在孩子成长的过程中，我们很多时候都忽略了高质量陪伴的重要性。所谓高质量的陪伴，一定要有高质量的沟通。

在这里我介绍一个案例。在一次徒步的过程中，很多小朋友都爬到树上看风景，一个小女孩正要自己上去的时候，她妈妈帮了她一把。尽管她也站在树上了，但是她什么风景都没看。跳下来以后她在旁边痛哭了 10 分钟。我当时很纳闷，后来我跟她交流，小女孩说：“别的小朋友能干的事我也能干，别的小朋友需要家长帮忙吗？我不需要，我就要自己干，我认为我有这个能力。”

家长总认为我可以帮助孩子，让他看到更美的风景，然而往往是这个助力本身对孩子造成了伤害。

孩子说："你没有尊重我，剥夺了我自己选择的权利，你不信任我。"所以很多时候我们和孩子之间是存在隔阂的，我们不能深刻地理解孩子。

户外活动就是一面镜子，在大自然面前，在一个个小的挑战或者小的体验面前，我们是没有任何遮掩的，它会直接映射出我们的亲子关系：我们如何能够更深刻地了解孩子，孩子又怎么能够更深刻地理解父母。

我也深刻地记得有一次，一对母女一起徒步，大家都非常累，孩子一直在后面，妈妈在前面，妈妈帮着孩子拿了所有的东西，因为她觉得孩子太累了。我们觉得这很正常，父母为孩子付出是应该的，也不求回报。

但是在那次回来的车上大家分享体验的时候，这个孩子说她非常感激妈妈。因为东西太重了，她自己拿不动，而妈妈也是一样累，走得也是那么艰难，但妈妈还帮她背负这些物品。她说，看着妈妈的身影，她的内心是非常感动的。尽管才十岁，但是在分享的过程中，她对妈妈的感激之情自然流露，我相信这会让她记忆深刻。

在日常生活中，我们很难找到这样一种场景，能让孩子看到父母为自己付出，并且是心甘情愿地付出。孩子也很难会有这样的机会去主动地表达对父母的感恩和感谢。

这样一个个的感恩和感谢，都源于我们在大自然中去照镜子，去了解自己和孩子的过程，同时孩子也会更了解我们，这种沟通也就会更深刻。

家长与孩子共同参加户外活动

如何通过一场精彩的户外活动培养孩子的意志力和团队协助能力？

2018 年暑假，我带着孩子进行了一次户外体验，这次体验让我印象非常深刻。我带着团队在俄罗斯待了一个多月，俄罗斯远东之东的堪察加半岛，堪称荒芜之地。我陪着一个上五年级的小女孩爬一座叫阿瓦恰的火山[①]，由于她的体力稍微差一点，走得又慢，结果其他团队成员都登上去了，只有我和她还在迷雾中艰难地攀爬。

① 阿瓦恰火山是俄罗斯东部的活火山，是堪察加半岛其中一个最活跃的火山。阿瓦恰火山有记录以来爆发逾 16 次。2013 年索契冬奥会火炬传递经过该火山。

就在我们两个离顶峰还有 10 米的时候，突然被俄罗斯向导叫停了，向导说狂风暴雪要来，必须下撤。

在听到这个消息的时候，我还是有点震惊的，就差 10 米了，她却不能到达顶峰，而其他的孩子都到达了，这会对她有多大的影响？作为一个教育者，我深深担忧。我自己也感到遗憾，因为我也是第一次攀爬这座山峰，我也想站到顶峰，我多次登上过海拔超过 8 000 米的山峰，但是这一次只差最后 10 米但登顶最终被叫停了，难免觉得遗憾。

穿越雪地

最后我和孩子都调整了心态，接受了这个事实。这个孩子从海拔 2 790 米处往下走的一路上都在哭，走到海拔 2 400 米的时候，她告诉我："老师你帮着我再照一张照片，把后面的顶峰照到。然后你告诉我爸爸妈妈，我登上顶峰了。"

我宽慰她说，你已经到达了顶峰，不就差 10 米嘛。但是我的理性又告诉我，她的确没有到达顶峰，就差 10 米，我希望她能记住今天，记住她为什么没有到达顶峰。

这个女孩在 2018 年的寒假又和我、我的儿子，去了尼泊尔布恩山的小环线、安娜普尔纳小环线徒步，她在整个过程中的表现非常惊人，她再也不是走在队伍最后的一个，而是走在最前面，时刻都和向导走在一起。

然后她所有的动作和对自我的要求也越来越严格。然后我就和她父母交流，我说这小丫头怎么会变了个人呢？她父母说，阿瓦恰火山之行给她留下了深刻的印象，她留有遗憾，但是这成了她前进的动力。

原来从那次之后她就在想，下次再和老师一起去登山的时候，一定要到达每一个行进中的制高点。于是她接下来的半年每周都会进行 2~3 次的长跑，每月也会进行一次登山训练。

这个案例让我特别感动，也让我认识到这些项目真的能成为孩子们的镜子，培养他们的意志品质及各方面的能力。

2019 年 7 月，她又跟我走了勃朗峰的大环线。那时她马上就要上初中了，能够看到她一年多来的变化，这种变化体现在体格上、身体素质上，还有意志品质上。并且这一次她主动要求：我要进行滑翔伞，我要体验滑翔伞的飞行，我要不断地超越自己。

我想这就是户外活动的魅力，它让一个孩子从队伍中的最弱者，通过反思对自己提高要求，然后从日常的训练中做自我的规范和优化，到最后她不但能把所有的事情做好，还敢于尝试新事物。我想这就是一些挑战类的户外活动给 12 岁以下的孩子带来的收获和体会。

带着锅碗瓢盆去进行户外活动

所谓挑战无外乎就是我们去的地方较多是荒野，比较偏远，我们不能提供太舒适的物质保障。

但是我们要记得，在户外物质越少，人性越多，而恰恰齐心协力经历困难、挫折和压力的时候，孩子们才能够真的认识到身边人的重要性，以及自我意志品质的重要性。这也是我们选择户外课程设计的时候总会去遵循的理念，一定要有向上攀登的精神。

因为正如有人说的，向上比向前更难，因此我们在设计课程的时候，就要通过这种向上的攀登着重培养大家的意志品质。在这个过程中，他每一步都是煎熬，每一步都是困难，都是逆境，他经历这一次挫折逆境，在逆境中去调整自己状态的过程，未来会迁移到他的学习和生活中，他不会再遇到太大的困难。

有很多人也会说，钱老师你登过珠峰后，你的人生增值一百倍。

难道说北大要给我涨一百倍的工资吗？事实上这种增值指的是人的心灵品质，做事情的坚持力和坚毅力的增值。

而户外这些体验可以给孩子的最直接的印象就是，你必须继续前进，直到达成目标。因为户外活动通常都是穿越性的，都是从A点到B点，你一旦出发就没有回头路。当孩子知道这种前提预设的时候，没有孩子会哭着闹着说，老师我走不动，我不走了，我要放弃，但是通常没有人会最终放弃。所以这样的一种自然场景的设计，就决定了孩子一定要完成目标。

人生不也是如此吗？我们要一步一步地向前走，哪怕再艰难你都要继续前进，而这些就是我们要给孩子最宝贵的财富。

其实人的成功不在于你拥有多少知识多高的学历，而在于你有没有一种精神，有没有一种持续向前的向上向善的精神。而大自然可以给你这一切，一些挑战性的项目可以给你这一切，因为这基于你与孩子的付出，与孩子和身边人的共同努力。

通常最困难的挑战都是要和同伴齐心协力去完成的。如果说你只是一个孤立的个体，你的收获就会大打折扣。

记得在一次漂流体验中，我们一共见到了20多只大棕熊，俄罗斯棕熊站起来有3米多高，真的很恐怖。因为我们划桨划得很疲惫和饥饿，想去找点吃的，但是我们去抓鱼的地方，也是有熊的地方，因为熊是很聪明的，它也知道鱼在哪里。于是当我们正快乐地捕鱼时，突然有人喊道“熊来了”，果然，我们看到一只母熊带着三只小熊正懒懒散散地向我们这个方向走来。尽管我们知道这个季节熊是不吃人的，三文鱼比人好吃多了，但是我们心理上还是很害怕，大家立即落荒而逃，爬到皮划艇上，迅速逃离了。

这种体验是最真实的体验，而且可以让孩子和家长建立起深厚的感情，以及对于熊和大自然的最真实的认识。

所谓挑战性的户外活动，就是它面对的场景是更真实、更原始的场景，更需要你有强大的体能、强大的心理素质及强大的精神力量。

因此所有的这种挑战性的项目，我们通常会要求孩子在半年内要完成一定量的有氧训练、力量训练，以及实地的户外综合实践训练。只有经过这种进阶式的积累和补充，你才能够达成目标。

事实上我们参加的所有户外活动，都是为了下一次能有更好的户外体验，那么要想有更好的户外体验，你必须做充分的准备。因此，我们会有体能上的要求、装备上的要求、技术上的要求，以及自己心理建设上的要求。

我儿子在一次去远东进行户外游学的过程中，玩得很开心，又坐直升机，又漂流，又爬火山，又出海到太平洋上看虎鲸，但是他回到北京就病了，因为他太累了，玩得太投入了。

但我觉得这不是坏事。我跟他妈妈讲，他为什么病了？是因为他使出了所有的精力去体验了，但是他又没有更强大的体能和精神准备去支撑这件事情。所以从俄罗斯回来以后，我给我儿子讲，下次你要想再跟我去周游世界，我对你提的一个要求是你体验要全情投入，但是你回来以后也要很健康，而不是说登完山就病了，不能再继续你的日常生活和学习，那是不可持续的，那不是我想要的。

他也明白了这一点，就开始加强各方面的体能训练，做好技术的、心理的准备。跟我去爬喜马拉雅山或者是去阿尔卑斯山徒步回来以后，他第二天就倒好时差，可以进行学习了。

我想这才是我们想要的生活，让孩子能够更健康地去体验户外运动，体验以后又健康地去生活，更有启发性地去成长。所以，尽管这个活动充满挑战，但是它带来的人生成长也是其他活动无可比拟的。但是它也考验我们家长是否有一颗强大的心脏，有没有强大的心理素质，或者敢不敢让孩子去接受最真实的挑战。

其实我们所谓的挑战，只是体验者本身认为的挑战。作为活动设计者本身，一切的安全都在他们的掌握之中。比如说我们在漂流的时候，会带猎枪，也会有当地的军人保护我们，当地当过特种兵的人给我们当船长等。

我们没有去冒险的必要性。我们所谓的挑战就是让孩子觉得，哇，这是真的，很恐怖。然后在这样的真实的场景中，他思考得最真切。

有的时候我们当然也不需要必须选择欧美的或者是世界级的线路，比如我们也可以去北京周边的沙漠徒步。

在徒步的过程中，孩子无论多大，无论他多有能力或者多弱，实际上他都会有一个成长的过程，能力强的孩子就多帮助其他人一些；能力弱的孩子，就更关注于自己的一步一喘，然后保存实力进行到底，从而提升了意志品质。

所以，户外活动是一件非常神奇的事情，无论你的能力强与弱，在这个活动中都会收获很多，甚至弱者比强者收获得还要多。作为家长，你要根据孩子的情况，做一些主题性或者目标性很强的要求。你既可以陪着他、监督他去完成，也可以与相关的教育机构沟通好，让它们帮你做一些优化和设计。

有一次，一位户外教育界的朋友带着孩子徒步库布齐沙漠[①]，大家会想徒步沙漠是大人都不敢做的事，小学生能做吗？

其实大家错了，我刚才也讲了，我的孩子四岁半的时候，就已经开始沙漠徒步了。那次是孩子幼儿园班的毕业旅行，他们选择了两天一夜的沙漠徒步。对这个事情我也很惊讶，起初我觉得这可能吗？但是事实上他们做到了。回来后我发现班里的孩子尤其是三个所谓有自闭症的孩子，在整个过程中表现得完全像健康孩子一样，他们有说有笑，开开心心地完成了全程，不闹也不哭。

家长带领着孩子们穿越沙漠

---

① 库布齐沙漠是距北京最近的沙漠，位于鄂尔多斯高原脊线的北部，内蒙古自治区鄂尔多斯市的杭锦旗、达拉特旗和准格尔旗的部分地区。

我觉得这就是大自然的力量。在大自然中，这种感统失调的孩子，或者说有自闭症的孩子，甚至有抑郁症的孩子，都可以得到很好的治愈。

孩子们整天在平地上行走，在钢筋混凝土里生活，他们没有经历过挫折和坎坷，得到的刺激自然也不充分，他们的神经与眼手脑的协调自然也不一致，所以我们要给孩子一种挑战。

给孩子挑战，其实更多的是给我们自己的一种挑战。挑战的是我们的教育理念和底线。我们是功利性地教育我们的孩子、工具性地教育我们的孩子，还是我们真的想给孩子他们想要的人生?

精彩的人生一定是经历风雨和彩虹，经历磨难的，这又回到我刚才讲的：没有不受伤的成长。

搂着一个宝贝，让他天天在温室里，你不愿意放手，他怎么能够成长？事实上所谓挑战性的户外，挑战的是家长的内心，挑战的是我们的教育观，而不是孩子。

对孩子来讲，永远没有挑战，挑战本身就应该是他们的生活方式。

当然，做这些项目你还要做好充分的准备，比如你要给孩子一种激励，一种目标，一种要求，然后从你要去的目的地的人文、历史、艺术、文化、建筑、民宿都要给他进行一些补充，他也可以自学，你也可以帮着他一起学习，一起去听这方面的讲座，同时要对他进行一些体能上的储备。

而我觉得通常没有技术上的挑战。因为对于 12 岁以下的孩子，我们不建议去爬技术性的山峰，比如我之前爬到了阿尔卑斯山的最高峰勃朗峰，年满 18 岁才可以爬。所以很多地方都会通过限制来规避技术的要求，所以，我们只要求孩子做好心理的、文化上、精神上和体能上的储备，就可以了。

我最后还是要强调一点，家长们要去做的最重要的事情，是打消顾虑，更不要焦虑。谈到户外及户外挑战，不要焦虑；谈到教育，不要焦虑；谈到孩子的成长，不要焦虑。

这三种焦虑放在一起，会令你喘不过气，后果是你什么也做不，只能循规蹈矩地让孩子成为应试教育的工具。

当我们放松下来，从哲学的层面去思考人的成长及亲子关系的时候，你就做得足够了。

户外运动带给我们哪些思考和启发？

上面讨论了具有挑战性的户外活动对于孩子成长的意义，以及与我们教育理念的冲突。下面谈谈户外教育对我们的一些启示和思考。

我曾经有两个外教，他们都是英国爱丁堡大学的本科生，都很优秀：一个是在英国本地成长起来的，一个是印度裔的英国人。

我曾经问他们：在你们成长的经历中，有没有过家长陪伴的美好时光?

他们不约而同地跟我谈到父母陪伴他们的最美好时光都与户外活动相关：一个说是在河边露营，一个说是父亲带着他去阿尔卑斯山滑雪。

那时候他们都正处小学阶段，说那段时光是非常美好而难忘的，也是人生中非常难得的。

户外活动中的插满鲜花的鞋子

我也曾回想小时候父亲对我的陪伴有多少，但发现真的很少，我觉得这是中国家庭面临的一个普遍现象——缺失的父亲。父亲一般都忙于生活生计和整个家庭中最重要的经济方面的事情，所以对孩子的陪伴总是非常少的。

这也验证了这些年来我发现的一个问题，我们参加户外活动，那些有家长陪伴的户外活动中，很少会有父亲，大都是母亲陪着孩子去参加远足，徒步露营。

我在想，这么艰苦卓绝的事难道不应该是大老爷们干的吗？但是很遗憾，父亲是缺失的。这也是我对当前教育的另一个深度思考：缺失的父爱，焦虑的母亲，功利性的社会，对我们当前的教育造成了很大的冲击，因此很多孩子处于失控状态。这些都值得我们思考。

在孩子成长过程中，父亲的角色是非常重要的，但是母亲更重要。从这个问题我们也衍生出其他思考：难道户外活动只适合男性，只适合男孩吗？女孩就应该去弹弹琴，学画画的想法其实是错误的。

大自然是可以包容一切的：女孩可以学会它的阴柔，学会包容，学会它的宽广；男孩可以学会它的伟岸、博大和坚毅。所以只要我们出去，无论是男孩还是女孩，都可以从大自然中有所收获。这是值得我们去思考的一个问题。

当然，我们还要思考另外一个问题，就是在孩子和家长一起去户外的时候，你会发现家长的表现永远没有孩子好。他们看起来很疲劳，忽视对自己身体的了解，总是会在队伍的后面，并且气喘吁吁。但这也是中国家长最令人感动的地方，哪怕再艰难，只要孩子在，没有一个家长会说放弃，因为他们内心最坚定的信念就是要陪着孩子，要给孩子做榜样，而不是给孩子减分。每次都有这样的案例。

这也提醒我们家长要和孩子一起成长，这是非常重要的，尤其在这样一个时代，家长和孩子要保持最合适的位置和关系。

在徒步中，经常出现一幕让我印象深刻的画面：孩子在前面自由洒脱地玩耍和奔跑，他们离家长越来越远，而家长则背负着很重的行囊，卖力地坚持一步一步往前走。

我想这是最好的距离，也是当前中国家庭教育的一种最真实的写照：我们放飞孩子，让他去自由地、健康地成长，看着他远远地离去，然后快快地成长，我们和他的距离越来越远。当他飞翔于天空的时候，那正是我们自己的梦想飞翔于天空的时候，所以距离要保持好。

但是也有很多场景会让我深刻反省，有一些家长一直是用比较强势的语言或者身体动作，鞭策着孩子前进，甚至是拉扯着前进。我觉得有时候这种关系貌似是身体上接近了，但事实上却毁掉了孩子成长的机会。大自然是这么宽广，这么博大，充满无限可能，为什么我们不敢放手，非让孩子沿着我们要求的轨迹和路径成长呢？

这是户外活动、户外教育带给我的思考。

从这一点上来讲，我们对孩子整个人生的规划，包括我们给他报的很多补习班，是否也有这样的两种声音呢？你是放手让他在前面，给他更多的支持和鼓励，做坚强的后盾，还是你在牵着他，强迫他，给他一种压力？总之我比较欣赏的是孩子在前，家长跟孩子保持适当距离，一起往前走。因为人生是充满不确定性和无限可能性的地方，这样才会更好。

户外活动就是为了培养户外达人吗？一定不是说所有的人户外活动之后都要去登珠峰，都要去南北极的。户外是培养孩子的一个最好的载体。户外就是自然，自然可以让人放松，让人省悟。我们在户外经历的一切磨难和挫折，又会潜移默化地影响我们的日常生活和学习，教会我们处理各方面的关系。

我的北大山鹰社的学生，他们在小的时候可能也没接触过户外活动，在大学的时候因为接触了山鹰社才开始进行了一些训练。当毕业旅行的时候，他们不再是很肤浅地吃吃喝喝，或者是到哪里走马观花，有的同学会选择结伴爬一座雪山，比如说阿尔卑斯山的勃朗峰或者欧洲的厄尔布鲁士，以这样的方式庆祝自己人生中某个阶段的达成。还有一些同学会去远足，骑行。他们这样做的目的，我觉得也不是想成为户外达人，而是他想在这些不确定性中让自己找到确定性的存在和成就感。

户外在这个过程中能起到很重要的作用。其中有一个学生曾经徒步过安娜普尔纳大环线，后来成功地被清华大学苏世民书院录取，再后来又被外派到巴西和美国学习，未来他是极有可能成为一名卓越的领导人的。

还有一些学生因为在中学或者大学期间有马拉松跑步的完赛经历，或者有骑行青藏线的经历，或者有参加斯巴达户外挑战的经历，他们被号称全球本科生奖学金的“诺贝尔奖”的罗德奖学金录取，人生从此有了很大的变化，这样的案例太多了。

我想，这些有户外经验的人，他们具有探索精神，好奇心强并勇于尝试、敢于创新，未来在任何一个领域中他们都可能取得卓越的成就。尤其是在儿童时代就接受这种精神培养的话，他们在未来会发展得更好。

前面也强调过，户外教育开启得越早越好，因为它的边际效用会更大，蝴蝶效应也会更大。

当然，我们也要控制好风险，尽管说没有不受伤的成长，但是我们希望完美的户外教育是不受伤的体验。

总之一句话，我们作为家长要设计一些有意义的户外体验，让孩子与你一起参与，并在其中积累有价值的人生经验。这些人生经验就会指导着他取得更丰富、更完美的人生体验，然后循环往复，孩子才会有一个饱满、丰富、健康和快乐的人生。

家庭的终极目标，就是能够帮助孩子实现全方位的发展，让孩子能够在活动中不畏艰难，不畏险阻，勇于克服困难和挫折，然后能够达成自己的人生目标，健健康康、幸福快乐地过一辈子，并且能为社会、为国家、为民族做更大贡献。我想这就是我们作为家长最重要的初心，也是目标。

孩子们的户外涉水活动

最后，我希望更多的家长能够让自己的孩子多一份精彩。未来人工智能可能会替代人类做很多事情，知识会被替代得更多，但是我们作为人拥有的一些设计性和非结构性、在玩耍中形成的这种对于同理心的培养、项目的创意和设计，以及坚毅的品格是任何时代都需要的，这种直接的身体体验和心灵体验是任何时代的人工智能都无法替代的。

我们若依赖越来越多的人工智能，越多的信息化和电子化，就需要越多的户外经历去平衡。我也希望大家能够平衡这一点，希望大家让户外生活化，让它成为人生自然而然的一部分，而不是为了让孩子得到什么而去户外。我们要超脱一点，摆脱工具性和实用主义的思想，让户外成为纯粹的户外，让孩子在户外能够纯粹地得到成长和教育。

课外拓展清单

第一本书是《团队拓展训练教程》。

这本书是刘庆君等编者在多年开展团队拓展训练的经验基础上，结合指导学生实训的实际情况编写的。全书共分为五章，概述了团队拓展训练的基本任务，如何理解团队精神、团队激励、团队有效沟通，简要介绍学生应掌握的一些安全常识、野外生存常识，包括一些自救和救助常识等。

第二本书是《青少年营地教育户外生存标准手册》。

这本书是青少年营地教育的必备手册，它以清晰的图解说明详细介绍了户外急救、工具制造、寻找食物和饮用水、搭建避身场所、辨别方向、发出求救信号等各种实用技能，这些技能在人迹罕至的偏远地区可能会挽救生命。阅读这本书，可以使青少年学会如何在户外艰苦的环境下，利用自然条件获得人类最基本的生存资料；如何最大限度地回避风险；在遭遇困境时，怎样自救和救助他人，成为户外活动中的强者。

第三本书是《怀斯曼生存手册》。

这本书为世界精英部队英国皇家特种部队（SAS）绝境求生的秘密，是现代人掌握自救、自我保护的生存技巧。任何人，只要喜爱远足、旅游、探险、行车，都可能会被意外隔绝在地球上的任一地点：茫茫沙漠、热带雨林、无际大海……这本书描述了这些突发事件发生时可能面临的各种危险，同时也揭示了相应的生存机会，提供了详尽的求生方法与技巧。

第四本书是《印第安人野外生存手册》。

这本书可以帮助野外探险者学会如何在没有现代化工具的情况下，利用自然本身和原始技术，学会架筑帐篷、野外取火、寻找水源、制造工具、加工食物、利用植物等技能，从而使自己在恶劣的环境中生存下来。这本书的作者拉里·迪安·奥尔森不但通过自身的经历为我们提供了野外生存的技能，还让我们知道了在面对野外生存挑战时所应有的态度。

第五本书是《热血军迷：向解放军学习野外生存》。

由张福远编著的这本书介绍了大量实用的野外生存知识，内容包括在野外生存前，探险、旅行者要进行充分的准备：服装、设备及身心准备；在野外行进时，需要掌握的技能：正确掌握行进的路线、判断自己所处的位置、辨别方向、经过特殊的地形等；预测天气及风霜雪雨的方法、野外获得饮用水的方法；野外获得食物的方法；野外取火的方法；野外宿营的方法及注意事项：野外急救的知识与方法；几种野外特殊地形的生存方法。在介绍这些野外生存的技能时，突出可操作性和实用性。

除了以上这五本著作，我还特别推荐《荒岛余生》《绝命海拔》《垂直极限》《荒野猎人》四部精彩的电影和《浪迹荒野》《跟着贝尔去冒险》《生者为王》《荒野求生》《越野千里》五个不同系列的纪录片。

希望这些电影和纪录片可以更生动地为大家带来户外活动的知识，尤其是为孩子们带来一些心理的准备，以及精神上的振奋和感动。

最后，我再推荐一些专业的网站和 App（手机应用程序）。

四个有关的专业网站可供大家查询信息，分别是：全国户外安全计划、户外运动网、户外教育网、8264 户外资料网。

还有六个 App，它们分别是介绍综合知识的 App“两步路”、记录轨迹的 App“六只脚”和“行图”、介绍户外装备知识的 App“行装”和“驴友铺子”，以及帮助认识野外植物的 App“形色”。

第九讲

观察力：

带孩子学习自然这本书的打开方式

奚志农

著名野生动物摄影师，野性中国工作室创始人

每个人在生命之初，对自然都有着本能的向往。了解脚下的土地和身处的自然环境，才能让孩子更真切地认识世界，对生命报以尊重和同理心。著名野生动物摄影师、野性中国工作室创始人奚志农将为你讲述家庭中的自然教育。他从自己带孩子到野外的亲身经历讲起，讲解如何唤醒孩子心中的自然本能，帮助他们学习观察自然的方法。奚志农多年来一直致力于中国野生动物的拍摄和保护，曾将鲜为人知的滇金丝猴展现在大众面前，并首次报道了藏羚羊被大肆猎杀的危急状况。2010 年，他被英国《户外摄影》杂志评为全球最有影响力的 40 位自然摄影师之一。

为何带孩子走进自然在当下尤为重要？

/ 被“禁锢”的中国孩子 /

中国的孩子是不太有机会接触自然的，这让我想到我自己的童年。在那个年代我其实是非常幸运的，可以在一个纯净的乡下无拘无束地长大。如今，一方面，可能与孩子少有关，另一方面，与整个社会的物质丰富，生活水平提高有关，所以孩子变得更“金贵”了，以至于学校的整个教学系统都发生了改变。比如原来的春游、秋游，现在似乎也越来越少了。而春游、秋游对很多孩子，特别是对城市里的孩子来说，几乎是为数不多的甚至是唯一的可以接触自然的机会，现在连这最后的机会都很少了。而我经历过一个无拘无束的童年，所以很想把自己的经历和大家分享。

我始终认为，一个孩子在成长过程中，其实是有很多机会能和自然产生连接的。但是在目前的教育体系下，连接的机会被无情阻断了，这是一个非常让人痛心和遗憾的事情。现在有的大城市里的孩子在课间休息时都没有机会到室外去，有的学校甚至规定，去楼道里面的卫生间，走路还得按地上的脚印标记走，不按脚印走还要重新走。所以我觉得特别痛心，中国的孩子现在一茬一茬地成长，但是竟然有孩子是在这样的规定之下长大的，这是我特别不能接受的。

在此，我想通过自己的经历对年青一代的父母说，要想尽一切办法把孩子带到野外去，让孩子在整个成长过程中越来越多地接触自然，与自然建立连接。这能让孩子的一生受用无穷。

/ 被污染的环境与被割断的连接 /

我们也看到中国的山河、空气受到污染，大城市很多孩子一出生好像就和空气净化器、空调分不开了。其实这些东西不应该成为标配，它们只是一个“麻醉剂”或者说“镇静剂”。

每天早晨、中午和傍晚的温度是有差异的，科学上的名词叫“温度日较差”，一年中季节的温度差异就更大。但是所谓的现代化生活要求所有的地方都有空调，这就把温度的差异都抹杀掉了。

现在的城市越来越和自然对立，正在逐步阻断人和自然的连接，这是一个不争的现实。但自然对于我们人类是多么的重要，这也是一个不争的事实。空气本是人不可或缺的，但有时人们在家得靠空气净化器，出门得有口罩。本来老天给的水，却得经过那么多程序的处理，甚至人们只能喝桶装水。自然界赐予我们人类生存的最基本的两样东西，现在都得花钱去净化，花钱去买，这样的日子，这样的发展，是否有意义呢?

/ 亲近自然的宝贵 /

所以，如果这一代的孩子在成长的过程中建立起和自然的连接，知道自然的宝贵，我想等他们成长之后，等他们有能力或者权力来做一些决定的时候，我们的自然会变得更好，我们的城市会变得更好。这是我特别希望的一点，希望我们和自然建立起连接，人们到自然中去感知，去欣赏，去了解，进而有越来越多的人能够加入保护自然的行列。

每一个人的内心深处都有对美好事物的向往，特别是孩子，他们的很多感知要比大人灵敏很多。但是处在混凝土“丛林”都市内，处在管束严格的学校体系内，内心纯净的孩子在越来越复杂的现实环境当中，原本灵敏的感知也会不断地被消磨、被屏蔽，长大之后也容易变得漠然。

我自己就是这样过来的，只不过我把对自然的探索最终变成了我一生为之奋斗的目标。但是我想即使作为普通人，如果在成长的过程中，始终与自然产生连接、产生感情，这样的一个人才是完整的，人格才是健全的。因为在自然当中受熏陶、得到洗礼，对自然会产生敬畏，爱心会大大地增强。内心有爱的一个人，无论从事什么领域的工作，我认为都是没有问题的。大自然对孩子的成长来说是完完全全不可或缺的，就像空气和水一样。

也许很多父母自己在成长过程中就缺失了这一课，其实现在补也来得及。如果你能让孩子从小就有机会接触自然，我觉得这样的举动善莫大焉。

如何带孩子开启一次自然博物之旅？

作为一位野生动物摄影师，我的孩子相比别的孩子来讲可能多了一些机会和条件。在大女儿的成长过程中，我会把她带到野外去。那样的野外行程不是专门为她安排的，她只是跟随我去野外拍摄，那个时候她八岁。我自己没有做刻意的一些准备，只不过那次让她也带上了户外的衣服，孩子可能也相对习惯了，因为我经常在野外出差。

/ 女儿八岁时的野外徒步旅行经历 /

尽管我女儿一直在城市长大，但在那次旅程之前，她的童年成长环境当中也有一些去野外的机会，所以她的体力还不错。我们去的是唐家河保护区，她穿上户外的衣服，背上包，带了一些小姑娘喜欢吃的零食，然后就跟我到野外去拍摄了。

我特别清晰地记得一个细节。我们离开公路开始徒步的时候，要过一条河，河水特别清澈。我现在记得不太清楚，是我本来就没准备水，还是她的水喝得差不多了，当时她是用瓶子从河里打了水喝的。几天之后我们下山，再经过这条河的时候，她就直接趴到河边喝水了。可以看出，短短的几天时间，孩子就发生了很大改变。

那天差不多一口气走了六个小时，我们才走到一个保护区工作人员做巡护的小棚子里。棚子里只有一个大通铺，夜里下雨，好几个地方在漏雨，只能把锅啊碗啊全部拿出来接雨。后来我和同伴董磊要住到山顶上去，也把她带上去了。山脊线的很多地方都特别窄，普通成年人可能都不敢走，但是她好像也没有问题，很自然地就走上去了。

她在这趟旅程中非常兴奋，在野外先是看到了羚牛，在草地上还捡到了绿尾虹雉漂亮的羽毛。那天傍晚，我架着摄影机在拍绿尾虹雉。她在我身旁小声地说："爸爸，我看到七只，而且七只都是公的！"作为一个摄影师，我只能盯着我的取景器，因为镜头是定焦的，没有办法拉开，画面里面最多出现两三只，所以我感到特别可惜和遗憾。那天晚上绿尾虹雉还飞上了冷杉，因为它们夜宿要上树，幸运的是，我们拍到了它们上树的过程。所以对我女儿来讲，那一趟旅程也真是一个不断出现惊喜的旅程。

/ 相信孩子强大的适应力 /

那趟旅程让她有所改变，比如前面关于喝水的细节。回来后，她写了一篇作文，内容就是关于她那一趟跟我在野外的经历，观察绿尾虹雉的经历的。小孩子的适应能力其实特别强，做父母的不要过分担心，比如住到处漏雨的棚子，到山脊线上，住在帐篷里面等，他们都能很快地适应。若带孩子去野外，在一个可控的范围之内，父母要懂得放手，不要"这里不许碰，那里不许摸"。若不懂得放手，孩子到哪儿都缩手缩脚的，到自然中去的意义就会大打折扣。

作为野生动物摄影师的女儿，她去野外是很正常的。我曾带她去过一次帕米尔高原，当我去拍摄马可波罗羊的时候，她和当地的塔吉克孩子就完全打成了一片。

现在回想起来，我的女儿可能没有像一些人想象的那样完全在野外长大，但只是那么几次的野外旅程，对她的影响就已经很大了。比如我的女儿从小就特别有爱心，这一点与跟动物的接触也有关系，所以我感到特别欣慰。从她记事起，家里面到处都是野生动物的照片、视频。在送她去幼儿园的路上，我也给她讲故事。我不是编故事，而是讲我的亲身经历，讲我怎么拍羚牛，怎么拍藏羚羊，怎么拍猴子。可以说，她从小耳濡目染，确实有这样的基础，所以真正带她到野外去的话，适应得也很好。

/ 亲子野外博物路线推荐 /

大多数的父母确实会有这样那样的担心，甚至有些父母会觉得去野外是非常危险的，老虎会把孩子吃了。殊不知中国的野外还有几头老虎？所以这也是我们对自然认知极度缺乏的一种表现。事实上，去野外根本不像大家想象得那样危险。

更何况，随着人们对博物学的热情增长，市场上也开始有不少的机构在做自然旅行的线路。就像我们“野性中国”做了很多年“野生动物摄影训练营”的高黎贡山，这些年也成了一个重要的博物旅行目的地。在那个地方，你可以相对比较容易地看到白眉长臂猿，而且每天早晨能听到悠扬的猿啼。

尽管高黎贡山并不是太大，但在这里你可以看到明星物种长臂猿，还可以看到四季不同的植物及花。要是在五六月份去，雨季来临以后，你能看到很多两栖爬行类，比如红瘰疣螈、各种蛙类，还有很多的昆虫。目前在中国这些自然博物旅行的线路里，高黎贡山既是相对来说比较容易抵达的，又能看到比较多的物种，而且有白眉长臂猿这么漂亮的明星物种，所以它可以成为家长的一个选择。

我之所以推荐高黎贡山这个地方，因为它既不是我们城市的公园，也不完全是野外，它事实上是高黎贡山的一个生态走廊。保护区里也修了一些步道，但很多时候我们走的都是野外路径。这样的地方其实是可控的，不是完全未知的，海拔也比较适中，起码的可靠性和安全性是有保障的。而且这里离公路很近，万一发生什么事情，也很容易回到有人的地方，因此，它比较适合作为孩子的博物旅行地。

另外，秦岭、大理等地也正在开辟博物旅行路线。在秦岭你可以看大熊猫的栖息地，很容易看到大熊猫的粪便和吃过食物的痕迹。如果运气好的话，你也能看到红腹锦鸡、羚牛、毛冠鹿。山涧溪流里面还有秦岭细鳞鲑，其他小型的鸟类就更不用讲了。进山之前在华阳镇，你还能看到朱鹮。如果你去的季节合适，还可能看到朱鹮正在哺育幼鸟。

大理可能就更加容易了，因为很多父母也想到大理放松几天。大理也有这样的一些路线，比如徒步玉带路，可以登苍山，观洱海。你既可以去看苍山的植被变化。也可以到洱海边看各种物种，冬天有越冬的水鸟，四季有紫水鸡，夏秋则有水雉、黑水鸡。这个路线相对来说不那么遥远，也不那么艰苦，并且有的已经很热门了。至于像我当年带着女儿深入野外的话，一般的家长可能难以抵达那样的地方。

怎样在野外锻炼孩子的观察力？

上两节介绍了我带着女儿到野外去追寻绿尾虹雉的经历，也介绍了一些比较成熟的野外考察的路线，下面聊聊如何让孩子具备在野外观察自然的能力。

/ 孩子是天生的观察家 /

其实孩子的能力很多时候都让我们大人感到惊讶，也正如一开始讲到的，孩子的感知力始终是强于大人的。到了自然环境中，大多数孩子就像笼中的鸟儿冲破牢笼，终于要放飞自我了。因为亲近自然正是他们的天性，特别是对那些被城市禁锢太久的孩子来说，若把他们“撒”到野外去，能把他们的很多感知力激发出来。如果孩子在成长过程中有更多的接触自然的机会，他们的观察力就能越来越强。

事实上，很多人的感知和观察能力是被人为因素阻隔、屏蔽和消磨掉的。如果从小就让孩子接触自然，不仅仅是观察力，他们的敏感度，甚至审美能力都会有很大的提高。因为自然界的各种物种，是经过千百万年的进化才形成目前我们这个时代看到的形态的，所以无论是鸟类、哺乳类、两栖爬行类、鱼类还是昆虫、植物，你只要真的用心观察，那是完全不一样的。哪怕是一朵不起眼的小花，不用说到野外，就是城市小区里、公园里的一棵野草，你若仔细观察，用镜头把它记录下来，我相信大多数人都会感受到它的惊艳。

/ 从释放感知力、观察身边开始 /

事实上，不用到遥远的野外，就在北京，坐在公交车上，或者开车经过三环时，你都会有惊喜。当两只鸟从你车前玻璃飞过时，不要以为那两只鸟只是乌鸦，那可能是一对鸳鸯。因为北京是中国重要的鸳鸯繁殖地，鸳鸯需要在高大、古老的树的树洞里面繁殖，所以北京著名的景点都有鸳鸯繁殖。比如圆明园、紫竹院，北京动物园更不用说了，还有北海、北京大学、故宫，你想象得出来的地方基本都有鸳鸯繁殖。不论树有多高：5 米、10 米甚至 20 米，不论下面是水泥地、草地、石头还是水，小鸳鸯出壳之后都要勇敢地从树上跳下来。

但很多生活在北京的人都不知道，以为城市里面有鸟飞过，小的是麻雀，大的就是乌鸦。其实，北京还有许多刺猬，很多小区都能看到刺猬。黄鼠狼甚至能出没在王府井，这也是很多朋友想象不到的事情。

真正到了野外，那就更丰富了。不用说到生物多样性极度丰富的亚热带、热带地区，就连青藏高原上每一天的花都是不一样的。第一拨可能是鸢尾、点地梅。这些花从色彩、形状到质感都是不一样的。其实中国是世界上生物多样性最丰富的国家之一，但物种受威胁的程度也很深，所以这才需要越来越多的人投身保护。

很多人第一次到了野外，会被丰富多彩的植物、满天的繁星震撼，可以想见我们离自然太远了，被阻隔得太久了，没有机会见到这一切。我在大理一中给新入学的高一新生讲课，差不多每一张照片都让学生们感到惊奇，因为他们都没有见过这些景象。

所以完全可以想象，若带他们到野外现场，无论是看到白眉长臂猿，还是看到滇金丝猴，甚至看到绿尾虹雉，他们该有多惊奇和兴奋。所以观察力事实上是在生活当中不断地养成，不断地得到积累和提升的。

我觉得，对大城市空间的向往及快节奏的生活方式，完全把我们人类的天性给毁了。我们变得非常不敏感，什么都得依赖所谓现代的科技，或者说现代的生活方式、现代的机器，但我们把最本真的天性和能力给忘了，或者说丢了。这是特别可惜的事情。

想象一下，在夏日的野外，晚上把头灯、手电全部关掉，你在旷野当中坐下来听自然的声音，用眼睛慢慢地适应暗下来的光线，那是完全不一样的感觉。萤火虫出现了，各种昆虫的声音、蛙的声音、猫头鹰的声音出现了。你自身的听觉、视觉，还有嗅觉也全打开了，各种植物的气息都回来了。所以我想如果孩子在成长过程中，能经常有接触自然的机会，那是什么样的一种感觉？还好现在有越来越多的孩子开始有这样的机会，这也是一种改变和进步。

/ 孩子还需要一架望远镜 /

自然界的美完全超乎很多人的想象，因为我们接触自然的机会太少了。我们可以从科学的角度“观察”，即一个一米乘一米的样方，研究者在里面一点点地区分有多少植物。这种科学方法事实上也可以放到我们对自然的观察过程里，但可能侧重点不一样。科学家要把样方里的每一个植物分门别类地分出来，但是我们带孩子们做自然观察则不同。如果观察植物，可以从叶子的形态来区分，这其实也是一种方法。如果是观察鸟类，比如在野外，通常距离会比较远，你就得用单筒望远镜，用三脚架架着，然后在河面上、湖面上、草甸上、湿地里扫描。

当年带女儿观察的绿尾虹雉，为什么会叫虹雉？“虹”是彩虹的虹，也就是说它的羽毛在不同的光线角度照射下，出现的色彩完全不一样，所以说是彩虹一样的大鸟。我这两年关注较多的绿孔雀，在西双版纳为什么叫“金孔雀”，而不叫绿孔雀？我在野外拍摄的时候，绿孔雀整个颈部到胸部的鳞片状的羽毛在不同角度下，或者不同光线的照射角度之下，真的是会泛金光的。因此“金孔雀”的说法有它的由来和道理。

如果不借助望远镜，你在很远的距离下，观察的就只是一只鸟。但通过望远镜，你看到的是完全不一样的世界。像鸟类，像喜鹊，大家认为就是黑白的，但事实完全不是这样，它的羽毛能反射多种颜色，如古铜色，蓝色，哪是简单的黑白两个颜色？更何况别的鸟类！

所以到自然中，你会觉得自己很无知，觉得自己连小学生都算不上。虽然我在自然中跑了 30 多年，但是仍有新的东西让我不断学习，让我震撼。

大自然是一本一辈子都读不完的书。在大自然中，我也是一个一直毕不了业的小学生。从家长的角度来看，只要能有机会让孩子到自然中去，孩子的变化是会让你惊喜的。

观察野外的动物与动物园里的动物有何不同？

上一节讲了如何在野外提升和锻炼孩子的观察力，本节将介绍如何观察野生动物，当然也包括动物园的野生动物。

在动物园——被观赏的动物

中国最古老的动物园就是北京动物园，它已经有一百多年的历史了，世界上还有更古老的动物园。动物园是我们最开始认识野生动物的地方，因为大多数人近距离观看野生动物都是从动物园开始的。动物园最早只是满足人们的猎奇心理，到了后来在科研、动物福利、野外研究等方面，都做了很多的努力和贡献，我想这也是一个必然趋势。我始终有这样一个观点：其实动物园的动物为了它的同类在做出巨大牺牲。

一般人说动物园里的动物衣食无忧，但是金子做的牢笼也是牢笼，衣食无忧但没有自由。而且如果它有孩子，它的孩子也得继续“坐”下去，子子孙孙都得把“牢底”坐穿。想到这一点，我觉得其实每一个到动物园来看动物的人，都应该对他看到的动物表达感谢，它们为了同类做出了牺牲。当然，最理想的状态是，每一个动物去世后都有一块墓碑，记录下它哪一年到哪一年生活在什么地方，它接待了多少万的游客，让多少人通过看它知道了动物的样子和存在。

/ 在野外——看不到是常态 /

在野外看动物就完全不一样了，特别是在中国，中国是全世界野外看动物最困难的国家之一。尽管这些年有一些改变，有些种类的野生动物已经比较容易看到了，但是总体来讲，中国的动物恐怕是全世界最怕人的，因为长期以来它们的栖息地被破坏，长期遭受人类的猎杀，所以一代一代野生动物的基因就告诉它们，两条腿的人是最凶猛的敌人，一定要避开他们。20 多年前我去追寻滇金丝猴，三年里只看到两次。国外的同行都觉得是不是太夸张了，不敢相信，但事实上就是这样，中国的野生动物极度怕人。

我们带着孩子去野外，比如去秦岭，在进山的路上，很容易看到羚牛的粪便，运气好的话能看到熊猫的粪便。从痕迹你就能判断这个地方有动物走过，有它留下的食物，比如熊猫刚刚掰过的竹笋，笋壳还在，旁边还有它的粪便。如果能看到这些，那就是运气最好的。若到高黎贡山，你能听到长臂猿悠扬的啼叫，这都是你和动物相遇的“前奏”。有的你听到了也就看到了，但是有的你听到了或许还看不到，所以到野外去看动物的话，看到是惊喜，看不到对我来说则是常态。

因为不像到动物园，你到熊猫馆肯定能看到熊猫，你到滇金丝猴馆肯定能看到滇金丝猴，但是野外不一定，昨天能看到，今天不一定能看到。所以父母要给孩子们讲，这不是去动物园，这是去野外，看到熊猫粪都已经让很多人兴奋不已。只有具备这样的一种心态，动物出现时才会有惊喜。我自己几十年来也是这样，有的野生动物在我镜头里面出现可能还不到一秒钟，那也是没办法的事，它就是那么怕人。

/ 有趣的野外观察和体验 /

到了野外之后，可以观察的东西实在是太多了，整体风貌、植物、昆虫，山涧里特殊的鱼类、两栖类、爬行类、鸟类等等。鸟类是在野外相对最容易见到的，你能听到它的声音，看到它的身影和靓丽的颜色。在中国野外看哺乳动物相对困难一点，但是如果你带孩子去西藏，坐青藏铁路的火车，那就要睁大眼睛了，藏羚羊可能在左边车厢出现，再走，右边车窗又出现了藏野驴。等一下，白屁股的藏原羚又出现了。

所以如果青藏铁路培训一下司机，提前播报：亲爱的旅客同志们，左前方将会出现一群藏羚羊，右前方一群野牦牛将要出现，多好啊！青藏铁路的列车可以成为中国最“绿色”的列车，父母带着孩子看藏羚羊、藏野驴、藏原羚、野牦牛，运气好的话，能看到狼、藏狐，运气再好一点还能看到猞猁。青藏铁路、青藏公路是中国最容易看到野生动物的交通线，沿线可以看到多种大型的青藏高原独有的野生动物。

在野外观赏野生动物首先得有足够的耐心，野生动物出现是惊喜，不出现却是常态。对于野生动物摄影师来说是这样，对于我们到自然当中去观察野生动物的人同样如此。你必须保持安静，人的声音没有了，自然的声音才能够汇集到你耳朵里面来。在自然中走路要轻，说话要小声、再小声，这样的话你才能听到动物的声音。就像我当年去找猴子，除了找新鲜的猴粪，还要听树枝折断的声音。因为猴群在活动的时候，它在树间跳跃，很多时候会折断树枝，声音传得很远。所以观察自然、观察野生动物的过程，也是充分地把各个感官完全打开的一个机会。你的嗅觉、听觉、视觉、触觉充分得到发挥的时候，就是在自然当中。你眼睛要看，耳朵要听，鼻子还得闻。所以自然能给予你这样的机会，你不爱上自然都不可能。

几年前我在大理的苍山，曾观察到一窝游隼育雏的过程。野生动物都非常聪明，游隼选的地方在苍山峭壁当中的一个石缝里，背风，淋不到雨。这对游隼连续好几年都在这里繁殖，我几乎经历了从三只小游隼孵出来，到它们慢慢长大，最后羽翼渐丰、离巢的整个过程。

游隼差不多是世界上飞得最快的鸟类，它俯冲的时速能达到 200 或 300 多公里。由于我的拍摄位置离它们很近，有一天我感受到了游隼回来时俯冲所带来的强烈空气震动，这让我特别震惊。所以如果你不是身临其境，你是没有办法感受它的力量和速度的。事实上，人类的整个文明进程受大自然启发的例子实在是太多了，F16 战斗机的原型就是来自游隼。我自己很幸运有那样的机会亲身感受到游隼的力量和速度。在这个过程中我也感受到了，动物界的父母其实和我们人类的父母也是一样的，每天要非常辛苦地捕猎，为孩子带回食物。我们人类本是大自然的一分子，只不过人类太自以为是，总认为自己多么了不起，可以改变甚至主宰一切。到了自然保护越来越成为共识的今天，从政府到民间，到现在这批年轻家长的意识都有所提高，我觉得这是一种进步。

怎样帮助孩子记录下观察结果？

学会了观察动物，下面就讲讲如何帮助孩子记录自然观察的结果。

/ 技术改变记录自然的方式 /

现在我们进入了一个全民摄影的时代，其实每个人都是摄影师，每个人都是影像记录者。我们到自然中去，光用眼睛看还不够，还得把它拍下来，画下来或者录下来，通过这些方式记录我们的所见所闻。到了科技高速发展的今天，我们得善用我们的工具，其实手机就是一个非常好的影像记录仪，也是一个好的录音机。

如果你愿意的话，也可以带一个本子，带一支笔，把你看到的画下来。这些年自然笔记开始进入很多年轻父母和孩子们的视野当中。到自然当中，针对某一片叶子、某一个果实，或者某一个场景，用你的画笔来描绘，然后在这个场景里再画细节，这都成了自然观察的一种很好的辅助手段。

作为野生动物摄影师，我认为把你手中的手机和相机充分利用好，就可以达到很好的效果。一是回来好好地回味、仔细地观察，二是通过照片的传播能够影响更多的人。比如，一个小朋友，在幼儿园也好，在小学、中学也好，他参加一趟野外旅行后做了一个微信公众号来记录自己的野外之旅，在我看来，这就是一个非常正向的影响。

这能影响更多的孩子关注野外旅行，甚至会影响到他的学校和老师，或许还能促使学校往自然观察这方面多做一些工作，这都是很值得做的事情。

在野外拍摄的奚志农

手机的功能越来越强大，携带取用方便，一朵不起眼的小花，一片叶子上面的形状和纹路，或者一个很小的虫子，通过手机的镜头、照相机的镜头拍下来，再传播和展示，那就不一样了。对大人们来说，尽管很忙，但是如果你能在小区停下脚步来，甚至俯下身去，趴在地上，那你看到的世界就完全不一样，那个世界会让你惊叹的。这也是我这些年做“野生动物摄影训练营”，特别是最近我们做孩子们的训练营，得到的深切体会。观察自然就从家门口开始，当有了家门口的一点经验，你再走到更远的地方去，你的收获会更大，会更不一样。

/ 用影像、自然物收集自然 /

用影像收集自然是最好的一种方式，另外，用自然物收集自然的方式也很不错。比如收集秋天的落叶，能带来有关秋天的回忆。虽然我们倡导到野外只留下脚印，只带走照片，但是为了丰富孩子们的自然观察，有的东西也是可以带走的。一片秋天的落叶，一个松鼠吃剩下的松果，这些都是大自然的馈赠，我们应该把它带回来，也可以带回来。但是有的自然保护区有非常严格的管理，不允许带走任何东西，对这种情况我们也应该理解。对由于季节更替产生的礼物，我们应该欣然接受，但是也绝不要有意破坏野外的一草一木。

身处自然当中，我们要把感官全部打开，摒弃欲望的杂念，贪婪地用眼睛去看，用耳朵去听，用鼻子去吸，用心去感受。我们也要充分发挥手机、照相机的先进功能，尽量多拍，只有这样，你才可能拍得好，才能找到一个好的角度，才能抓住好的光线，尽量完美地呈现叶子和种子的质感，或者抓拍到鸟最好的动态或者是瞬间。

事实上我们做“野生动物摄影训练营”超过十五年了，2019 年也第一次做了青少年的摄影训练营。参加这次训练营的孩子小的才十岁。我一方面惊讶于孩子的认知和见多识广，另一方面也特别佩服这批父母，他们在孩子很小的时候就一起去了很多地方旅行，把孩子培养成自然旅行和自然观察的高手了。今年的训练营让我更加坚信，带着孩子到自然当中用照相机记录和探索自然的尝试和经历，是非常有益的，而且我也更加意识到，孩子的敏锐度、感知力是远远超过大人的，他们的领悟能力很强。

白天我们要么在教室里上课，要么带他们到野外、到湿地去拍湿地的水鸟，到林子里面去追寻林鸟；夜里我们去做夜间的观察，去拍昆虫，观察夜里面出来的“两爬”动物等。孩子们的专注力及用心的程度让我感到特别吃惊。现在很多家长总是抱怨孩子专注力不高，但是通过我们短短一个礼拜的训练营，我发现事实正好相反，这些孩子让我刮目相看。可以说，通过影像记录来做自然观察，是最直接的一种方式。

其实关爱自然、探索自然的方式是多种多样的，参加一个博物旅行，参加我们的青少年野生动物摄影训练营，或者父母带孩子旅行，同样可以做自然观察。比如说带着自然观察手册，带着笔记本，带上昆虫观察盒，把昆虫放到里面，你观察完了以后再让它离开，这都是可以选择的方式。

/ 可借用的多种辅助工具 /

对我来说最熟悉的辅助工具是望远镜。利用望远镜，你可以看到远处一根树枝上面鸟的颜色，羽毛反射出的不同光线的斑斓色彩，也有可能看到，在青藏高原上，一只藏狐正在准备抓一只鼠兔。如果没有望远镜，是不可能看得这么仔细和清晰的。

孩子到自然当中需要准备户外用品，比如保暖、防雨等基本装备，特别是城市里有的父母本身就是户外爱好者，这些基本装备也是家庭常备。现在户外装备也有适合孩子的号码，过去是没有的，这也是条件越来越好，或者说社会需求提升的一个表现。孩子的望远镜要选一个比较轻巧的，孩子一般可非常快地掌握。

此外，最好带一本鸟类的图鉴。相关的植物、昆虫的自然手册也非常丰富，它们都是非常好的教科书。

孩子可以从父母那里或者一些有名的照片里学习拍摄的光线和角度等技巧，这都是可以马上看到效果的。不像当年还得胶卷冲出来才能看到效果，现在你瞬间就能看到拍的效果，这都给我们带来了极大方便。我常常讲，数码影像技术的进步，把中国的自然和野生动物摄影的进程提升了 20 年。

你还可以在手机里面给孩子下载几个看植物的 App，比如“形色”，以及识别鸟类的，有一个“中国野鸟速查”，都是很好的工具。这都是我们做自然观察、认识自然的很好的辅助手段。

居家周遭也能做自然观察吗？

学会了如何帮助孩子记录观察结果，最后来谈谈如何在居家周边观察自然。

/ 城市里的自然观察 /

之前一直在讲城市中的孩子怎么去观察野生动物，读者可能散布在不同的地方，有大城市、小城市，还有乡村，不同地方的观察方法是不一样的。因为各个地方的情况不一样，气候带不一样，物种不一样。但共通的一点是，大自然是公平的，所以你只要到自然中去都会有惊喜出现。哪怕你买菜的时候带上孩子，在菜市场也可以做自然观察。你去旅行的时候，也可以把当地的菜市场作为一个自然观察的目的地，因为你去的省份不一样，物产也就不一样，饮食习惯也不同，有的东西只有在特定的季节和特定的区域才有。比如到云南去，你就可以认识很多菌子；如果你去西北，去青海，在菜市场看到的东西又不一样。在菜市场里你可以认识不同的作物，认识一些来自大自然的馈赠。

比如，春天伊始，你到云南的中甸，就能看到竹叶菜。很多城市里的朋友都不知道，竹叶菜实际上是一种百合科的植物，科学家给它起的名字叫鹿药。可见，每个地方都有每个地方的特点。我常说，生物多样性造就了丰富的文化多样性，饮食多样性是文化多样性的一种，建筑形式的多样性也是文化多样性的一种，甚至我们的语言多样性也是。菜市场事实上是一个很好的做自然观察的地方，更不用说乡下的老家，或者最普通的校园里，小区周边，城市的公园，城市的郊外等，这些都是可以做自然观察的好地方。

你到城市周边的农田生态系统，可以看到伯劳、戴胜等鸟，云南则有黑喉石䳭，它们是农田里面相对比较常见的。大理的农田还有黑翅鸢，很多时候你能看到它在农田的上空悬停。北京周边，比如冬天的时候去野鸭湖，你能看到灰鹤，能看到大量越冬的雁鸭类，比如绿头鸭、赤麻鸭、天鹅。在很多公园，夏天的时候你能看到鸳鸯，运气好的话还能看到刚刚孵出来的小鸳鸯，以及它从树上跳下来的瞬间。

北京还有雨燕。在天宁寺立交桥的下面，有大量的北京雨燕在那里繁殖。而且可能很多人不知道，雨燕一年当中的绝大部分时间几乎都在空中，在空中吃，空中睡，空中交配，而且它要飞到遥远的非洲去越冬，春天再回来。它们在北京一些古老的建筑物里面或者立交桥下面筑巢，它只有在筑巢育雏过程中，才和大地产生连接。这些年北京观鸟协会的人员在雨燕身上放了追踪器，他们等第二年雨燕回来以后，把追踪器摘下来，就能看到雨燕离开北京的大半年都去了哪里，以及它的整个飞行轨迹、在空中停留的时间等等。所以也许可以带着孩子们参加这样的鸟类环保志愿活动，这也是认识动物的一种方式。

因为现在打野生动物、打鸟的人少了，养鸟的人少了，看鸟的人多了，所以在很多城市周边，我们也越来越容易看到鸟，这是一个改变，也是一个进步的标志。当然现在互联网时代，其实你真要去找一些信息的话，相对来说比较容易。现在拍鸟的人也有很多，甚至很多人打着“飞的”就去拍。但是我觉得从最方便、最近的地方开始自然观察，这是最容易的。因为你要规划一个长距离的远行，家长得有时间，孩子要有时间，但是平时的观察是最容易做到的。从小区做起，从城市周边的公园做起，从动物园做起，这都是最容易做到的。

/ 家庭中的自然观察 /

事实上孩子在和猫、狗等伴侣动物一起成长的时候，也是可以做自然观察的，甚至孩子能看到猫狗的出生、成长的整个过程。城市里的孩子可以养蚕，观察小小的蚕宝宝从卵壳破出，长大吐丝，最后变成蛾子的生命历程，这也都是很有意思的事情。若有条件养蜜蜂，那也是自然观察的一个部分。哪怕在阳台上种花，看种子怎么发芽，怎么开始生长，这都是自然观察的一个部分。

所以自然观察有很多可能性，不见得非要到遥远的可可西里。生活里、家门口，就可以开始自然观察，只要开始就永远不会晚。

父母也可以从带着孩子读绘本开始。国内现在好的绘本还不多，特别是生态绘本，所以我也希望今后能有越来越多中国本土好的绘本出现。我想西顿的动物小说是特别值得给孩子们推荐的，可以从读这样的书开始。还有一些欧洲的、北美的、日本的绘本，它们既有精准的科学基础，又有艺术性，不会带偏孩子。因为中国有些文学作品是容易把孩子们带偏的，它们把人的主观东西强加在动物身上，这是很可怕的。所以我特别不建议读那些没有科学依据的关于动物的文学作品。

以上是我作为一个野生动物摄影师，也是作为两个孩子父亲的感想。它有我的亲身经历，有我带着孩子在野外的过程，也有我自己的感悟，以及看到周围的朋友、周围孩子的情况后产生的一些看法和观点。最后想对读者说的是，只要走出去开始读大自然这本书，永远都不会晚。在自然当中成长的孩子，一定不会差。

后 记

纸刊时代，三联记者们为了一个选题付出的诸多努力，只能化为纸刊上的一篇报道，受制于杂志的“时效性”概念而被大家逐渐淡忘。而“中读”这个老牌杂志旗下的新媒体品牌，则致力于把整个知识生产过程大量的背景阅读、信息采访都掰开来给大家看，满足大家在新场景下的求知需求。

2017 年开始，我作为“中读”App 的内容总监，带领团队努力实现李鸿谷主编提出的“在移动客户端重建阅读的乐趣”这一目标。我们尝试着将纸刊内容转化成新媒体形式，经过实践却发现，对于深度内容生产来说，不同产品形态的开发实际上促进了整个原创内容的生产。中读的知识产品最初源于三联既有 IP 的开发，但是又将反过来促进三联 IP 资源的壮大。

《智慧教养》这个选题，从被纸刊验证过的亲子教育选题中取材，策划制作为音频课程，继而又成为纸质图书的选题来源，这个过程就实现了传统媒体与新媒体之间的双向流动。

不同于纸刊时代记者“单打独斗”的内容创作模式，《智慧教养》体现的是一个团队的创造力。周刊主笔陈赛、徐菁菁参与了前期的框架讨论，课程编辑金寒芽、马玉洁是这个课程最大的功臣，她们认真细致地与几位主讲人逐一进行具体的沟通、策划，并在音频编辑辛军、李响的配合之下，完成了整个课程的采录，以及音频与文案的后期制作；设计、运营和市场团队也分别从各自的专业角度为课程提供了诸多建设性意见，并执行了相应的工作。这是我们团队的成果，是合作的结晶。

俞力莎